Alquimistas do Palco

Coleção Estudos
Dirigida por J. Guinsburg

Equipe de realização – Tradução: Anita K. Guimarães e Maria Clara Cescato (capítulo 2); Edição de Texto: Lilian Miyoko Kumai; Revisão: Marcio Honorio de Godoy; Sobrecapa: Sergio Kon; Produção: Ricardo W. Neves, Raquel Fernandes Abranches, Sergio Kon e Luiz Henrique Soares.

Mirella Schino

Alquimistas do Palco
OS LABORATÓRIOS TEATRAIS NA EUROPA

Título do original em inglês:
Alchemists of the Stage: Theatre Laboratories in Europe

© 2009 Mirella Schino and the contributors, copyright para a edição brasileira da editora Perspectiva © 2010 em língua portuguesa.

CIP-Brasil. Catalogação-na-Fonte
Sindicato Nacional dos Editores de Livros, RJ

S363a

Schino, Mirella
   Alquimistas do palco : os laboratórios teatrais na Europa / Mirella Schino; [tradução Anita K. Guimarães e Maria Clara Cescato]. – São Paulo: Perspectiva, 2012.
   (Estudos; 299)

   Tradução de: Alchemists of the stage: theatre laboratories in Europe
   ISBN 978-85-273-0950-9

   1. Teatro experimental – Europa – História – Séc. XX. 2. Teatro – Europa –História – Séc. XX. I. Título. II. Série.

12-3222.   CDD: 792.094
                   CDU: 792(4)

15.05.12   23.05.12   035588

Direitos reservados em língua portuguesa à
EDITORA PERSPECTIVA S.A.

Av. Brigadeiro Luís Antônio, 3025
01401-000 São Paulo SP Brasil
Telefax: (011) 3885-8388
www.editoraperspectiva.com.br

2012

Sumário

PREFÁCIO
A Dimensão Laboratorial..........................VII

I.
Retomando uma estranha discussão: as primeiras questões e definições. Leszek Kolankiewicz apresenta os temas Grotowski e alquimia 1

II.
Conflitos no âmbito da "mente coletiva". Discussão sobre Decroux e o teatro como morada não religiosa. Também discussão sobre a linguagem corporal, o valor do laboratório para o autoconhecimento e sua importância na criação de performances 39

III.

No Século xx 83

Na Primeira Metade do Século xx:
Um olhar mais próximo sobre o Estúdio de Ópera
Dramática de Constantin Stanislávski e os estúdios e
oficinas de Vsévolod Meierhold 87

> O Extremismo de Stanislávski – *Franco Ruffini*........ 90
> Os Laboratórios de Meierhold – *Béatrice Picon-Vallin*.. 108

Na Segunda Metade do Século xx:
O Teatro-Laboratório de Jerzy Grotowski
e Ludwik Flaszen e o Odin Teatret de Eugenio Barba 127

> Jerzy Grotowski e Ludwik Flaszen –
> *Zbigniew Osiński*................................. 129
> Uma Nota Biográfica sobre Jerzy Grotowski –
> *Ugo Volli* 144
> Enclave – *Nando Taviani*......................... 146
> Informações Sobre o Odin Teatret – *Nando Taviani*... 166

IV.

A relação entre os estúdios da primeira metade do
século xx e os laboratórios teatrais da segunda. A corrida
da Rainha Vermelha 175

> Por Que um Laboratório Teatral
> num Terceiro Milênio – *Richard Schechner*......... 184

V.

Cinco peças de diferentes mosaicos,
com paisagens esmaecidas 209

Índice de Nomes e Lugares 253

PREFÁCIO
A Dimensão Laboratorial

Os laboratórios teatrais foram uma inovação significativa do teatro europeu do século XX. Essa inovação, entretanto, foi simplesmente uma nova face de uma área mais antiga e remota da criação teatral: o espaço existente entre arte e vida, entre a técnica e a pessoa. Desde o início, os laboratórios teatrais foram algo como um paradoxo.

O objetivo deste livro não é recontar sua história, mas reconstruir uma discussão que começou como todas as discussões aparentemente fúteis: ponderando sobre o significado de certas palavras. A discussão progrediu num cenário em que o mapeamento teatral ainda é incapaz de representar e tentou lançar luz em seus principais problemas e questões: *a dimensão laboratorial*.

Laboratório teatral, *oficina*, *atelier*, *taller*: essas não são exatamente traduções diferentes ou versões do mesmo termo. Elas indicam mais um conceito móvel, que gira em torno e fora do caminho, mesmo do caminho alternativo. Consequentemente (e não só por essa razão), não é fácil resumir o que é *usualmente entendido* como laboratório teatral na Europa do século XX. Em muitos países a expressão nem mesmo existe.

Laboratórios teatrais não são indubitavelmente um gênero ou uma categoria uniforme. Eles podem incluir teatros que enfocam disputas políticas ou questões sociais; outros que buscam pesquisar a arte do ator; outros ainda que procuram primariamente valores interiores ou formas diferentes de criação artística.

O termo laboratório teatral não designa um ponto de referência externo ou um modelo a ser seguido. Ele aponta mais para um radar interiorizado, uma orientação mental, uma propensão ou um sinal, importante em igual medida para si próprio e para outros, mas que pode indicar caminhos muito diferentes.

Na Europa, o conceito de laboratório teatral pertence à história do teatro. É associado a uns poucos nomes, em particular ao de Stanislávski. É na obra de Stanislávski, pesquisada e realizada nos seus estúdios, isto é, neles "performada"*, que a questão do laboratório teatral parece se materializar. Isso não se deu no Teatro de Arte, uma instituição que encenava "performances" do seu elenco, mas antes nos Estúdios, locais em que Stanislávski concentrava sua pesquisa artística pedagógica e pura, amiúde não diretamente orientada para a criação de performances.

Paradoxalmente, o termo laboratório teatral veio a ser empregado como o oposto de performance. Em todo caso, ele indica todos aqueles teatros nos quais a preparação de apresentações não é a única atividade. Mas criar um espetáculo pode também ser uma tarefa intricada, orgânica e labiríntica, usualmente o oposto de um processo linear. Portanto, o termo laboratório teatral é às vezes utilizado como um símbolo que representa a existência de um caminho criativo complexo ou, de algum modo, diferente.

Há outras personalidades históricas que vêm logo à mente quando se fala de laboratórios. Primeiro, Evguêni Vakhtângov e Vsévolod Meierhold. Depois, em segundo plano, Copeau, que fechou seu teatro e partiu com alguns dos seus atores para a Borgonha. Então Decroux, famoso por seu trabalho esmerado e incansável, nem sempre visando a uma apresentação final. Outros protagonistas da Grande Reforma do Teatro – Appia, por exemplo, Craig e os diretores do Cartel francês – aparecem

---

* O termo "performance" em inglês cobre todos os tipos de representação, inclusive aquela que especificamente em português é designada como tal. Isso e o presente uso em nosso vernáculo do mesmo vocábulo com espectro de significação similar têm levado também, pelo menos no meio teatral, ao emprego da forma verbal "performar"(N. da E.).

ainda mais anteriormente, não participando provavelmente da cena laboratorial. Desse ponto de vista, a "questão laboratorial" tem suas raízes no que os poloneses chamam de *Wielka Reforma*, a Grande Reforma* ou no que outros chamam de "berço do diretor", "arte teatral moderna" ou "novo teatro". Todos esses termos procuram expressar as mudanças radicais que aconteceram no teatro nas primeiras três décadas do século xx.

Vale mencionar que o interesse pela questão laboratorial foi revivido pelos teatros inovadores dos anos de 1960, como um rio originário de uma fonte, ou preferivelmente como uma ramificação, só parcialmente consciente, dos estúdios do princípio do século. Apesar disso, a fase dos anos de 1960 pode ser vista como um movimento novo, com seus seguidores subsequentemente considerando os maiores diretores da virada do século como seus precursores.

Nos teatros inovadores dos anos de 1960, os guias de luz para os laboratórios teatrais eram Jerzy Grotowski, Peter Brook e Eugenio Barba, para mencionar somente três. E, em segundo plano, a Oficina de Teatro de Joan Littlewood e o Théâtre du Soleil de Ariane Mnouchkine, que foram também ativos nessa transição. Nossa discussão enfoca a Europa, mas, apesar disso, é preciso mencionar aqui os teatros de Enrique Buenaventura, Santiago García e Patricia Ariza na Colômbia ou o de Antunes Filho no Brasil. E na Ásia, o de Tadashi Suzuki no Japão. Mas isso vai além dos limites colocados para nós mesmos. Como se perceberá, a discussão na qual se centra este livro nem mesmo busca identificar todos os exemplos históricos que podem ser definidos como laboratórios teatrais. Em todo caso, a referência será principalmente a Europa do século xx.

Algumas palavras-chaves precisam ser explicadas para que a palavra composta incomum "laboratório teatral" tenha um significado real (embora diferente caso a caso). A primeira é treinamento (*training*): uma atividade permanente realizada pelo ator, independentemente dos períodos dedicados aos ensaios de uma performance. Outra palavra-chave é corpo (*body*),

---

* Denominação dada na Polônia ao período em que ganhou corpo a noção que vê na figura do diretor o *autor* de uma produção teatral; a autora estende o uso da expressão para todo esse processo que revolucionou as práticas e a estética do teatro tradicional e inaugurou a era dos diretores e da encenação, validados, por si, como expressão artística (N. da E.).

que significa expressão física. É geralmente combinada com a importância de uma linguagem simbólica.

No mundo dos falantes de inglês, em que o laboratório é ligado a performances alternativas, ele basicamente parece significar um lugar separado e protegido onde é possível experimentar continuamente e que visa o aperfeiçoamento da própria arte ou do engenho sem a necessidade de fazer concessões. Seu *status* de lugar protegido contra qualquer tipo de negócios ou lógica comercial permite-lhe ser um local de encontros sociais: teatro e deficientes, teatro e prisioneiros, teatro e escolares, e assim por diante.

Em um contexto europeu, essa qualidade é suplementada por outra que deriva das experiências de Jerzy Grotowski: um encontro consigo mesmo, com ética, dimensão espiritual e valor.

Pedagogia é também uma palavra usada com frequência em todas as áreas geográficas ou culturais, quando a questão do laboratório é discutida. Ela deve ser vista como um processo autônomo de treinamento básico para o ator e também – no caso de teatros mais maduros – um desejo de transmitir conhecimento.

Seria certamente um erro arguir que um teatro não pode ser chamado de laboratório a menos que tenha uma determinada atitude em relação ao corpo, à pedagogia e ao treinamento. Contudo, essas palavras precisam sempre ser consideradas, pois elas constantemente aparecem.

Outra palavra-chave é *ciência*, mais especificamente ciência teatral. Falaremos sobre isso mais tarde.

No meio do livro, como um longo interlúdio na discussão, há cinco monografias: sobre o Estúdio de Ópera de Stanislávski, os estúdios de Meierhold, dois ensaios sobre Grotowski, incluindo um sumário de suas atividades, assim como um estudo sobre o Odin Teatret. Foi sentida a importância de explorar em profundidade os pontos principais de referência da questão do laboratório teatral. Essa foi também uma maneira de fornecer informações básicas. É de fato um livro do novo milênio que procura comunicar-se com aqueles que, em razão de sua idade, podem ter sido privados de uma experiência muito intensa. Esta experiência não está de modo algum concluída ou enterrada, mas é menos familiar do que aconteceu no teatro nos anos de 1960, 1970 e 1980.

Existem fatos, histórias e encontros que ocorreram sem deixar traço visível. Com frequência não se escreve nem se fala sobre eles, todavia seria inapropriado dizer que são dispensáveis para eventos futuros, como se nunca tivessem existido. Na realidade, tais histórias, encontros e eventos acabam sendo o misterioso coração de um quadro maior, a História.

Quando se pergunta a cada país o que é um laboratório teatral, um exemplo de uma ou duas experiências conhecidas por esse nome pode ser citado: alguns teatros nascidos nos anos de 1960 em Nova York, por exemplo; os estúdios de Stanislávski; e, é claro, Grotowski e seu Teatro-Laboratório. Contudo, sinto que ninguém pode negar que o *centro oculto* da história do teatro no século xx repousa num desejo, num anseio intenso pelo que se chamaria de *dimensão laboratorial*: a esfera do teatro aparentemente desconectada da performance, porém na realidade intimamente relacionada com ela.

E assim a discussão que estou a ponto de começar, seja ela fundamental, insignificante, confusa ou atraente, também tem um lugar no misterioso coração da história. Só desse modo ela pode ser entendida: como um dos muitos centros secretos da história e não somente como uma simples, embora interessante, discussão acadêmica.

Como disse no princípio, esse não é um livro sobre a história dos laboratórios teatrais. Antes, ele trata da questão que surgiu, num dado meio, da prática e do estudo dos laboratórios teatrais. Descreve os estímulos resultantes, suposições, ilusões e tendências, que não são homogêneas, mas podem ser complementares ou mesmo opostas. Delineia a dimensão laboratorial: um horizonte mental que, para algumas pessoas, em determinados contextos históricos, é ou foi fundamental.

A palavra laboratório encoraja associações com pesquisa científica. Mas, no decurso da nossa discussão, o erudito polonês Leszek Kolankiewicz, ao comentar sobre a vocação laboratorial de Grotowski, sugeriu que se a considerasse em termos do laboratório de um alquimista, pois, diferentemente de um laboratório científico, implica em primeiro lugar uma transmutação interna do próprio pesquisador. Esse é um ponto essencial a ser lembrado quando se considera a natureza peculiar da dimensão laboratorial no teatro europeu do século xx.

I

Retomando uma estranha discussão:
as primeiras questões e definições.
Leszek Kolankiewicz apresenta
os temas Grotowski e alquimia.

No decorrer das celebrações em Holstebro para marcar o quadragésimo aniversário do Odin Teatret, no outono de 2004, durante um longo jantar festivo, uma das "filhas" do Odin, Alice Pardeihlan, começou a cantar. Sua mãe é Roberta Carreri, italiana e atriz do Odin Teatret desde 1974. Alice, de trinta e três anos, magra, olhos brilhantes, charmosa e transbordante de entusiasmo, cantou com uma voz firme que parecia bem treinada e acostumada ao microfone.

Sentado a uma mesa, a curta distância, estava talvez a pessoa mais velha da sala: Clive Barker, muitos anos antes ator em um dos primeiros laboratórios teatrais, o Theatre Workshop (Teatro Oficina) de Joan Littlewood, e agora professor universitário. Fitando a moça que cantava, ele começou a cantarolar o mesmo tom para si mesmo, um pouco roucamente. Na mesma mesa, Nicola Savarese e eu, dois outros eruditos, olhávamos para ele com interesse enquanto ecoava, tão alegre e cheio de vida, a canção da jovem. Sua cabeça balançava levemente, e seus olhos estavam úmidos, como acontece às vezes com pessoas que estão próximas do fim ou ao menos que pensam estar. Ele morreu alguns meses depois.

Após a canção de Alice, levantaram-se dois outros velhos atores do Odin: Torgeir Wethal, norueguês, e Iben Nagel Rasmussen, dinamarquês. Eles falaram sobre a fundação do seu teatro, de seus primeiros anos na Noruega e Dinamarca, dos duros seminários de verão de Grotowski para atores escandinavos e do projeto não realizado de criar uma "comuna", onde os atores pudessem trabalhar no teatro e ganhar dinheiro como fazendeiros, principalmente criando porcos. Estava ficando tarde, e tínhamos brindado a noite toda.

Clive Barker ainda parecia estar pensando sobre algo do passado. Savarese voltou-se para mim e cochichou: "Por que Clive não foi convidado para a conferência sobre laboratórios teatrais? Você se lembra, em Bolonha, quando ele falou sobre laboratórios e lixo?" Fiquei emudecido. Era outubro de 2004 e alguns dias antes da conferência "Por que um Laboratório Teatral?", organizada pelo Odin Teatret e pela Universidade de Aarhus, à qual ambos fomos convidados. Clive Barker não foi incluído na programação da conferência talvez por ser muito velho ou muito ocupado, embora tenha sido ator e treinado atores com Joan Littlewood, antes de se tornar professor na Universidade de Warwick e coeditor do *New Theatre Quarterly*.

Nicola Savarese e eu pensamos que podíamos lembrar o que ele tinha dito durante a sessão da Ista[1], muitos anos antes em Bolonha, em 1990, quando lhe pediram para falar sobre seu trabalho com Joan Littlewood, mas a única coisa de que nos lembramos eram coisas diferentes.

"Lembro-me disso muito bem", murmurou Savarese, "ele começou a falar sobre um monte de lixo". A imagem o fazia rir. Eu não me lembrava de nada sobre lixo.

Ao mesmo tempo, Iben Nagel Rasmussen falava sobre a comemoração do segundo aniversário do Odin que teve um bolo e duas velas, em Holstebro, em 1966. Barba tinha convidado Torgeir Wethal para assoprá-las, e Torgeir, cujo equilíbrio o impedia de mostrar quaisquer excessos, apagou só uma das velas.

Cochichei para Nicola que não lembrava nada sobre lixo. E não havia laboratório: daquela vez, em Bolonha, Clive Barker havia falado sobre *Oh, What a Lovely War* (Oh, Que Delícia de Guerra). Eu me lembrava muito bem que ele tinha comentado sobre os ensaios do espetáculo, sobre problemas com censura

---

[1] Escola Internacional de Antropologia Teatral, fundada e dirigida por Eugenio Barba, da qual adiante falaremos mais.

e reações dos espectadores. Mas Savarese insistiu nas ilhas de lixo: sobre laboratórios e lixo.

Não cedi: Clive tinha descrito o meio pelo qual o Theatre Workshop prepararia suas produções e usaria a improvisação no palco para driblar a censura britânica do início dos anos de 1960.

Clive tinha falado sobre uma ilha de lixo, retrucara Savarese pacientemente: uma pilha de lixo flutuando no meio do oceano e trazendo consigo um ou dois desditosos sobreviventes de um naufrágio. Ele acrescentara que essa era uma imagem adequada para perceber com que se parecia um laboratório teatral.

Savarese tinha razão, conforme confirmei poucas semanas depois, lendo minhas anotações sobre a fala de Clive Barker em Bolonha. Ele tinha feito uma exposição sobre laboratórios teatrais e os chamado de "ilhas de lixo".

Com essa imagem, esse livro começa.

O SONHO DE CLIVE

Clive Barker tinha dito:

Fazer pesquisa teatral é como flutuar no meio do oceano, agarrado a uma ilha de lixo fedido e repelente. Você quer saber onde vai. Então quer saber se o trabalho estará apresentável. Daí você o apresenta. Às vezes o público lhe dirá se o espetáculo funciona. Isso significa que algo foi transformado. Mas não sabemos como ou por quê. Outras vezes, tudo que fica é lixo. E essa é a diferença real entre um laboratório teatral e um laboratório científico, em que até o último momento antes do fim você não sabe se o que está no tubo de ensaio será a prova de um experimento *bem-sucedido*. Ao menos num laboratório científico você sabe que o tubo de ensaio contém um composto químico, não só alguma água suja.

Ele falou então sobre Joan Littlewood e o Theatre Workshop em Londres, no início dos anos de 1960.

Trabalhar com Joan foi realmente uma experiência ruim. Entretanto formou a base para o meu trabalho na profissão. Eu não conseguia fixar a mente em nada. O trabalho era aproximado, caótico e enfadonho. Passávamos o tempo todo divagando, perguntando-nos para onde íamos. A própria Joan não sabia, e, no entanto, nós a seguíamos. Era como se o cego guiasse o cego. Andávamos ao léu, sem destino e sem método. Então, no fim, surgimos com uma peça que tinha começo, meio e fim: *Oh, Que Delícia de Guerra* – uma produção que marcou época. Disseram que era ao mesmo tempo trágica e cômica, que fora um evento. Mas nenhum de nós sabia o que tínhamos feito para chegar a tal resultado e do que precisávamos para obter outro, igualmente válido. No final das contas, poderia não ter acontecido nada. Então simplesmente estávamos parados, agarrados à nossa ilha de lixo.

Ele disse que seu período de trabalho com Joan Littlewood tinha sido a coisa mais importante da qual tivera muita sorte em participar. Foi um trabalho tão duro que ele teve que parar. E havia imaginado outro jeito de experimentar no teatro, inventando um método para apresentar jovens ao palco, baseado em jogo e improvisação (*Theatre Games*)[2]. Então tornou-se conferencista de universidade e em 1985 reinventou a revista *Theatre Quarterly*, mudando seu nome para *New Theatre Quarterly*, uma das mais importantes revistas teatrais no mundo anglófono.

Clive Barker concluiu:

Às vezes, mesmo agora, depois de tantos anos e na minha velhice, tenho um pesadelo recorrente. Sonho que enquanto estou em casa, em paz, ou em meu escritório na universidade, Joan me chama, diz-me para deixar tudo e ir vê-la, porque ela quer começar uma nova produção. Mas eu penso sobre meu trabalho, minhas coisas, minha família, minha revista. E penso sobre a ilha de lixo, e quão difícil foi agarrar-me a ela. Chega de Joan!

Mas essa não é a parte mais aterrorizante do sonho. O pesadelo é que enquanto estou raivosamente resmungando por causa disso e de muitas outras coisas, vejo-me ocupado arrumando a mala.

Essa é a parte terrível: nem mesmo em sonhos eu posso ou quero dizer não a ela.

UMA DISCUSSÃO E SEU CONTEXTO

Vou narrar neste livro uma discussão que começou, no que eu posso somente descrever, como um estado de confusão.

Essa discussão – que foi variadamente diálogo, confronto, controvérsia, disputa – começou com uma questão inesperada.

---

2 London: Methuen, 1977.

I

Imagine um bispo que reúne clérigos e idólatras para examinar o que seria uma igreja. Ou imagine um velho comandante guerrilheiro que lidera uma mesa-redonda para entender o que significa luta de guerrilha. Visualize-o com uma kalashnikov repousada na cadeira ao lado, cuidadosamente questionando os demais participantes sobre possíveis modelos e origens da luta de guerrilha, que tem sido sua vida – seu significado, sua legitimidade e *status* na história.

Foi isso o que aconteceu quando Eugenio Barba, fundador e protagonista de um dos mais duradouros laboratórios teatrais da história, decidiu que tinha chegado a hora de discutir o significado, a utilidade, a verdade histórica dos laboratórios teatrais. Suas questões pareciam fúteis, transformando fatos e circunstâncias que, pelo menos em um meio particular, tinham sempre sido um território comum de entendimento e diálogo – ou uma metáfora bem pensada – em problema.

A reflexão de Barba não foi uma reflexão original, uma forma de tornar claros para si próprio os caminhos que tinha seguido. Ele queria debater suas questões e analisá-las como se fossem um problema objetivo. Mas queria fazê-lo dentro do seu meio.

A discussão começou no início do século XXI. Tanto pessoas de teatro como da literatura próximas de Barba expuseram suas opiniões. Ideias e exemplos foram apresentados e, modelos e crenças, formatados em dúvida. Essa vivaz troca de ideias durou longo tempo – quase quatro anos – e culminou na conferência internacional "Por que um Laboratório Teatral?" em Aarhus, Dinamarca, em outubro de 2004[3]. Mas foi uma discussão enraizada em um conhecimento comum das práticas

---

3 A conferência intitulada "Por que um Laboratório Teatral? Riscos e Inovações na Europa de 1898-1999", um simpósio internacional para marcar o quarto aniversário do Odin Teatret, aconteceu em Aarhus, de 4 a 6 outubro de 2004. Os oradores foram: Janne Risum (Introdução), Mirella Schino (Laboratório Teatral como Blasfêmia), Erik Exe Christoffersen (Em Busca da Essência), Franco Ruffini (C. S. Stanislávski: Por que um Laboratório Teatral?), Béatrice Picon-Vallin (Vsévolod Meierhold: Por que um Laboratório Teatral?), Patrice Pavis (Jacques Copeau: Por que um Laboratório Teatral?), Marco De Marinis (Étienne Decroux: Por que um Laboratório Teatral?), Zbigniew Osiński e Leszek Kolankiewicz (Grotowski-Flaszen: Por que um Laboratório Teatral?), Georges Banu (Peter Brook: Por que um Laboratório Teatral?), Georges Banu e Béatrice Picon-Vallin (O Théatre du Soleil: Por que um Laboratório Teatral?), Ferdinando Taviani (Odin Teatret: Por que um Laboratório Teatral?), Nicola Savarese (Irradiações na Ásia), Raquel Carrió (Irradiações na América Latina), Richard Schechner

do laboratório teatral, não uma mesa-redonda entre especialistas. Foi uma discussão que parecia não acabar mais, emergindo a cada reunião, pública e privada, extravasando para livros e artigos. Foi, acima de tudo, um processo de pesquisa dentro de um meio preciso, a saber, a Ista, que, por sua vez, era o lugar onde se concentravam os interessados no teatro como laboratório.

A Escola Internacional de Antropologia Teatral (Ista) foi fundada por Eugenio Barba em 1979. É um lugar mais mental do que físico. É uma estrutura complexa, compreendendo uma equipe de cerca de cinquenta professores de todo o mundo e com 38 participantes. Ela geralmente envolve o todo do Odin Teatret, com toda a sua eficiente máquina organizacional.

Em certo sentido, é um laboratório que cresceu junto a um laboratório teatral. É um lugar para diálogo e pesquisa comparada, com a intenção de colocar questões, levantar e testar dúvidas. Não é uma escola. Mas um de seus objetivos é transmitir conhecimento e experiências, e isso provavelmente é a faceta que tem sido mais proeminente em anos recentes. Seu propósito não é produzir um espetáculo, apesar de ter criado várias produções com o nome de Theatrum Mundi. Não é, naturalmente, um grupo teatral, mas gera relações de trabalho constantes, embora intermitentes.

A Ista é geralmente conhecida por seus estudos sobre os princípios da técnica de atores e dançarinos, de sua presença cênica. Esse conhecimento incorporado é subjacente às formas de atuar dos *performers* de diferentes gêneros e tradições. A Ista organiza sessões de trabalho com duração de duas semanas a dois meses, realizadas quando e onde seja possível ou requerido. A primeira foi organizada em Bonn, Alemanha, em 1980, e a mais recente* em Wrocław, Polônia, em 2005: quatorze sessões internacionais ao todo, 25 anos de encontros, pesquisa e debate.

Vinte e cinco anos é um longo tempo.

Os professores das várias sessões vêm de muitos gêneros teatrais e de dança: orissi e kathakali, indianos; nihon buyo, nô e butô, japoneses; gambuh, topeng e legong, balineses; Ópera

(Irradiações nos Estados Unidos: Por que um Laboratório Teatral no Terceiro Milênio?) e Eugenio Barba (Reflexões Finais).
* Até 2009 (N. da E.).

de Pequim e candomblé afro-brasileiro; mímica corporal de Decroux e biomecânica de Meierhold; atores do Odin Teatret; cantores de ópera; *experts* em improvisação, como Dario Fo, Keith Johnstone e Clive Barker. Grotowski, quando presente, costumava ficar à disposição dos participantes para diálogos pessoais. A todos esses artistas devem ser somados os eruditos. Essa é a equipe "artística e científica" da Ista.

Mudanças acontecem. Somente uma ou duas pessoas – além de Barba – estiveram presentes em todas as sessões da Ista. Mas há um núcleo de pessoas que tendem a retornar e retomar a discussão do ponto em que a deixaram: atores do Odin, vários artistas da Ásia, Estados Unidos e América Latina, alguns eruditos. Esse é o "meio".

Também há participantes cuja seleção é decidida por Barba de acordo com dois critérios visíveis: diversidade e não mais que dois de cada país. Dependendo da sessão, pode haver 38 no total e geralmente só se pode participar uma vez. Há atores, dançarinos, diretores, coreógrafos, professores de escolas de teatro, críticos e estudiosos de todas as idades. Nas primeiras sete sessões, a participação foi gratuita. Desde a Ista em Brecon, País de Gales, em 1992, uma taxa foi cobrada pelos organizadores locais, mas esta sempre é baixa, considerando-se a duração e o número de membros da equipe de ensino.

Da perspectiva da mentalidade, a Ista é muito próxima do pensamento dos laboratórios teatrais. Isso se reflete de modo prático nos problemas com os quais todo laboratório teatral deve lidar. É um lugar concebido para estudar o ator. Concentra-se no enigma do aprendizado do ator e na aventura imposta pela pesquisa teatral, que, como argumenta Clive Barker, é uma verdadeira montanha-russa. Levanta questões sobre o ser humano em uma situação organizada de performance e sobre o estado físico e mental antes e depois do desempenho. A Ista aborda todos os problemas relacionados à representação cênica, enquanto o ser humano/ator estiver no centro do estudo.

Como lâminas colocadas no microscópio, os participantes da Ista estudam e, principalmente, analisam os primeiros passos no aprendizado dos *performers* asiáticos, dos atores do Odin Teatret e de outros atores do Ocidente, da mimese corpórea de Decroux ou da biomecânica de Meierhold. Eles estudam assiduamente suas posturas, hábitos e crenças. E seu estudo, nessa ocasião, ocorre *junto com* os sujeitos que estão sendo estudados. Mas cada Ista pode ser uma surpresa. Certa vez, uma sessão foi devotada à criação de um espetáculo, uma nova produção do Theatrum Mundi, envolvendo atores asiáticos e do Ocidente. Frequentemente havia trocas e intercâmbios com a comunidade local.

Durante uma sessão da Ista, estudo e pesquisa são empreendimentos solitários, mas também conduzidos em pequenos grupos. Não é fácil, em razão do espaço limitado, da presença de outros pesquisadores, das horas gastas discutindo fervorosamente ou silenciosa e pacientemente observando o trabalho e demonstrações dos atores, sempre com a suposição tácita de que esse é um lugar de absoluta paixão. Então há os limites e os obstáculos que todos devem enfrentar e a dificuldade de diálogo entre pessoas que veem o teatro como seu próprio campo de pesquisa, mas de pontos de vista muito diferentes.

Esse é o lugar onde Barba desenvolveu suas reflexões sobre antropologia teatral. Foi um espaço para trabalho prático e para levantar deliberadamente questões ingênuas, enfocando diretamente, com aparente facilidade, as mais profundas estruturas do ofício teatral, as crenças mais profundamente enraizadas e compartilhadas, as zonas mais secretas. As questões serviram para escrutinar com novos olhos fenômenos bem conhecidos ou para afastar-se deles. A Ista foi o espaço para questões que ninguém tinha antes levantado e que provavelmente ninguém levantará em décadas vindouras.

Usualmente, nos círculos teatrais, poucas perguntas são realizadas, e elas são sempre as mesmas: sobre dramaturgia, relacionamento entre o ator e o personagem, identificação ou estranhamento (*verfremdung*) e algumas questões técnicas sobre a voz.

As questões levantadas pela Ista sobre o ser humano no palco foram novas e surpreendentes. Elas variaram da mais concreta e aparentemente insignificante das questões (o modo como o ator coloca o pé no solo) até a mais obscura, tal como a possível existência dos princípios mentais "pré-expressivos". Essas questões permitiram muita exploração, e entendê-las possibilita a familiarização com o tipo de mentalidade, problemas e questões que podem existir em um laboratório teatral.

I

QUESTÕES COLOCADAS PELA ISTA

Houve uma sessão que enfocou a questão da "organicidade" do ator e seu "efeito orgânico" no espectador. Uma foi sobre improvisação, outra sobre as maneiras de representar e incorporar no palco papéis "masculinos e femininos". Ainda uma outra foi sobre como a experiência da presença do ator pode ser transformada em conceitos e historiografia. Discutimos tradições teatrais, as antigas tradições asiáticas e as novas tradições ocidentais do século XX e seus fundadores. Perguntamos a nós mesmos sobre os exercícios inventados pelos fundadores do novo teatro do século XX e sobre os "princípios recorrentes" nas técnicas do ator de várias culturas. Eram todas questões relacionadas às estruturas mais profundas do teatro, as invisíveis. Muitas questões levaram a lugar nenhum. Outras pareceram fazer a escuridão que encobre a arte do ator recuar alguns metros.

Discutimos a natureza das tensões no corpo performático do ator; os princípios das oposições em suas "danças"; coerência e incoerência na partitura física; a subpartitura como outra realidade concreta equivalente ao subtexto de Stanislávski; o que é energia; a definição de dramaturgia, e se ela consiste só do texto ou também inclui as ferramentas narrativas do espetáculo. Falamos sobre o efeito de uma "vida diferente" que a apresentação pode gerar no espectador, e nos perguntamos se é possível falar de um efeito orgânico somente para o ator ou também para a performance inteira. Também lidamos com tópicos mais simples, como a "história subterrânea do teatro", o papel da música, do silêncio, do ritmo e do fluxo, e procuramos estabelecer se há ou não uma dramaturgia do ator e uma dramaturgia do espectador.

Refletimos sobre o equilíbrio e desequilíbrio nas posturas físicas do ator e, ao mesmo tempo, sobre o *valor* do teatro. Investigamos o papel das várias "memórias": física, mental, sensorial, histórica. Observamos as diversas maneiras dos atores colocarem os pés no solo para deformar seu modo "natural" de caminhar. Comparamos várias formas de aprendizado e métodos específicos de ensino, gravação, transmissão verbal e *know-how* profissional incorporado, o conhecimento tácito do ator e os modos pelos quais tudo isso acontece, intencionalmente ou não. Observamos ações dilatadas e miniaturizadas. Discutimos energia masculina e feminina, a conexão entre o gênero do ator e do personagem ou entre tipo de energia – suave ou vigorosa – e gênero sexual.

Analisamos a diferença entre atividades cotidianas e extracotidianas. E levantamos o problema (apaixonadamente, embora de maneira vã) sobre a possibilidade da mente do ator ser moldada de maneira extracotidiana. Tempo virá em que o burburinho que preenche a Ista terminará e um profundo silêncio cairá sobre a terra do teatro.

Claro que estou empregando aqui um termo inexato: discussão. Esse termo evoca somente palavras. A pesquisa da Ista tem sido mais física do que verbal: a assimilação dos passos práticos do "primeiro dia" no aprendizado de muitos gêneros performáticos, a desconstrução de partituras e performances inteiras, o escrutínio assíduo de um movimento, uma postura, um passo repetitivo, a análise detalhada de demonstrações de *performers*, bem como palestras e mesas-redondas. Observação, conversas, treinamento, demonstrações, discussões: na realidade todas as formas de pesquisa, onde debatemos e concordamos em discordar.

Só raramente o cronograma intenso da Ista permite que discussões reais se desenvolvam. Entretanto, a atividade de pesquisa e descobertas da Ista floresceriam mais tarde por meio do trabalho individual e frequentemente deram origem a uma espécie de discussão a longa distância. Um meio fora criado, uma rede de questões, quadros de referência, diálogos e debates. Era um meio paradoxal, em sentido virtual, mas muito vivo.

A questão dos "laboratórios teatrais" foi levantada e discutida num meio particular tão coeso que se poderia mesmo falar em "mente coletiva". Mas somente no âmbito da Ista. Era um pequeno mundo de pessoas que, num período de 25 anos, adotaram o hábito de discutir ferozmente juntos: diretores e eruditos, talvez mais voltados para discussão teórica, e atores imbuídos de uma atitude "laboratorial" e que às vezes acreditavam ser fútil falar sobre isso. O singular nesse pequeno mundo era a presença de estudiosos e profissionais, de especialistas nos diversos ramos e gêneros de teatro e dança, de tradições veneráveis e expressões contemporâneas, pessoas idosas e jovens. Às vezes havia desentendimentos, momentos de tédio e não participação. Contudo, para alguns de nós, a experiência compartilhada, a curiosidade e o respeito mútuo no fim sobrepujavam quaisquer possíveis diferenças.

UM PROBLEMA DE ESCOLHA DE LADOS

A questão do "por que" talvez fosse também óbvia: todos tínhamos compartilhado interesses e necessidades. Foi nos laboratórios teatrais que a arte do ator foi redescoberta, adquirindo sua importância fundamental. Durante as várias sessões da Ista, essa arte foi estudada em seus múltiplos aspectos e de diferentes pontos de vista. Para muitos de nós, além disso, foi na Ista que tomamos conhecimento e nos acostumamos com figuras-chave da laboratorialidade da segunda metade do século XX, tais como Grotowski e Barba, e também com *performers* magistrais de outras tradições.

Uso o termo *laboratorialidade* para indicar tudo o que acontece nos laboratórios teatrais, bem como a propensão para criar novos laboratórios, reconhecendo seu valor e importância. Esse termo recém-cunhado é indubitavelmente feio, mas tem a vantagem de sugerir uma associação imediata com o termo russo *studinnost*, o forte interesse, mesmo fervor, no fazer teatral mostrado pela geração mais jovem na Rússia do início do século XX. Podemos traduzir esta palavra como "estudiosidade", indicando um lugar, o estúdio, e o que acontece lá: pesquisa pura sobre a arte do ator sem necessariamente visar a um espetáculo. A predileção por criar estúdios e o reconhecimento do seu valor caracterizou o trabalho de muitos protagonistas da Reforma do Grande Teatro no início do século XX, a partir de grandes diretores e teóricos tais como Stanislávski, Meierhold e Appia, e de muitos dos atores que com eles colaboraram. Mas falaremos mais sobre isso posteriormente.

Começando no ano 2000, como já disse, Barba nos perguntava sobre os laboratórios teatrais sempre que nos encontrávamos. Eram questões simples, e por isso mesmo ficávamos surpresos. O propósito delas era começar do nada. Ele perguntava: o que é um laboratório teatral? De que maneira ele difere de um teatro experimental ou o que ele havia previamente chamado de Terceiro Teatro? Ele também perguntava por que um teatro podia ser definido como laboratório enquanto outro não, e se os teatros considerados usualmente como laboratórios o eram de fato. Teatros como o dele ou o Teatro-Laboratório de Grotowski e Ludwik Flaszen, ou o Centro Internacional de Pesquisa Teatral (Cirt) de Peter Brook: por que eles podem ser considerados legitimamente como laboratórios? E eles poderiam ainda ser designados assim, apesar de suas transformações ao longo dos anos? E se essas mudanças não fizeram diferença, *o que* definia o grau de laboratorialidade de um grupo teatral?

A discussão prosperou rapidamente para abarcar a história do teatro do fim do século XIX e início do XX. Dizia-se frequentemente que os estúdios, as escolas, as zonas separadas devotadas à pesquisa pura, típicas dos novos teatros do início do século XX, eram similares; na verdade, o mesmo que os laboratórios teatrais dos anos de 1960. Assumia-se geralmente que havia uma imbricada conexão entre os estúdios de Stanislávski, Meierhold, o grupo Les Copiaus de Copeau, as escolas de Decroux e Piscator, o Teatro-Laboratório de Jerzy Grotowski ou o Odin Teatret de Barba, ou os teatros de Brook ou Mnouchkine. Agora Barba perguntava: por que temos laboratórios teatrais? Podem os estúdios de Stanislávski e Meierhold serem assim chamados? E se podem, por quê? Era essa sua opinião, mas ele queria saber de nós. Ele perguntava por que Stanislávski tinha aberto um estúdio após outro exatamente dentro do próprio teatro; por que Meierhold tinha entrelaçado sua atividade em oficinas e estúdios com a do teatro; por que eles pareciam querer separar as duas atividades; por que essa divisão entre teatros e estúdios, e não simplesmente um laboratório teatral.

Barba dizia: "Apesar das diferenças radicais – históricas, morfológicas e contextuais – sempre pensei que havia um *continuum*, uma similaridade essencial, entre os teatros da Grande Reforma do início do século XX e a experiência dos laboratórios teatrais da segunda metade do século".

Ele acrescentava que para ele um laboratório tinha sempre representado um meio bem definido com uma cultura de trabalho específica, *know-how* e *ethos* profissional, caracterizado pelas diferenças multifacetadas de seus membros individuais. Ele tinha pensado nesse tipo de meio teatral como um exemplo de laboratório. Mas agora não era mais capaz de explicar o que os unia além do fato de irem contra a corrente principal de práticas e ideias do seu tempo e sua busca desesperada por algo essencial no teatro: a saber, outra realidade. Uma realidade diferente, que só pode ser atingida por meio da arte do ator.

E ele concluía: "Sugiro que tenham essa questão em mente: existe realmente algo ligando esses teatros que se autodenominam e que nós chamamos 'laboratórios'? Ou é só um nome recorrente, um sintoma de nossa preguiça intelectual?"[4]

O QUE SABÍAMOS

As respostas a essa torrente de questões não eram fáceis. Principalmente porque não sabíamos realmente o que era de fato um laboratório teatral. Esse não era um problema para nós, e na verdade nunca fora. "Nós", isto é, um pequeno grupo variado de estudiosos com estreita ligação com a Ista, mas que não a representava por inteiro e era formado por apenas alguns porta-vozes na futura conferência de Aarhus, "Por que um Laboratório Teatral?" É esse pequeno grupo que insisto em designar, sem dúvida de maneira imprópria, como "nós": esses poucos estudiosos, principalmente italianos, que costumavam encontrar Barba regularmente e explicar em público os problemas relacionados ao teatro. Durante quatro anos discutimos com ele o que seria um laboratório teatral e os problemas a ele relacionados.

Esses encontros continuaram em um grande número de lugares e situações.

Como mencionado anteriormente, nosso grupo manteve aceso o debate. Isso criou uma zona intermediária entre discussão pública e reflexão privada. Esses eram certamente os momentos mais fecundos, que produziam os resultados mais inesperados. Nós nos reuníamos usualmente sob o nome de Universidade de Teatro Eurasiano. Essa universidade anômala encontrou-se primeiramente em Scilla, depois em Caulônia, duas pequeninas aldeias no extremo sul da Itália, onde

---

[4] A maioria das questões deriva de circulares enviadas por Barba durante os quatro anos de discussões. Em poucos casos elas vêm de notas tomadas durante os vários encontros.

o pequeno teatro experimental Proskenion tinha conseguido criar em torno de Barba e "nós" (uns poucos estudiosos e seus atores acompanhantes) um ambiente para jovens interessados em trabalho prático e em discutir nossas questões. Isso levou a uma permanente reunião informal, uma semana anualmente. Além de no Teatro Proskenion, essa universidade encontrou-se em outros lugares: no Teatro Potlach, em Fara Sabina; Teatro Ridotto, em Bolonha; e Teatro delle Albe, em Ravena.

Com o passar dos anos (quase quinze desde a primeira sessão), as discussões continuaram com um grupo ainda menor, que no final reduziu-se a apenas seis participantes, incluindo Barba. Um número que permitia aos participantes pular de um tópico a outro com o propósito real de levar-nos mais longe e mais para dentro de labirintos e túneis, as minas da ciência teatral.

TENTATIVAS DE DEFINIÇÃO

Aqueles de nós que discutiam o que seria realmente um laboratório teatral sabiam as respostas por experiência direta, estudo ou prática. Era possível perceber a diferença entre laboratórios teatrais e outros teatros na nossa pele e mente. De fato, um laboratório teatral é diferente de um simples teatro experimental, e todos dentre "nós" tínhamos tido experiência direta com isso, como profissionais e estudiosos de teatro. O fato de não ser *fácil* definir a diferença não significava que ela não existisse. Também compartilhávamos uma rede de referências mentais precisas e históricas, que vinham a nossas mentes tão logo Barba nos chamava para discutir laboratórios teatrais. O que ou quem eram esses laboratórios teatrais? Essa era uma resposta fácil para todos nós.

Alguém lembrou dos jovens atores russos nos anos de 1920, encorajados à ação pela revolução soviética, que se concentravam na então recém-inventada prática de exercícios teatrais, frequentemente sem ter um espetáculo em mente.

Outros lembraram Vakhtângov e seus aspirantes a ator muito jovens quando ensaiavam, de gravata branca e fraque, *Turandot* de Carlo Gozzi no frio mordente e na fome de Moscou, em 1921.

Alguns mencionaram os jovens atores britânicos dos anos de 1950 quando, em nome de Brecht, Joan Littlewood recorreu à improvisação no palco, provocando os censores do Reino Unido.

Em um canto de nossa memória estava a imagem, extraída de *As Bacantes*, dos corpos nus de *Dionysus em 69*, encenado por Richard Schechner e seu Performance Group, em 1968. No espetáculo, as bacantes modernas pediam aos espectadores para fugir com elas e quebrar o feitiço da tragédia em curso. Em uma ocasião, o convite foi aceito.

As performances também eram parte do problema?

Todos, é claro, mencionaram o Teatro-Laboratório de Jerzy Grotowski e Ludwik Flaszen como um exemplo óbvio demais para ser discutido. Para não falar do Odin Teatret, o Nordisk Teaterlaboratorium.

Também pensamos em todos os atores, tanto jovens como velhos, que na virada do milênio estavam criando condições laboratoriais, muitas das quais por meio da Ista.

As questões de Barba nos afastaram dos nossos territórios e crenças seguras para buscar definições mais agudas e sutis. Mas tínhamos a impressão de que, junto com a casca das nossas convicções evidentes e talvez fáceis, a base na qual nosso conhecimento compartilhado se assentava poderia começar a vacilar.

Mas, de qualquer modo, tentávamos. "Nós", estudiosos e profissionais, reunidos na Ista e forçados a enfrentar essas questões, oferecemos uma primeira rodada de respostas. Muitas coisas inteligentes, significativas e reveladoras foram ditas. Listarei essas respostas e definições iniciais.

A ÓRBITA DOS LABORATÓRIOS TEATRAIS

O laboratório, dissemos, é uma *dimensão paralela* do teatro. Ele percorre uma órbita que, entretanto, não pode ser definida com nenhum grau de exatidão. E acrescentamos que provavelmente, para funcionar, ele não pode ser definido. Mesmo a existência de importantes modelos, tais como os de Stanislávski ou Grotowski, pode levar a erro, pois um laboratório não pode ser definido de acordo com suas intenções ou os modelos que escolhe para si próprio. O termo laboratório não define um conceito ou um paradigma metodológico, mas mais exatamente um espaço. Esse espaço tem a mesma disposição arquitetural do teatro normal, cujo espaço reservado para o público foi amputado. Um laboratório é um teatro pensado como um lar para atores, onde os espectadores não são mais os patrões, mas os convidados.

Dissemos: um laboratório teatral é um meio protegido onde o tempo é abundante. Tempo é um fator essencial: pesquisa depende não de realizar um grande número de experimentos, mas de dar-se tempo suficiente para experimentos específicos que buscam algo preciso e que são organicamente separados dos realizados meramente para experimentar.

Dissemos: um laboratório é um teatro que está em busca de um *destilado* de vida. Não "vida" em geral ou vida como aparece para nós, mas um destilado.

Dissemos: um laboratório é uma estrutura que desenvolve uma pesquisa, recriando condições e contextos artificiais. Como quando terremotos são estudados dentro de uma sala, artificialmente recriando em miniatura todas as condições. Também dissemos que o laboratório é um lugar para construir um corpo livre de automatismos.

Durante uma das discussões da Universidade de Teatro Eurasiano, pediram a Franco Ruffini, um estudioso italiano de teatro com base científica de físico, uma definição não teatral de laboratório, de modo a enfocar novamente nosso ponto de partida. Ele tentou dar uma forma lógica à confusão de nossos problemas e respondeu que uma possível definição poderia ser a seguinte: um laboratório é um lugar totalmente equipado, onde são realizados experimentos com base em hipóteses precisas que devem ser testadas, e cujos resultados podem ser usados e mostrados.

Então dissemos: um laboratório é um lugar de pesquisa pura, uma utopia. Mas utopia (*u-topos*), no que diz respeito ao teatro, não é um *não* lugar. É antes o lugar do *não*. Assim, um laboratório é um teatro que diz *não* ao espetáculo.

Dissemos: não devemos nos desorientar, enfocando somente os indivíduos que criaram estúdios ou laboratórios teatrais. Há algo mais importante, uma revolução geral além e acima das atividades individuais. Talvez ela não seja reconhecida em algumas dessas atividades, mas certamente pode ser reconhecida na órbita total dos laboratórios teatrais. É uma revolução do ser humano, realizada por meio do teatro. Um modo de passar da cena exterior para a interior.

Alguém acrescentou: um laboratório é um caminho por meio do qual alguém se perde, e suas crenças são questionadas. É uma casa onde os vivos e os mortos convivem, os estudantes e os velhos aprendem juntos, uma biblioteca e uma oficina, meus sonhos e suas desilusões.

Outro chamou a atenção: laboratórios teatrais aparecem quando não há mais distinção entre os dois diferentes canais de teatro; o profissional e o amador. Historicamente, o último tinha sempre considerado o teatro de um ponto de vista artístico--espiritual, mas sem ser capaz de devotar todo seu tempo a ele.

Barba falou sobre Stanislávski, Meierhold, Vakhtângov, Copeau e Artaud. "Que tipo de escombros eles nos deixaram?", perguntou ele. "Por que construí minha casa sobre estes escombros? Um laboratório é um lugar onde relacionamentos são construídos". E acrescentou um tanto obscuramente: "Relacionamentos com o próprio presente e o próprio passado. Um laboratório é, antes de tudo e principalmente, um lugar mental, uma oficina dentro de nós mesmos. Mas não individual ou privado: ele é a voz do 'outro' dentro de nós. Um lugar onde se pode proteger suas origens".

Nós – é sempre um simbólico "nós", as pessoas que criaram uma verdadeira mente coletiva – dissemos: o laboratório é o lugar onde bombas são pacientemente testadas; isso é especialmente verdade para um laboratório teatral. Porque o teatro não é absolutamente vida destilada, é vida invertida: acima de tudo, uma destruição frutífera. O fogo é de fato um símbolo para o teatro[5].

Barba, provavelmente porque a imagem do fogo evoca por contraste a da água, narrou a história de uma moça que, alguns anos antes, durante um encontro de grupos de teatro na Argen-

---

5 Quase todas essas afirmações espelham as visões dos que participaram da discussão, como elas aparecem nas minhas notas sobre os vários encontros ou, mais raramente, em seus escritos. Para reter o efeito da discussão, devo me referir aos vários livros e ensaios somente no caso de discursos reais. Todavia, preciso no mínimo destacar o livro de Franco Ruffini, pois ele inclui um capítulo que retoma a discussão durante o curso de um daqueles encontros na Universidade de Teatro Eurasiano em 2003, em Scilla, organizado pelo Teatro Proskenion. Per Linee trasversali (Por Linhas Transversais), cf. *Il filo rosso: Teatro e taccuini, 1999-2006* (A Linha Vermelha: Teatro e Cadernos, 1999--2006), Roma: Officina Edizioni, 2007, p. 81-83.

tina, apresentou seu "grupo", que consistia de uma única pessoa: ela mesma. Ela era a expressão da cultura do naufrágio. Tinha começado a atuar nas províncias com outros jovens e conseguiu permanecer emersa durante cinco anos: um tempo longo para um grupo. Durante cinco anos eles trabalharam, sonharam e viram seus sonhos tornarem-se realidade: as ilusões de uma geração em uma Argentina recém-saída da ditadura. Então o grupo repentinamente se desfez. Ela explicou como fora horrível encontrar novamente a solidão: a única sobrevivente de um naufrágio, de uma frágil embarcação soçobrada.

Entretanto, todas essas associações não explicam o que é um laboratório teatral. Mesmo Stanislávski ou Grotowski teriam ficado confusos à medida que as definições se empilhavam. Todavia, conforme as anotava, percebia como elas descreviam o campo de força ativado pelos laboratórios teatrais. Estes, de fato, indicam não um meio de fazer teatro, mas preferivelmente um meio paradoxal de olhar para ele. Como se em vez de nos concentrar nos problemas diretamente relacionados ao espetáculo, em vez de observar as tendências do teatro dos dias de hoje e o modo como os espetáculos são recebidos e lembrados, invertêssemos nosso olhar e observássemos não somente o processo de trabalho, mas também a zona mais remota, a fronteira entre a *normalidade* da vida diária e a multiplicidade do ser humano durante a performance. Uma multiplicidade que não é aceita tanto quanto seria necessário no teatro.

UM OLHAR PARADOXAL

Um olhar paradoxal vê de fora e além da zona de tarefas teatrais diretamente relacionadas ao espetáculo. Tal abordagem abrange não somente o trabalho envolvido na criação, mas considera legítimo e importante escavar e meandrar em áreas menos centrais[6]. Na segunda metade do século xx, o laboratório teatral era o lugar para essa observação e prática paradoxal.

---

6 Contudo, essa área não coincide com a atividade externa de um teatro, mas inclui o campo da técnica. Grotowski mencionava frequentemente que certo tipo de ensaio, que não almeja a uma rápida e eficiente performance, pertence a essa área. O que Peter Brook diz sobre esse assunto é também de interesse:

I

Um laboratório teatral é um teatro que *também* levanta problemas teatrais não diretamente relacionados ao espetáculo real. Ele enfoca uma zona fronteiriça na qual o trabalho teatral se enraíza em rotinas cotidianas e onde a dimensão cotidiana e extracotidiana na vida das pessoas de teatro se misturam. Voltando o olhar para a *zona fronteiriça que existe entre trabalho e vida cotidiana*, a atividade dos laboratórios teatrais ilumina a extensão dessa zona e seu potencial a respeito de trabalho, riqueza e variedade de experiências que aí podem ocorrer. Laboratorialidade é, desse modo, o trabalho que, complementando um processo artístico, também enfatiza um processo cognitivo.

GROTOWSKI

Historicamente, muitos de nós naturalmente sentíamos que Grotowski e a fundação, com Flaszen, do seu Teatro-Laboratório estavam no coração do problema dos "laboratórios teatrais". Outros sugeriam antecedentes. Mas, para todos, Grotowski foi um ponto de referência essencial, um caso sobre o qual temos que refletir com certeza.

Para a formação e a experiência de todos "nós", o exemplo de Grotowski, seu trabalho, suas palavras e seus ensinamentos não foram tanto um ponto de partida, mas uma marca:

Cada um de nós é, até certo ponto, um mistério. Algo criativo pode acontecer num teatro – entre o diretor e o ator – exatamente quando ocorre um contato entre dois mistérios.

Ao conhecer o mistério do outro, chega-se a conhecer o seu próprio. E vice-versa: ao conhecer o seu próprio, chega-se a conhecer o mistério do outro. Isso não é possível com todo mundo.

Falando desse modo, não pretendo fazer um pronunciamento sobre o valor de outras pessoas. Simplesmente, a vida fez-nos de tal modo que podemos nos encontrar: você e eu. Podemos nos encontrar

---

"No domínio do ritual, no domínio do *storytelling* (contar histórias), no domínio da atuação [...] tudo é definido como pesquisa e tudo que é técnica gira em torno do mesmo mistério, que é em cada ponto uma tentativa de compreensão. O trabalho de ensaios é realmente um trabalho laboratorial [...]".
Peter Brook, *With Grotowski: Theatre is Just a Form*, Wrocław: The Grotowski Institute, 2009, p. 94-95.

para a vida e a morte – realizar um ato juntos. Criar como se fosse a última vez, como se fôssemos morrer imediatamente depois.

Poder-se-ia pensar que o encontro é uma feição criativa exclusiva do teatro, mas, afinal, se analisamos certos fenômenos, por exemplo, na literatura, podemos encontrar muitas analogias. No teatro, sem dúvida, o encontro é essencial. Talvez ele não seja a única estrada para o teatro, mas penso que é somente nela que somos consumidos pelo que fazemos. Também me parece que é essa busca por ir além que franqueia a plenitude no artista, a plenitude criativa no diretor.

O que procuramos no artista? Sem nenhuma dúvida – ele mesmo. Se não procuramos por ele, não podemos ajudá-lo. Se ele não nos interessa, se não é de algum modo essencial para nós, não podemos ajudá-lo. Mas também procuramos por nós mesmos nele, nosso "eu" profundo, nosso *self*. A palavra *self*, que é com certeza abstrata quando nos referimos a nós mesmos, quando imergimos no mundo da introversão, faz sentido quando aplicada em referência ao outro. Quando procuramos *self* no outro. Contudo, não em sentido solene, moral, referindo-se a toda a espécie, por assim dizer. Preferivelmente, quando se a aplica em toda sua seriedade e, contudo, ao mesmo tempo, excluindo qualquer nobre hipocrisia. Mesmo esse fraseado não é muito preciso, porque pressupõe algo espiritual. Mais provavelmente o mesmo mecanismo está em ação aqui como na vida privada, em relacionamentos entre pessoas, onde, convenhamos, tudo muito espiritual, muito puro, é irreal. Entretanto nós o nomeamos, existe algum tipo de troca: algum tipo de penetração no ator e um retorno a nós mesmos e vice-versa[7].

Durante a conferência de Aarhus em 2004 (o apogeu e, de certo modo, a conclusão dessa discussão), dois estudiosos poloneses, Zbigniew Osiński e Leszek Kolankiewicz, falaram sobre Grotowski. Apresentaremos a fala de Osiński na totalidade em outro capítulo. Mas aqui, falando sobre a história da discussão, precisamos começar a familiarizar-nos com os tópicos e problemas que eles levantaram.

Osiński, por exemplo, começou seu discurso assim:

---

7 Jerzy Grotowski, On the Genesis of Apocalypsis, traduzido por Kris Salata, TDR: *The Drama Review*, 52. 2, 2008, p. 41. Esse é um texto de Grotowski, reconstruído da transcrição feita por Leszek Kolankiewicz de uma série de palestras proferidas pelo diretor entre 1969 e 1970 para marcar o décimo aniversário do Teatro-Laboratório.

I

Em "Lettres à mes amis historiens", conhecido em sua versão inglesa como "Carta aos Interlocutores", Eugenio Barba escreveu: "É evidente que minha história pessoal e quarenta anos com o Odin Teatret determinam minha maneira de ver. Não é por acidente. Cada um de nós poderia dizer exatamente a mesma coisa. O que podemos fazer aqui é tentar dar nosso próprio testemunho – é tudo".

Nessa discussão, toda informação referente a uma testemunha era importante.

Kolankiewicz, uma figura esbelta, sorridente, mas tímida, levantou-se para refletir a respeito do significado do conceito de laboratório para Grotowski, sobre a razão para um termo com nuances científicas e sobre as profundas implicações de sua laboratorialidade. Ele nos apresentou uma imagem de um laboratório teatral que era sombrio, embora reluzindo a ouro, um lugar onde transmutações ocorriam, similar ao laboratório de um alquimista, cheio de surpresas, muito diferente do lento, tortuoso, frágil mas progressivo trabalho realizado num laboratório científico. Ele nos disse que a pesquisa de Grotowski não era aleatória, embora não tivesse um objetivo direto. Explicou que um laboratório de alquimista implica – ao contrário de um laboratório científico – primeiramente uma transmutação do pesquisador. Disse que o alquimista, em qualquer país ou contexto, sempre permanece fiel a uma tradição mística, e que no seu laboratório a primeira operação é conduzida em si próprio, em sua vida mental, em seu ente psicológico e na sua própria experiência. O alquimista faz isso com o rigor do procedimento científico, mas também por caminhos bem apropriados aos problemas inerentes à arte. E essa transmutação interior é sempre inseparável do experimento.

Leszek Kolankiewicz, hoje professor da Universidade de Varsóvia, não somente estudou muito Grotowski e assistiu a muitas de suas últimas produções, mas também colaborou intimamente com ele no período parateatral e no projeto Teatro das Fontes. Ele é um daqueles eruditos que consideram o trabalho de campo como sendo parte integrante da pesquisa, o que penso ser verdade para todos "nós" da Ista. Ele introduziu o ponto de vista da antropologia teatral nos estudos poloneses, enfocando, em particular, o que chamou de *performática (Performatyka)*, a antropologia da performance. Tomou parte durante anos no trabalho e nas "expedições" do teatro Gardzienice e colabora com o Instituto Grotowski, em Wrocław. Segue sua fala em Aarhus (traduzida por Grzegorz Ziółkowski e Paul Allain)[8]:

Muitos dos teatros aqui discutidos – ou talvez todos – podem ser classificados como laboratórios, mas apenas poucos levam esse título. Entre os últimos estava principalmente o Teatro Laboratório polonês. Irei portanto fornecer algumas informações sobre o nome desta instituição.

Jerzy Grotowski e Ludwik Flaszen fundaram seu teatro no verão de 1959, em Opole, adotando o nome Teatr 13 Rzędow (Teatro das 13 Filas), que existia previamente. Só em 1º de março de 1962 eles mudaram o nome para Teatr Laboratorium Teatr 13 Rzędow (Teatro-Laboratório Teatro das 13 Filas). Essa data pode ser vista como um momento-chave na história. As estreias seguintes aconteceram em Opole sob o novo nome: *Akropolis*, de Stanisław Wyspiański (novembro de 1962), *A Trágica História do Dr. Fausto* de Christopher Marlowe (abril de 1963) e *Estudo sobre Hamlet* baseada em textos de William Shakespeare e Stanisław Wyspiański (março de 1964). A partir da transferência do Teatro-Laboratório Teatro das 13 Filas, de Opole para Wrocław – em 1º de janeiro de 1965 –, o nome do lugar foi suplementado pela distinção: "Instituto do Método do Ator". *O Príncipe Constante*, de Pedro Calderón de la Barca, na tradução de Juliusz Słowacki (abril de 1965) foi apresentada no teatro já com esse nome. No início de 1967, quando a companhia estava trabalhando em *Os Evangelhos*, que mais tarde derivou para *Apocalypsis cum figuris* (fevereiro de 1969) – a última peça de teatro dirigida por Grotowski –, "13 Rzędow" (13 Filas) desapareceu do nome do Teatro-Laboratório. A partir de 1º de janeiro de 1970, o nome da instituição foi encurtado para O Instituto do Ator – Teatro-Laboratório. O nome sobreviveu sem mudanças até o final de sua existência.

Em uma carta para as autoridades locais em Wrocław, Ludwik Flaszen, Rena Mirecka, Zygmunt Molik e Ryszard Cieślak, que escreviam em nome do grupo, relembraram todos os seus nomes históricos: "A partir de 31 de agosto de 1984, o Teatro das 13 Filas, o Instituto do Método do Ator, Instituto do Ator – em outras palavras, a companhia do Teatro-Laboratório, após exatos vinte e cinco anos, decidiu se dissolver"[9].

---

8 O texto do discurso de Kolankiewicz foi publicado em uma versão revisada em *Grotowski's Empty Room: A Challenge to the Theatre*, organizado por Paul Allain, London: Seagull Books, 2009.
9 Teatr Laboratorium Has Decided to Break-up, em Lisa Wolford; Richard Schechner (eds.), *The Grotowski Sourcebook*, London/New York: Routledge, 1997, p. 169.

Vale a pena acrescentar que nos anos de 1970, quando o grupo não trabalhava em novos espetáculos teatrais, mas organizava as assim chamadas oficinas parateatrais (Grotowski retrospectivamente chamou esse tipo de projeto de "teatro participativo"), duas palavras – "instituto" e "laboratório", do nome oficial da instituição – foram escritas em pôsteres, em negrito. E uma frase foi adicionada ao nome do Teatro-Laboratório: "um instituto de pesquisa cultural colocando-se na vanguarda da arte, especialmente da arte teatral", tomada de uma entrevista de Grotowski publicada em outubro de 1976 pelo diário oficial *Trybuna Ludu*[10].

Grotowski, naquele momento, entusiasticamente recorreu à terminologia científica. Talvez o mais famoso tipo de oficina parateatral, encenada pela primeira vez em outubro de 1973, próximo à Filadélfia, nos Estados Unidos, foi chamado de Projeto Especial – usando um termo derivado da terminologia universitária. Mais tarde, diferentes tipos de oficinas parateatrais encenadas no exterior – na França e na Austrália – foram descritas com o termo "Programa de Pesquisa Complexa". Em 1975, a temporada do Teatro das Nações aconteceu em Varsóvia, tendo Grotowski dirigido a maior parte, chamada de "Universidade de Pesquisa do Teatro das Nações", em Wrocław. Em meados dos anos de 1970, laboratórios no espírito do Teatro-Laboratório multiplicaram-se. Documentos referem à criação do Laboratório de Terapia da Interpretação, Laboratório de Teoria de Grupo e Análise, Laboratório de Métodos de Eventos, Laboratório de Encontros de Trabalho. A pesquisa mais pessoal e secreta de Grotowski foi chamada de "Programa de Pesquisa Prospectiva", o que quer que isso signifique.

Quando em 1983 – após emigrar da Polônia – Grotowski inaugurou nos Estados Unidos o projeto Drama Objetivo, ele descreveu sua forma institucional em solicitações de auxílio, submetidas primeiro à Universidade de Nova York e finalmente à Universidade da Califórnia, Irvine, como laboratório. "Os códigos de trabalho de Grotowski podem ser religiosos na origem, mas estão em processo de ser isolados em códigos técnicos por meio do trabalho do laboratório"[11]. Assim foi que também nesse último trabalho, levado a cabo com novas equipes fora do Teatro-Laboratório polonês, Grotowski às vezes usou a denominação laboratório.

No fim da vida, Grotowski combinou pesquisa, conduzida no Centro de Trabalho de Pontedera, com trabalho acadêmico. Foi nomeado

---

10 Cf. J. Grotowski, Poszukiwania Teatru Laboratorium (As Explorações do Laboratório Teatral), entrevista com Tadeusz Burzyński, *Trybuna Ludu*, 252 (1976), p. 6.
11 Richard Schechner, *Between Theater and Anthropology*, Philadelphia: University of Pennsylvania Press, 1985, p. 256.

professor do Collège de France em Paris e, em 1997, assumiu a cátedra de Antropologia Teatral, criada especialmente para ele.

O que o fez usar esses nomes – "laboratório", "instituto" –, tomados da ciência institucional? Por que colocava ele constantemente seu trabalho artístico no contexto da pesquisa científica?

Grotowski falou sobre isso numa entrevista, "Laboratorium w teatrze" (o Laboratório no Teatro), dada em abril de 1967, republicada como um texto separado, "Exploração Metódica", e subsequentemente incluído no livro *Em Busca de um Teatro Pobre*, organizado por Eugenio Barba[12]. Esse texto começa com Grotowski admitindo sua fascinação pelo Instituto de Física Teórica de Copenhagen, fundado em 1920 por Niels Bohr. Grotowski era obviamente fascinado não pelo assunto da pesquisa aí realizada, mas pela maneira como era organizado: os físicos de diversos países tinham permissão de realizar seus mais ousados experimentos para extrair de descobertas as orientações essenciais para a pesquisa deles próprios; a pesquisa era conduzida no espaço de uma terra de ninguém e era de natureza permanente.

Grotowski enfatizava que teatro e especialmente a arte do ator obviamente não são do domínio da pesquisa científica. Mas, por outro lado, recorreu a Stanislávski e lembrou a necessidade do ator de dominar um método. Ele dizia: "Levando em consideração o fato de que o domínio ao qual nossa atenção está direcionada não é um domínio científico, e que nem tudo nele pode ser definido (na verdade, muitas coisas não devem ser), tentamos, apesar disso, determinar nossos objetivos com toda a precisão e encadeamento lógico típico de pesquisa científica. O ator que aqui trabalha já é um profissional, e não somente o ato criativo, mas também as leis que o governam tornam-se o foco de suas preocupações"[13]. Nesse texto, Grotowski chamou esses princípios gerais de "leis objetivas"[14].

O Teatro-Laboratório pretendia assemelhar-se ao Instituto de Bohr precisamente porque a natureza do trabalho sobre o método do ator e suas operações fronteiriças entre a arte e outras disciplinas científicas era baseada na pesquisa (por esse tempo, Grotowski já havia mencionado, entre outras, a antropologia cultural). Grotowski tinha orgulho da comparação. Em 1989 – quando Zbigniew Osiński estava negociando com ele o conteúdo da coleção de seus textos publicada na Polônia – ele afirmara que nesse artigo (escrito

---

12 Cf. J. Grotowski, Methodical Exploration, *Towards a Poor Theatre*, New York: Routledge, 2002, p. 127-132. (Ed. bras.: *Em Busca de um Teatro Pobre*, Rio de Janeiro: Civilização Brasileira, 1992).
13 Idem, p. 129.
14 Idem, p. 128.

mais de vinte anos antes) a única coisa exata era a comparação do Laboratório com o Instituto de Bohr.

O irmão de Jerzy Grotowski, Kazimierz, três anos mais velho, é professor de Física na Universidade Jagellonian, em Cracóvia. Ele relembra que nos anos finais da Segunda Guerra Mundial, em que passaram numa aldeia, sua mãe Emília, que era professora, deu aos filhos vários livros para ler. Entre esses, ambos leram *Uma Busca na Índia Secreta*, de Paul Brunton, sobre o santo indiano Śrī Ramana Maharishi e *O Novo Mundo da Física*, de Sir James Jeans, um físico britânico e astrônomo. Kazimierz Grotowski afirma que esses livros foram decisivos na formação de seus caminhos na vida. É bem sabido o quanto Jerzy Grotowski lembrava sua fascinação quando garoto de dez anos: de acordo com seu testamento, suas cinzas deveriam ser espalhadas nas encostas do Arunachala, a montanha onde Śrī Ramana Maharishi tinha seu eremitério. Mas talvez Grotowski também tenha mantido na memória livros sobre as últimas pesquisas científicas em física e astronomia.

Seu irmão, em "Portret rodzinny" (Retrato de Família) – um artigo escrito após a morte de Jerzy – relembra: "Também falamos sobre física e astrofísica. Comunicávamo-nos sem nenhum problema. Em seu total envolvimento com teatro, filosofia, religião, ciência e antropologia, Jurek abordava matérias do mundo de uma posição próxima da dos naturalistas. Seu teatro era em grande parte um lugar para experimentação".

E ele acrescenta: "Em nossas conversas, frequentemente discutíamos a respeito do significado de termos que eu considerava estritamente definidos, como energia [...]" Na opinião de Kazimierz Grotowski, seu irmão era um experimentador, realizando uma "busca pelo extraordinário nas experiências humanas". Ele confessa: "Nós falávamos sobre aqueles raros momentos na vida, por exemplo no mato, nas altas montanhas, quando um homem sente a presença direta de Deus"[15]. (Devemos estar cientes de que Kazimierz também era fascinado pela Índia, viajou para lá, e subiu – ao contrário de Jerzy que não escalou – bem alto nos Himalaias, onde visitou monastérios lamaístas).

Jerzy Grotowski abordou os problemas do seu trabalho de uma posição próxima da do cientista. A pesquisa científica o impressionava, e vem daí sua predileção por nomes tais como laboratório, instituto e por aí vai. Mas o domínio que ele cultivava – e estava

---

[15] Kazimierz Grotowski, Portret rodzinny, *Pamiętnik Teatralny*, número especial organizado por Jarosław Fret, Grzegorz Janikowski e Grzegorz Ziółkowski, v. XLIX, n. 1-4, 2000, p. 34. Uma edição inglesa desse texto será publicada pela Black Mountain, em 2010.

perfeitamente ciente disso – não era científico, nem produzia definições científicas. Afinal, Grotowski podia ter dito o mesmo que Jung: "Penso que todos os meus pensamentos giram em torno de Deus"[16]. Contudo Grotowski retornava ao epíteto "objetivo" muitas vezes. Antes de tudo, ele se preocupava com as "leis objetivas" que governam os processos criativos do ator, e depois com o "drama objetivo" que pode ser destilado das várias performances litúrgicas no mundo.

Em uma crítica bem conhecida, Richard Schechner expressou sua inquietação a respeito desse epíteto no trabalho de Grotowski, especialmente em *Artes Rituais*, quando Grotowski continuou empregando o método artístico-subjetivo[17]. Schechner argumenta que as investigações de Grotowski não eram científicas – mesmo quando conduzidas em universidades, por exemplo dentro do arcabouço do projeto Drama Objetivo da Universidade da Califórnia, em Irvine. Nem no decorrer do trabalho, nem após a sua conclusão, foram as hipóteses e descobertas sujeitas a uma discussão aberta. Elas se tornaram conhecidas apenas de um pequeno *círculo* ou indivíduos escolhidos do grupo de apoiadores de Grotowski. Elas nunca foram verificadas da maneira que os cientistas – ou pelo menos os cientistas sérios – verificam os resultados publicados, por exemplo, na *Nature* ou na *Science*. Esses argumentos são irrefutáveis.

Entretanto, Grotowski realizava sua pesquisa dentro do arcabouço de outro paradigma. Esse paradigma diferia de um científico da mesma maneira que as experiências alquímicas diferiam das experiências químicas.

Em outubro de 1980, em uma conferência na Universidade York em Toronto, ele formulou a pragmática do seu projeto Teatro das Fontes. Esse projeto foi desenvolvido na Polônia em um momento muito particular da história. O primeiro seminário prático aconteceu no verão de 1980, quando a Polônia foi atingida por uma onda de greves, que resultaram na fundação do Solidariedade, o primeiro sindicato independente nos territórios sob o domínio da Rússia Soviética. O segundo seminário prático – planejado para 1982 – estava sendo preparado por um grupo internacional que viajava pela Polônia em 1981, em um período de tempestuoso conflito civil e constante ameaça de invasão pelos exércitos do Pacto de Varsóvia.

---

16 Carl Gustav Jung, *Memories, Dreams, Reflections*, registrado e organizado por Aniela Jaffé, traduzido por Richard e Clara Winston, London: Fontana, 1995, p. 13. (Ed. bras.: C. G. Jung, *Memórias, Sonhos, Reflexões*, tradução da versão em inglês por Dora Ferreira da Silva, Rio de Janeiro: Nova Fronteira, 1986.)

17 Cf. R. Schechner, Exoduction: Shape-shifter, Shaman, Trickster, Artist, Adept, Director, Leader, Grotowski em L. Wolford; R. Schechner (eds.), *The Grotowski Sourcebook*, p. 489-490.

I

Um período que findou em dezembro de 1981, quando a lei marcial foi imposta na Polônia. Na conferência de Toronto, Grotowski determinou as condições sob as quais a eficácia da pesquisa devia ser testada – aliás esse fragmento pode ser encontrado na versão polonesa do texto publicado em 1987, mas foi cortado da versão revisada publicada em *The Grotowski Sourcebook* dez anos mais tarde (na realidade a data do texto está errada): "Você deve ter um lugar apropriado [para experimentos], mas então você precisa tentar [realizá-los] sob outra condição – debaixo de uma ponte, em um hospital, numa prisão. Se você conseguir nesses três lugares, isso significa que você encontrou realmente o que estava procurando"[18].

Claro que ele não estava falando sobre experimentos científicos – mas certamente o que estava em jogo era um experimento realizado de modo não controlado e que demandava total envolvimento do pesquisador. Grotowski pôs em prática suas instruções quando deixou a base florestal do Teatro-Laboratório (um lugar favorável ao trabalho) com o segundo grupo do Teatro das Fontes e começou a viajar por uma agitada Polônia para conduzir uma pesquisa "debaixo da ponte", considerando durante todo o tempo que em dado momento ela teria que prosseguir num hospital ou mesmo numa prisão.

Participei dessas expedições. Nesse período, Grotowski leu e zelosamente comentou os livros de Buber sobre os hassídicos. É desnecessário dizer que Grotowski não era judeu e portanto não era herdeiro da tradição hassídica. Ele não tinha essa origem étnica, mas mesmo assim tomou as tradições do vodu afro-haitiano – exatamente como fez com o hassidismo. E é possível que quando cruzávamos a Polônia em 1981 e visitávamos algumas pequenas cidades e aldeias, preparando-nos para o pior, ele parecia um *tzadik* vagueando com seus hassídicos. O hassidismo foi importante para Grotowski porque – de acordo com uma excelente hipótese levantada por Buber –, no hassidismo, a Cabala como um sistema, o que sabemos pelo *Sefer-ha-Zohar* (Livro do Zohar), fora transformada em um *ethos*, um modo de vida[19]. No hassidismo, o sistema é inseparável da relação entre hassídicos ("os pios") e o *tzadik* ("o justo") como uma personificação do conhecimento, um exemplo pessoal, um caráter de lenda viva. O sistema resultava dessa relação e completava-se nela.

---

18 J. Grotowski, Teatr Źródeł (Teatro das Fontes), organizado por L. Kolankiewicz, *Zeszyty Literackie*, n. 19, 1987, p. 113.
19 Martin Buber, Jewish Mysticism, *The Tales of Rabbi Nachman*, traduzido por Maurice Friedman, New York: Avon, 1970, p. 10 (ed bras.: *As Histórias do Rabi Nakhman*, São Paulo: Perspectiva, 2000, p. 30-31).

No início dos anos de 1980, Grotowski ainda não falava diretamente sobre o significado desse tipo de relação com a sua pesquisa. Mas fez isso em fevereiro de 1987 numa conferência em Pontedera, quando falou sobre a relação entre o professor do *performer* e o *performer*. "Eu sou um *professor de performer*", disse ele. "Um professor – como nos ofícios – é alguém através de quem o ensino passa". O próprio professor chega a conhecer esse ensinamento, como disse Grotowski misteriosamente, "por iniciação ou roubo". O ensinamento aqui mencionado refere-se a conhecimento – Grotowski chama o *performer* de um "homem de conhecimento". "Um homem de conhecimento [człowiek poznania] tem ao seu dispor *o fazer* e não ideias ou teorias. O verdadeiro professor – o que faz ele para o aprendiz? Ele diz: *faça isso*. O aprendiz luta para entender, para transformar o desconhecido em conhecido, para evitar fazer. Pelo simples fato de que quer entender, ele resiste. Ele pode entender só depois de *ter feito*. Ele *faz* ou não. Conhecimento é questão de fazer"[20].

Obviamente, o conhecimento aqui mencionado não é conhecimento científico – em vez disso é mais como a noção central da gnose: conhecimento ativo, o único caminho para a salvação.

Na versão da antes mencionada conferência em Toronto publicada em *The Grotowski Sourcebook*, Grotowski distingue entre *gnose* e *gnosticismo*[21]. Ele vê o último como muito "barroco" em sua linguagem e invenção de níveis de realidade. Em uma tirada, Grotowski fala sobre a gnose em seu início e a transmissão atribuída aos ensinamentos não públicos de Jesus. Mas talvez ele pensasse o cristianismo inicial, que era ainda misturado à gnose, como no caso do Evangelho apócrifo de Tomé da Biblioteca Nag Hammadi. Grotowski via esse Evangelho como uma coleção de sugestões práticas.

Há uma transcrição de um extraordinário encontro que Grotowski manteve, em março de 1981, durante esse tempestuoso período para a Polônia, com pesquisadores do romantismo polonês. Ele aconteceu em Gdańsk, a cidade onde o movimento solidariedade dos trabalhadores poloneses nascera meio ano antes. A transcrição foi publicada simultaneamente em três versões não autorizadas e reflete excelentemente a oratura de Grotowski[22]. Ela é ainda muito pouco conhecida na Polônia e talvez seja completamente desconhecida no estrangeiro. O encontro aconteceu num momento

---

20 J. Grotowski, Performer, traduzido por Thomas Richards, em L. Wolford; R. Schechner (eds.), op. cit., p. 374
21 J. Grotowski, Theatre of Sources, em idem, p. 261.
22 Republicado em J. Grotowski, *Grotowski powtórzony* (Grotowski Repetido), organizado por Stanislaw Rosiek, Gdańsk: Slowo/Obraz Terytoria, 2009.

histórico muito particular, e pode ser por isso que Grotowski disse coisas que nunca mencionara antes ou depois. Penso que, de seus textos, esse é um dos mais importantes.

Ele disse então: "De fato, a gnose absolutamente não me interessa. É um sistema, um entre muitos. E cada sistema é uma cama de Procusto à qual temos que nos adaptar"[23]. Ele deve ter dito isso com sinceridade, porque para ele a gnose só interessava como prática. Ou só interessava na medida em que funcionava na prática de artes performáticas, tais como as que chamou mais tarde de artes rituais. De fato, isso trazia sua abordagem mais para perto do vodu haitiano, que, acima de tudo, é prática e somente prática – mesmo se se torna um sistema nas páginas dos estudos etnográficos como os de Maya Deren ou Alfred Métraux, por exemplo. E também a aproxima do hassidismo, que Martin Buber não podia apresentar de maneira melhor do que por meio de histórias sobre os *tzadikim* (justos), por meio de tradições nas quais o ensinamento é inseparável da ação e dos eventos. De acordo com Buber, criar ou adquirir uma teoria mais ou menos sistemática no nosso tempo é completamente irrelevante. O importante é conseguir conhecer a realidade que pode ajudar o homem a permanecer em estado de alerta[24]. Grotowski provavelmente compartilhava essa visão. Foi por isso que ele não deu ao seu ensino uma forma sistemática: nem científica, nem gnóstica. E relatos tais como *At Work With Grotowski on Physical Actions* (Trabalhar com Grotowski sobre as Ações Físicas) e *The Edge-Point of Performance* (O Ponto Crucial da Performance), de Thomas Richards são os melhores testemunhos do seu ensino.

Durante o encontro em Gdańsk, do qual eu falava aqui, Grotowski apresentou sua visão gnóstica de mundo pela primeira vez de modo tão direto. "Penso que o mundo no qual nasci e onde vivo não é para a vida", disse ele. "É como se fôssemos expelidos, como se nascêssemos nesse mundo mas não [fôssemos] dele e nem para ele – não sei se de um outro – mas como se muito pudesse ser encontrado nesse mundo"[25]. Nesse desesperado reconhecimento, sua imitação do caminho dos hassídicos foi consolidada. Grotowski disse: "Por eles Deus explodiu em fagulhas, e quanto mais longe elas voavam, mais elas desapareciam dispersas; os hassídicos entenderam que as fagulhas deveriam ser juntadas e compartilhadas com as

---

23 Idem, p. 77 (versão C).
24 Cf., por exemplo, M. Buber, *Between Man and Man*, 2˙ ed, traduzido por Ronald Gregor Smith, London: Routledge, 2002, p. 135; M. Buber, Heruth and Religion, traduzido por Eva Jospe, em Asher D. Biemann (ed.), *The Martin Buber Reader*, London: Palgrave Macmillan, 2002, p. 126.
25 J. Grotowski, *Grotowski powtórzony*, p. 82 (versão A).

pessoas – e então eles vagueavam por essa razão"[26]. Com base nesse entendimento, o mundo natural e a experiência humana são o palco onde o exílio da alma é representado – e assim sendo, permanece uma missão para o homem, que deve encontrar fagulhas de Deus e deve coletá-las e devolvê-las durante seu exílio. Mais tarde, no texto "Performer", Grotowski falaria sobre isso – conforme Mestre Eckhart – como um "rompimento", o retorno de um desterrado do exílio nesse mundo[27].

Grotowski entendeu a missão imposta ao homem como sendo independente dos eventos correntes da história. Em Gdańsk, no período mais quente da história contemporânea polonesa, ele sugeriu tratar a desordem social como um período similar ao tempo gasto no trânsito para o aeroporto. Ele disse então: "Os hassídicos, São Francisco, os loucos do Zen – todos se parecem. É como se tudo tivesse começado do nada, com pessoas vindas do próprio coração da sociedade e simultaneamente da sua periferia"[28]. Reviravoltas acontecem na vida de sociedades, e nessas ocasiões questões políticas estão em jogo. Frequentemente é guerra, mas, ao mesmo tempo – em algum lugar no entorno dos limites –, surgem pessoas que se referem especificamente a fontes espirituais, às origens mesmas da vocação e da missão humana. Talvez essa seja a manifestação mais profunda da relação entre o trabalho de Grotowski em seus laboratórios e a torrente da vida social, entre conhecimento e história.

Grotowski rejeitou a gnose como sistema. Com a gnose, ele estava interessado no conhecimento em si mesmo, que considerava uma questão de fazer. Isso traz à mente uma associação com alquimia, que o próprio Grotowski nunca mencionou, embora tenha sugerido usar o termo *opus* (obra) para descrever o trabalho em artes rituais. Verdade seja dita, isso é algo que o traz mais para perto de Carl Gustav Jung e George Ivánovitch Gurdjieff: Gurdjieff transmitiu seu conhecimento a Uspenski – e isso é reconhecido em *In Search of the Miraculous* (Em Busca do Miraculoso) – como um tipo de alquimia, enquanto Jung traçou uma linha genealógica que começou no gnosticismo e passou pela alquimia em direção à psicologia analítica.

É fato bem conhecido que os alquimistas fizeram muitas descobertas científicas, desse modo a alquimia popularmente entendida é vista como uma pré-química, uma ciência imperfeita – imperfeita porque os alquimistas entregaram-se a um mundo de fantásticas ideias de hermetismo, levando à conclusão de que não almejavam

---

26 Idem, p. 39 (versão C).
27 J. Grotowski, Performer, em L. Wolford; R. Schechner (eds.), op. cit., p. 377.
28 Idem, *Grotowski powtórzony*, p. 74 (Versão A).

reações químicas. A alquimia por toda parte – onde e quando era cultivada – permanece estreitamente relacionada a uma ou outra tradição mística. A alquimia chinesa era relacionada ao taoismo, a indiana ao tantrismo, a helênica ao gnosticismo e à religião dos mistérios, a arábica ao sufismo, a europeia da Idade Média à Renascença, ao hermetismo e misticismo cabalista. De fato, a alquimia era uma técnica espiritual.

O alquimista realizava operações, acima de tudo, em si próprio em seu laboratório: na sua vida psicofisiológica, nas suas experiências. Ele fazia essas operações com rigor característico de procedimentos científicos e ao mesmo tempo como um artista, a partir de técnicas ginásticas, coreográficas e extáticas. Na alquimia esotérica chinesa do *neidan* nunca eram empregadas substâncias químicas, sendo realizadas operações no corpo e na psique do iniciado. Aí o *elixir vitae*, o elixir da vida, era preparado. Entretanto, essencialmente, alquimia não era senão trabalho de laboratório. Neste trabalho, o drama da psique era sentido como sendo inseparável do drama da matéria. Essa dimensão dramática pode ser melhor vista na alquimia helênica, em que o cenário iniciatório dos mistérios era projetado em procedimentos de laboratório que eram a realização do drama da vida e transformações da matéria. Contudo, por toda parte a alquimia envolvia esquemas iniciatórios: sofrimento, morte e a ressurreição da matéria, análoga ao sofrimento, à morte e ressurreição do iniciado. O trabalho do alquimista procurava resgatar a *anima mundi*, a alma do mundo, aprisionada na matéria. O fim último da *opus magnum*, a grande obra, era uma *apocatastasis*: renovação, cura, restituição e liberação da *anima mundi*. Assim como Cristo redimiu o homem, a tarefa do alquimista era assegurar a redenção da natureza. Eis por que as operações alquímicas eram de valor soteriológico.

Procurando ouro, o alquimista procurava sua essência espiritual. Por isso Jung interpretou a *opus magnum* como um processo de individuação e presenciou a descoberta do *elixir vitae* como alcançando o *self*. Mas essa transformação não ocorre de acordo com um ritmo natural. Na alquimia, *transmutatio*, a transformação da matéria e a transformação de um iniciado eram desencadeadas artificialmente no laboratório. Por essa razão, o laboratório era necessário, e a alquimia merecia o título de arte ou de trabalho artístico e habilidade. Jung distinguiu entre individuação natural, que acontece espontaneamente no decorrer da vida do homem, voltando-se à medida que ele envelhece, como é natural, para sua vida interior, e a individuação desencadeada artificialmente, por exemplo por meio de técnicas iniciatórias de mistérios e alquimia. Gurdjieff também falou sobre as duas maneiras de atingir a essência: o modo de um "cidadão", que passa pelas vicissitudes da vida em sua consciência, e o modo de um "homem dissimulado", que por todos os meios possíveis – por iniciação ou por roubo – acelera sua transformação. Isso de fato é uma arte – uma *ars magna* alquímica, uma grande arte –, e um laboratório é necessário para isso.

Penso que este é o mais profundo e o mais exato significado do termo laboratório no nome do Teatro-Laboratório polonês e em todos os subsequentes trabalhos laboratoriais de Jerzy Grotowski. Em seu primeiro manifesto, "Em Busca de um Teatro Pobre", de 1965, Grotowski falou sobre seu método, sugerindo que tudo se resume a exercícios físicos do ator: "'Aqui tudo se concentra no amadurecimento' do ator, que é expresso por uma tensão em direção ao exagero, um completo desnudamento, a revelação de sua própria intimidade – tudo isso sem o menor traço de egotismo ou autodeleite. O ator faz uma oferenda total de si próprio. Essa é uma técnica do 'transe' e da integração de todos os poderes psíquicos e corporais do ator que emerge das camadas mais interiores do seu ser e do seu instinto, saltando a frente em uma espécie de 'transluminação'"[29].

Algo que Grotowski chamou na época de "as camadas mais interiores do seu ser e do seu instinto" mais tarde recebeu em seu vocabulário o nome alquímico de "densidade" do corpo[30]. O organismo do ator deve eliminar toda resistência ao processo interior: "o corpo desaparece, queima, e o espectador enxerga apenas uma série de impulsos visíveis"[31]. Mais tarde Grotowski chamou os feitos de Ryszard Cieślak, em *O Príncipe Constante*, de "reza carnal"[32]. Ele disse que foi como se Cieślak nesse papel "libertasse a si mesmo e seu corpo do próprio corpo, como se se libertasse – passo a passo – do peso do corpo"[33].

Nesse tipo de atuação era como se o ator resplandecesse "como as figuras nas pinturas de El Greco, como se fosse possível 'iluminar' por meio de técnica pessoal, tornando-se uma fonte de 'luz espiritual'"[34]. Grotowski descreve aqui uma transformação de natureza alquímica, que consiste em elevar o que é pesado e carnal em direção à luz e espiritualidade. Ele descreveu essa transformação

---

29 Idem, *Towards a Poor Theatre*, p. 16; tradução original corrigida.
30 Idem, From the Theatre Company to Art as Vehicle, em Thomas Richards, *At Work with Grotowski on Physical Actions*, London/New York: Routledge, 1995, p. 125. (Ed. bras.: *Trabalhar com Grotowski Sobre as Ações Físicas*, São Paulo: Perspectiva, 2012, p. 141)
31 Idem, *Towards a Poor Theatre*, p. 16.
32 Idem, From the Theatre Company to Art as Vehicle, em T. Richards, op. cit., p. 123.
33 Idem, ibidem.
34 Idem, *Towards a Poor Theatre*, p. 20.

em *Performer* como a passagem "do *corpo-e-essência* para o *corpo de essência*"[35]. Mas, em sua opinião, para tornar essa transformação possível, é essencial uma "estrutura" precisa de ações. Uma *série de ações* era a estrutura que ele chamou, bastante deliberadamente, de uma *opus* (obra). Grotowski colocou grande ênfase nisso. "Não se pode trabalhar em si próprio (para usar o termo de Stanislávski) se não se está dentro de algo estruturado e que pode ser repetido, que tem um começo, um meio e um fim, algo em que cada elemento tem seu lugar lógico, tecnicamente necessário. *Tudo isso determinado do ponto de vista daquela verticalidade em direção ao sutil e de sua descida (do sutil) em direção à densidade do corpo*"[36].

Precisamente por isso Grotowski tinha necessidade do trabalho de laboratório – um laboratório planejado como uma permanente busca empírica realizada com uma equipe estável de aprendizes.

Essa pesquisa não era de natureza científica, mas parecia, de preferência, uma arte alquímica. Na prática dos alquimistas, o laboratório, o lugar para os experimentos, era ao mesmo tempo um oratório, um espaço de oração. No quadro de Hans Fredemann Vries, publicado como uma gravura no *Amphitheatrum sapientiae aeternae* (Anfiteatro do Saber Eterno), de Heinrich Khunrath, podemos ver um quarto de alquimista dividido simetricamente em duas partes: uma capela e um espaço de trabalho, onde essas duas operações – reza e trabalho – eram realizadas *in tandem*, ambas igualmente necessárias para a completude de uma *opus*[37]. Os alquimistas acreditavam que influenciando a matéria em uma grande obra (*opus magnum*) era possível causar impacto na espiritualidade e vice-versa: podia-se transmutar matéria, submetendo-se a processos espirituais. Daí na arte da alquimia um laboratório e um oratório eram dois lados da mesma moeda. Os alquimistas europeus eram principalmente cristãos. Jung plausivelmente mostrou que a pedra filosofal, *lapis philosophorum*, era análoga a Cristo. Gurdjieff também considerava seu ensinamento uma cristandade esotérica. Mas nem Jung nem Gurdjieff, nem Grotowski em seu trabalho basearam-se na fé. Como os gnósticos, todos eles se basearam exclusivamente em conhecimento empírico. Por esse motivo criaram laboratórios – não igrejas e seitas.

Os alquimistas testaram a verdade dos gnósticos e/ou cristãos de modo prático: "o reino está dentro de você, e fora de você. Quando

---

35 Idem, Performer, em L. Wolford; R. Schechner (eds.), op. cit., p. 376.
36 Idem, From the Theatre Company to Art as Vehicle, em T. Richards, op. cit., p. 130.
37 Essa gravura está reproduzida em *The Cambridge History of Science: Volume 3 – Early Modern Science*, organizado por Katharine Park e Lorraine Daston, Cambridge: Cambridge University Press, 2006, p. 291 (fig. 13.1).

você atingir o autoconhecimento, então você se tornará conhecido"[38]. De acordo com Grotowski, um homem de conhecimento entende somente fazendo. No domínio das artes performáticas o homem de conhecimento é um sacerdote-bailarino e, como tal, combatendo seus hábitos, busca o extremo da passividade na ação; passividade que é repouso – repouso interior em movimento (ação). Aparentemente sua ação de sacerdote-bailarino não perde nada da sua dinâmica, enquanto que interiormente ele se torna um portador de um processo de autoconhecimento (um conhecer que é salvação gnóstica).

O *ethos* dos alquimistas era extraordinário. O princípio básico da alquimia era – como Michał Sędziwój (Sendivogius Polonus) afirmou: "A natureza é una, una é a arte, mas há diferentes aprendizes de laboratório"[39]. Por essa razão os alquimistas – muito ao contrário dos filósofos e teólogos – não encorajavam debates polêmicos entre si. Havia um tipo de solidariedade profissional entre eles. Por outro lado, não sentiam necessidade de criar irmandades (com exceção do rosacrucianismo). Alquimistas trabalhavam na privacidade de seus laboratórios, cada um em seu próprio processo. E quando se referiam à tradição, citavam somente o que eles próprios tinham realizado empiricamente.

Mas enquanto discorriam zelosamente sobre as fases introdutórias de uma *opus* falavam vagamente ou mantinham silêncio sobre seu objetivo. Grotowski também era assim – mas então ele disse por quê. Cito novamente: "Um homem de conhecimento (*człowiek poznania*) tem a seu dispor *o fazer* e não ideias ou teorias. O verdadeiro professor – o que faz ele pelo aprendiz? Ele diz: *faça isso*. O aprendiz luta para entender, reduzir o desconhecido ao conhecido, evitar fazer. Pelo simples fato de querer entender, ele resiste. Ele pode entender somente após ter feito. Ele *faz* ou não. Conhecimento é uma questão de fazer"[40].

Por que o Teatro-Laboratório polonês era um laboratório? Primeiro, para evitar ser um teatro de repertório, que era comum na Polônia. Segundo, para evitar ser um teatro, para evitar a necessidade de produzir espetáculos. Mas isso não era uma simples questão de malandragem em relação a um nome oficial. O Teatro-Laboratório e os laboratórios posteriores de Grotowski eram laboratórios na

---

[38] The Gospel of Thomas (II, 2), traduzido por Thomas O. Lambdin, em *The Nag Hammadi Library in English*, organizado por James M. Robinson, Leiden/ New York/ Cologne: E. J. Brill, 1996, p. 126.

[39] Michał Sędziwój, *Traktat o kamieniu filozoficznym* (Tratado sobre a Pedra Filosofal), traduzido e com introdução e comentários de Roman Bugaj, Varsóvia: Państwowe Wydawnictwo Naukowe, 1971, p. 190.

[40] J. Grotowski, Performer, em L. Wolford; R. Schechner (eds.), op. cit., p. 374.

mais pura essência de sua visão global e pela sua semelhança com a tradição alquímica. Esse é o porquê de seu Teatro-Laboratório ser primeiro e principalmente um laboratório em sentido literal. No verão de 1970, Grotowski falou sobre isso muito diretamente: "Não é tão importante chamar isso de laboratório, não é importante se é chamado de teatro. Tal lugar é necessário. Se um teatro não existisse, outro pretexto seria encontrado"[41].

O TERMO "LABORATÓRIO"

O que significa uma pesquisa não randômica sem objetivo direto, perguntamos a nós mesmos quando ouvimos Kolankiewicz. Tínhamos chegado ao coração do problema: um laboratório é um lugar onde se tem a oportunidade de seguir por qualquer estrada, testar qualquer ramo da arte do ator de um modo não condicionado à necessidade de preparar um espetáculo. É um lugar onde o conhecimento da arte do ator cresce, e não onde esse conhecimento é aplicado. E Grotowski, através de Kolankiewicz, estava nos lembrando de que havia um campo misterioso e pouco conhecido. Um campo no qual é muito raro encontrar verdadeiros "professores de *performers*".

Zbigniew Osiński, o outro estudioso polonês que nos falava, sugeriu que deveríamos não somente pensar a respeito do sentido metafórico da fórmula laboratorial, mas também considerar cuidadosamente suas *motivações pragmáticas*. Laboratório foi um nome que Grotowski inventou, juntamente com Flaszen, para evitar que seu teatro tivesse que ser um teatro de repertório de segunda classe, forçado a produzir espetáculos a uma velocidade estabelecida por forças externas. Osiński relembra as palavras de Grotowski:

> Era a época do stalinismo, com uma censura muito dura, então toda a minha atenção como diretor estava focalizada no fato de que o espetáculo poderia ser censurado mas os ensaios não. Para mim, os ensaios eram sempre a coisa mais importante. Era lá que a coisa acontecia entre um homem e o outro, entre o ator e eu, e essa

---

41 Idem, Co bylo (Kolumbia – lato 1970 – Festival Ameryki Łacińskiej) (Aquela que Era: Colômbia – Verão de 1970 – Festival da América Latina), *Dialog*, n. 10, 1972, p. 117.

coisa podia tocar esse eixo, essa simetria axial, longe da vista e além do controle externo. E isso permaneceu no meu trabalho. Significa que o espetáculo sempre foi menos importante do que o trabalho feito nos ensaios[42].

Barba contou a história de como, em 1966, tinha-lhe sido oferecida, como lar, uma fazenda de criação de porcos abandonada, em uma cidade da Dinamarca. Quando aceitou o lugar, a fazenda e os chiqueiros, ele imediatamente esclareceu que não era um teatro normal, mas um teatro-laboratório. O prefeito da cidade tinha perguntado a ele: "O que é um teatro-laboratório?" Sua resposta foi simples: "É um teatro que não apresenta espetáculos todas as noites". Ele também indicou que o termo laboratório tinha sido afixado ao teatro de Grotowski muito inesperadamente e quase por acaso, um dia em que ele tivera que preencher rapidamente um questionário.

Mas o que alguém desconhecedor da história do teatro do século XX pensa quando ouve essas anedotas sobre laboratórios teatrais, esse modo solto de misturar grandeza com aleatoriedade e lixo, essa mistura trivial de questões de peso e manobras espertas?

---

42 De uma entrevista com Grotowski no filme *Il Teatr Laboratorium di Jerzy Grotowski*, dirigido por Marianne Ahrne (Pontedera Teatro for RAI, 1993). A entrevista foi realizada na França.

**Conflitos no âmbito da "mente coletiva".
Discussão sobre Decroux e o teatro
como morada não religiosa.
Também discussão sobre a linguagem
corporal, o valor do laboratório para
o autoconhecimento e sua importância
na criação das performances.**

Dois homens do meio teatral conversam num restaurante de Nova York sobre o que fizeram nos últimos anos. Eles não se viam há algum tempo e tinham tomado rumos diferentes na vida. Isso, lá por volta de 1981. Como sempre, um dos dois está mais disposto a ouvir.

O que ouve é Wallace Shawn, um dramaturgo e ator tanto de palcos quanto de cinema, que atuou em diversos filmes de Woody Allen. O outro, que domina a conversa, é André Gregory, diretor e ator. Shawn comenta que foi Gregory, em 1975, o primeiro a encenar sua peça *Our Late Night* com seu grupo do Projeto Manhattan. Gregory já era diretor renomado e algumas de suas produções – *Alice no País das Maravilhas*, *Fim de Jogo* e *A Gaivota* – haviam alcançado grande sucesso. Cerca de dez anos mais tarde, Gregory encenaria, em um teatro decadente, *Tio Vânia*, para uma plateia de apenas dez espectadores, com Wallace Shawn no papel principal. Era o resultado de um longo período de ensaios e experimentação, de 1990 a 1994, que se tornaria ponto de referência para o teatro experimental nos Estados Unidos, embora os canais habituais de comunicação e publicidade fossem evitados. O drama chegaria ao público mais amplo graças a um filme de

1994 dirigido por Louis Malle, *Vanya on 42nd Street* (Tio Vânia em Nova York).

Mas, em 1981, havia notícias de que Gregory passava por uma crise. Ele estivera afastado da produção artística durante um longo tempo. Percorrera diferentes caminhos, encontrara Jerzy Grotowski na Polônia, realizara oficinas, adquirira experiências fora do comum, ao que parece sem qualquer vínculo com o mundo do teatro. Agora ele jantava com seu amigo Wallace Shawn e relatava o que estivera fazendo longe do teatro[1].

WALLY (*voz do narrador*) Eu me sentia inacreditavelmente nervoso. Não tinha certeza de que podia aguentar ficar com ele durante toda a refeição. A mim, ele parecia louco. (*Corte da câmara para o rosto de André*) Ele falou sobre Jerzy Grotowski, o grande diretor de teatro polonês – um de seus amigos mais íntimos e, de certa forma, seu guru. Após se tornar o diretor de teatro experimental mais respeitado no mundo, Grotowski se afastara do teatro, apenas uns poucos anos antes de André. Grotowski havia sido um homem bastante gordo, que usava ternos pretos e gravata [...].

Wally levanta os olhos de seu cardápio.

WALLY (*para André*) Por falar nisso, ele continua magro?
ANDRÉ O quê?
WALLY Grotowski, ele continua magro?
ANDRÉ Oh, sem dúvida [...].

Close no rosto de André, falando. À medida que a narrativa de Wally termina, a voz de André diminui lentamente.

ANDRÉ Então, foi há cerca de cinco anos, e Grotowski e eu andávamos pela Quinta Avenida, conversávamos, e, sabe, ele tinha me convidado para dar aulas na Polônia naquele verão – você sabe, aulas numa oficina para atores e diretores ou algo assim. E eu tinha dito que não queria ir, porque, na verdade, não tinha mais nada para ensinar. Não tinha mais nada a dizer. Eu não

---

1   A conversa tem lugar no filme semiautobiográfico *My Dinner with André* (Meu Jantar com André), dirigido por Louis Malle (Pacific Arts Video Records, 1981), no qual os dois roteiristas de cinema, Shawn e Gregory, representam dois personagens que poderiam ser eles próprios. Cf. Wallace Shawn; André Gregory, *My Dinner with André: A Screenplay for the Film by Louis Malle*, New York: Grove Press, 1981, p. 20-30.

sabia nada. Não podia ensinar nada. Os exercícios não significavam mais nada para mim. Trabalhar com cenas de peças me parecia ridículo. Eu não saberia o que fazer. Quero dizer, simplesmente não podia fazer isso. E então ele disse: "Por que não me diz alguma coisa – por mais ultrajante que seja – que você gostaria de fazer, se tivesse que fazer uma oficina para mim, e talvez eu possa conseguir para você". Então, meio que brincando, embora olhando para trás faça muito sentido, eu disse: "Se puder me conseguir quarenta judias que não falem nem o inglês nem o francês, ou mulheres que estiveram no teatro durante muito tempo e querem sair, mas não sabem por que, ou mulheres jovens que amam o teatro, mas nunca viram um teatro que poderiam amar, e se essas mulheres pudessem tocar trombeta ou harpa e se eu pudesse trabalhar numa floresta, eu iria". E nós dois rimos muito.

E então, uma ou duas semanas depois, ele me ligou da Polônia. E disse: "Bem, você sabe, quarenta judias são um pouco difícil de encontrar", mas disse: "Tenho mesmo quarenta mulheres. Todas elas se encaixam muito bem na definição". E disse: "Também tenho alguns homens muito interessantes, mas você não precisa trabalhar com eles. Todos eles têm em comum o fato de estarem questionando o teatro. Nem todos tocam trombeta ou harpa, mas todos tocam um instrumento musical. E nenhum deles fala inglês". Ele tinha encontrado uma floresta para mim, Wally, e os únicos habitantes da floresta eram um ou outro javali selvagem e um eremita. Era uma oferta que eu não podia recusar [...].

Trabalhamos durante uma semana na cidade antes de ir para nossa floresta e, naturalmente, Grotowski estava lá [...]. De fato, fiquei sabendo que todas as noites eles realizavam uma coisa chamada colmeia. Eu adorava o som dessa colmeia e, uma ou duas noites antes do dia em que devíamos ir para o campo, eu o agarrei pelo colarinho e disse: "Escute, essa coisa de colmeia, sabe, eu meio que gostaria de participar de uma, instintivamente sinto que seria interessante". E ele disse: "Bem, certo, mas por quê, em vez disso, você, junto com seu grupo, não *dirige* uma colmeia, em vez de participar de uma?" E fiquei muito nervoso, sabe, e disse: "Bem, o que é uma colmeia?" E ele disse: "Bem, uma colmeia é, às oito horas, cem estranhos entram numa sala". E eu disse: "É?". E ele disse: "É. E, depois disso, não importa o que aconteça, é uma colmeia" [...].

Bem, uma das jovens em nosso grupo conhecia alguns fragmentos de uma das mais belas canções de São Francisco [...]. E essa se tornou nossa canção-tema e tenho que apresentar essa coisa qualquer dia desses, porque simplesmente não é possível *acreditar* que um grupo de pessoas que não sabem cantar possa criar algo tão belo, mas era porque estávamos de fato em grande harmonia. Mas decidi que, quando as pessoas chegassem para a colmeia, nosso grupo já estaria lá, cantando essa canção, e que simplesmente cantaríamos e cantaríamos e cantaríamos, até que alguma coisa acontecesse.

WALLY Uh-huh.

ANDRÉ Porque era uma canção muito bonita. E alguém queria trazer seu enorme urso de pelúcia, porque estava com um pouco de medo desse evento e esse urso era uma coisa que, quando criança, ela adorava e alguém queria trazer um lençol. Outra pessoa queria trazer uma grande tigela de água, caso alguém ficasse com calor e com sede. E alguém sugeriu que trouxéssemos doces e que não houvesse luz artificial, apenas luz de velas.

WALLY Mm-hmm.

ANDRÉ Assim, havia somente essa canção, um urso de pelúcia, água, um lençol e velas. Bem, naturalmente isso estava muito parecido, Wally, com teatro, porque me lembro que, antes de começar, me senti um pouco como um velho ator que estava para entrar no palco, mas na verdade não conhecia o texto. E todos os críticos estariam lá. Eu estava apavorado. E me lembro de olhar o pessoal se preparando para a noite e, naturalmente, não havia maquilagem, não havia figurino, mas era exatamente como a gente se prepara para uma peformance. Você sabe, as pessoas tirando suas joias e relógios e guardando, para que ficassem seguros. E, então, aos poucos as pessoas foram chegando, da mesma forma que num teatro, sozinhas, aos pares e em grupos de dez, doze, e assim por diante, e assim que nos sentamos e cantamos essa linda canção, as pessoas começaram a se sentar e a *aprender* a canção.

WALLY Uh-huh.

ANDRÉ Embora nada do que fazíamos induzisse a isso. Em outras palavras, tudo podia ter se desenrolado de alguma outra forma.

WALLY Uh-huh.

ANDRÉ Bem, então, após algum tempo ou o que fosse, cem ou mais pessoas cantavam todas juntas essa linda canção e nós a repetimos vezes e vezes seguidas. Mas há, naturalmente, como em toda improvisação ou performance, um instinto para quando está ficando entediante.

WALLY Ha ha.

ANDRÉ Assim, a certa altura, mas acho que deve ter se passado uma hora antes disso, ou uma hora e meia, de repente *agarrei* o urso de pelúcia e o *lancei* para o ar.

Gregory desempenha o papel do "americano" falando sobre "a colmeia" e sobre o trabalho de Grotowski aos olhos de um não europeu e acrescentando um urso de pelúcia à execução do canto. Não importa: ele é uma boa testemunha. Mas a coisa mais reveladora no filme é a expressão de seu amigo: ele fora ao jantar com muita relutância, depois foi ficando mais interessado na história, cada vez mais entusiasmado. Era como se estivesse reconhecendo lugares e problemas familiares a ele, mesmo que resolvidos de uma forma que para ele devia parecer estranha. Para Shawn, o que Gregory diz é compreensível. Ele compreende as dúvidas, as dificuldades e as exigências. Ele consegue perceber para que questões as longas viagens e estranhos experimentos relatados por Gregory são uma resposta. Talvez os métodos sugeridos por Grotowski para superar o *impasse* de seu amigo lhe pareçam um pouco estranhos. Mas os problemas são definitivamente *compreensíveis*.

O que Gregory está comentando não é um laboratório de teatro. O tema são as atividades de Grotowski, após sua decisão de abandonar a performance no palco. Mas essas atividades podem nos fornecer indicações importantes. O relato de Gregory é falsamente inocente, e de certa forma insolente. Mas justamente por isso, ele nos força a perguntar sobre as razões por que tantos homens e mulheres no teatro olharam para certos problemas, ao que parece de natureza privada, e buscaram trabalhá-los no teatro, nas performances e em atividades vinculadas, e não fora dele.

É em histórias como essa que podemos ver como "nossa discussão" terminava por abordar áreas, atividades e problemas que estão, rigorosamente, muito distantes do mundo teatral.

O TEATRO COMO MORADA NÃO RELIGIOSA

Na conferência de Aarhus, Leszek Kolankiewicz observara, ao falar sobre Grotowski, que a primeira transformação que ocorre num laboratório é a que o alquimista realiza sobre si mesmo.

Com isso, ele nos forçava a assumir um ponto de vista desafiador, a partir do qual deveríamos considerar todo o teatro do século XX: a descoberta do teatro como um lugar em que é possível experimentar e transformar o próprio eu interior por meio do conhecimento do outro.

Esse tema era abordado por Ferdinando Taviani, um estudioso do teatro italiano e assessor literário do Odin Teatret durante mais de 35 anos. Seu tortuoso argumento seria um marco na discussão e, durante algum tempo, pareceria decisivo.

Ele observou que, em termos de obtenção de autoconhecimento, a atividade teatral devia ser um instrumento especialmente apropriado, uma vez que ela coloca o trabalho físico e mental numa combinação indissolúvel. Essa afirmação era muito mais desafiadora do que nos parecera de início, como descobriríamos mais tarde. Muitos dos problemas e características da arte teatral resultam da dificuldade em aceitar o sentido e a importância da "cultura do corpo": compreendemos muito pouco do que o corpo está dizendo, a menos que seja algo vinculado apenas aos sentidos, e conseguimos menos ainda reconhecer sua importância.

Taviani, cujo gosto por paradoxos e discursos precisos e brilhantes pode fazer com que sua plateia o acompanhe seja lá o que ele diga, apresentou seu ponto de vista: o teatro como uma *morada não religiosa*. O teatro poderia ser o lugar privilegiado de uma forma de pesquisa espiritual que não pode ser buscada em nenhuma espécie de instituição religiosa. É preciso lembrar que, em 1970, Grotowski declarara não mais realizar performances e estar envolvido num outro tipo de pesquisa, não voltado para a performance. Contudo, essa nova pesquisa era desenvolvida a partir de técnicas teatrais. Seu objetivo era talvez tornar manifesto um dos significados mais profundos do teatro, também para os que faziam parte desse mundo[2].

---

2 Numa conversa com Peter Brook em 1989, Grotowski comentava sobre sua "presença ausente" no teatro, até mesmo no período em que ele não mais realizava performances: "esses estudos que realizo, suas conclusões, devem servir ao teatro; as pessoas com quem trabalho devem aprender os elementos da profissão nas artes dramáticas; ao mesmo tempo, minha ausência no próprio centro da criatividade teatral deve servir à presença de outros. Quando me pergunto como vejo essa situação, sempre me lembro do exemplo do velho Zózimo, nos *Irmãos Karamazov*. Um dia Alyosha pergunta a Zózimo, 'O que tem você em comum com essa gente do mundo ou com esses camponeses: sua vida é diferente e você leva uma vida destinada ao mosteiro e à oração'. E Zózimo responde: 'Não, você está errado, isso não é verdade. Faço isso no lugar deles e eles vêm aqui porque sabem que alguém faz esse trabalho no

A atividade teatral devia ser uma ferramenta especialmente apropriada. Mas a cultura europeia tradicionalmente a mantivera fora do conjunto de veículos espirituais. Antes de Stanislávski parecia impossível vincular o trabalho do ator aos grandes temas da busca interior [...]. Unir metafísica (o território do espírito, por assim dizer) e técnicas de atuação estava fora de questão. A revolução secreta do teatro do século XX foi transgredir esse tabu. Quem não consegue compreender isso continua subestimando a ciência de Stanislávski, vinculando-o indissoluvelmente ao realismo, permanece sem compreender Grotowski e, quanto a Artaud, continua achando que ele apenas finge falar sobre ficção teatral [...].

Às vezes, os que escrevem sobre teatro gostam de divagar no domínio do esoterismo e, ao fazê-lo, causam ainda mais danos. Em primeiro lugar, o dano habitual causado por amadores quando entram num campo em que a mistificação pode ser até mesmo inconsciente e no qual a regra quase universalmente aceita é a de que quanto mais se conhece mais se fica calado a respeito. Então há a distração, que afasta a atenção de um problema cultural e histórico, importante e ainda assim pouco examinado, que não é a sobreposição entre doutrinas, religiões e teatro, mas sim o teatro como um veículo – ou *morada* – alternativo, não religioso, não doutrinal, para o caminho religioso [...].

Quando as práticas ou excessos espirituais fazem uso do teatro, isso de forma alguma significa que foi criada uma ponte entre teatro e religião, mas sim que o teatro tem a honra de ser utilizado *no lugar de uma religião*. Pode-se dizer que, nesses casos, os aspectos mais importantes do teatro são o trabalho do ator (isto é, o trabalho sobre as ações como produtos físicos e mentais) e o silêncio: a possibilidade de não converter a prática e a experiência teatral numa doutrina. O *ritual do palco*, que entre os rituais é talvez o menos ditatorial e o menos carregado de crenças ou superstições se sobrepondo, pode se assemelhar a um ritual religioso somente para uma mente confusa. Quanto mais o ritual do palco for consciente e preciso, maior será a demonstração de sua independência da esfera religiosa[3].

Em um dos mais importantes livros do século XX sobre o teatro, *Em Busca de um Teatro Pobre*, Jerzy Grotowski, entrevistado por

---

lugar deles'. Assim, se minha ausência no local de criação teatral servir à presença de outros nesse local, não no sentido metafísico ou metafórico, mas no sentido do ofício, nesse caso, o desaparecimento na floresta se justifica. Caso contrário, não se justifica". P. Brook, *With Grotowski*, p. 98-99.

3 Desse ponto de vista, acredito que os historiadores da cultura achariam especialmente útil a noção de teatro como "ritual vazio", que surge repetidamente nos textos de Eugenio Barba, em particular, no *The Paper Canoe. A Guide to Theatre Anthropology*, London/ New York: Routledge, 1995. (Ed. bras.: *A Canoa de Papel: Tratado de Antropologia Teatral*. São Paulo: Hucitec, 1994).

Eugenio Barba no início da década de 1960, traçava claramente os planos para a construção de pequenos teatros que poderiam se assemelhar a novos mosteiros. Isso não significava criar semelhanças entre a vida de um ator e a de um monge, mas envolvia uma perspectiva histórica muito mais sofisticada, baseada na percepção de que atualmente a *devoção à arte* oferece uma justificação social para uma busca interpessoal que outrora se justificava e era considerada como socialmente útil unicamente no contexto da devoção religiosa.

Em resumo, a transformação realizada por Grotowski, passando pela fase da performance e depois pela fase do "parateatro" para o que ele chamava de "arte como veículo", na verdade não é uma "transformação" em absoluto, mas antes a conclusão última e quase direta de uma ação anunciada desde o início e regularmente desenvolvida passo a passo.

Historicamente, isto é, a partir do final do século XIX, Jerzy Grotowski foi sem dúvida a figura mais importante, coerente, secular e radical em termos da forma como vivenciava o teatro. Foi ele que criou o valor radical, indefinível e sutil do fenômeno que geralmente assinalamos e camuflamos – muitas vezes até banalizamos – como o "nascimento da indicação cênica"[4].

O laboratório teatral era visto não apenas como um lugar que oferece um caminho para a transformação individual, mas também como o repositório de um valor não religioso: um valor inicialmente delineado por Grotowski, depois desenvolvido por Taviani e mais tarde reafirmado e apoiado por grande parte da "mente coletiva".

Taviani e Grotowski receberam imediatamente o apoio de Franco Ruffini, que reafirmava o vínculo entre o teatro (certo tipo de teatro) e o *valor* e se referia com entusiasmo ao problema do valor intrínseco com referência a Stanislávski. Mais adiante, vamos comentar na íntegra o discurso de Ruffini na conferência de Aarhus. Mas, mesmo antes de Aarhus, ele havia dito:

> Não há dúvida de que Stanislávski é um mestre do teatro. Mas de que forma ele deve ser considerado um *mestre*, não apenas na esfera teatral?

---

4 Ferdinando Taviani, Quei cenni famosi oltre la fiamma (Esses Gestos Famosos além da Chama), em Monique Borie, *Antonin Artaud. Il teatro e il ritorno alle origini. Un approccio antropológico* (Antonin Artaud. O Teatro e o Retorno às Origens: Uma Abordagem Antropológica), Bolonha: Nuova Alfa Editoriale, 1994, p. viii-xi.

Há duas razões principais. A primeira é o modo como ele resolveu o problema da *transmissão da experiência* por meio da palavra escrita. A transmissão da experiência é a questão-chave para todo mestre cujo conhecimento não é apenas discursivo, mas um *Conhecimento* que penetra o organismo. Não é um problema específico apenas ao teatro. A segunda razão é o trabalho sistemático e criativo que ele desenvolveu no limiar entre *corpo e alma*, independentemente de seu uso subsequente na montagem cênica[5].

E aqui chegamos ao primeiro confronto real em nossa discussão.

A mente coletiva que debatia a questão dos laboratórios teatrais se dividiu em duas facções com relação à questão corpo-alma e ao problema da relação entre o trabalho sobre si mesmo e o trabalho sobre a performance.

DOIS VALORES

Uso a denominação "mente coletiva", mas na verdade trata-se da representação simbólica de um ambiente mental. Anteriormente eu chamava isso de "nós" e o identificava com algumas pessoas da equipe da Ista que compartilham de traços profissionais e de um hábito de discussão que já dura vinte anos.

Diante da perspectiva do teatro como morada não religiosa e da imagem do trabalho teatral como não necessariamente voltado para a produção de uma performance, havia uma cisão nessa mente coletiva: de um lado, os cada vez mais interessados no *valor* individual, espiritual e radicalmente novo que surgia no teatro através dos laboratórios e, em especial, da prática de Grotowski; de outro, os que não queriam deixar de fazer perguntas sobre outras questões, o valor técnico e *prático* da laboratorialidade e o trabalho resultante da performance.

De que adiantaria o laboratório e nosso modo de pensar sobre ele, se nos esquecêssemos da performance?

---

[5] Franco Ruffini, *Stanislavski. Dal lavoro dell'attore al lavoro su di sé* (Stanislávski: Do Trabalho sobre o Ator ao Trabalho sobre Si Mesmo), Bari-Roma: Laterza, 2003, p. 3.

Mas o problema do trabalho sobre si mesmo era delicado e complexo. No âmbito da "mente coletiva", ele de início teria precedência.

CONSTRUINDO PERFORMANCES E PROMOVENDO O CONHECIMENTO

Eugenio Barba fez então uma intervenção, na tentativa de acalmar a atmosfera, afirmando que um

laboratório teatral tem a vocação de construir performances (arranjando encontros com espectadores desconhecidos por meio da performance) tanto quanto a vocação de promover o conhecimento sobre as fundações da profissão teatral. Um laboratório está vivo nessa tensão ou contradição.

Mas essas pareciam ser observações muito subjetivas, uma vez que ele (ao contrário de Grotowski) e seu laboratório teatral continuavam obstinadamente criando performances. O quadro que ele pintava do laboratório teatral se parecia em demasia com um autorretrato.

No decorrer da discussão, ele também observou que a noção de laboratório teatral "é marcada pela capacidade de distinguir, de acordo com as próprias experiências, o que é útil transmitir, independentemente da individualidade das próprias escolhas estéticas". Não era essa uma típica tendência sua e do Odin Teatret, apesar de uma tendência compartilhada com Stanislávski? E não seria praticamente uma impudência da parte dele fazer essa sugestão como uma regra geral para um laboratório teatral? Suas palavras, dessa forma, pareciam demasiado subjetivas e não receberiam o peso que possivelmente teriam em outras circunstâncias.

Esse era um caso específico de uma questão mais ampla, um difícil problema de método encoberto por uma ilusão de familiaridade. Eugenio Barba era o promotor, o instigador, o anfitrião e até mesmo um importante tema da discussão, tudo isso ao mesmo tempo. Ao se entrelaçar, esses diferentes papéis corriam o risco de se tornar confusos e ser depreciados. Às vezes, quando convivemos com uma mesma pessoa durante longo tempo, os interesses mútuos, a solidariedade e a amizade deixam de ser instrumentos de conhecimento: quando deixamos de tentar entender o amigo, em geral não fazemos perguntas, mas, ao contrário, damos conselhos a ele. Esse parece ser um problema humano, na verdade trata-se de um erro no processo cognitivo: a perda ou a redução do distanciamento.

Tudo isso se vincula a um tema apenas aparentemente secundário: teatro e ciência. Ou poderíamos dizer: ciência do teatro.

Mencionando o interesse de Grotowski no Instituto Niels Bohr (e na atividade de seu irmão, um físico na Polônia), Barba sugeriu que, no exame do problema dos laboratórios teatrais, também era necessário considerar a relação entre teatro e ciência. Estava se referindo à pesquisa científica e à ciência comportamental (da qual permanecem fortes traços em *Dictionary of Theatre Anthropology: The Secret Art of the Performer*, seu livro escrito em colaboração com Nicola Savarese e publicado em todo o mundo)[6]. Ele lembrou seu próprio interesse nos estudos sobre o cérebro humano, sob a orientação do psicólogo dinamarquês Peter Elsass, e no método de pesquisa científica, uma esfera de conhecimento na qual ele era auxiliado por Jean-Marie Pradier, um ex-psicolinguista e mais tarde professor de teatro na Universidade de Paris VIII. Barba comentou ainda as conferências organizadas por Pradier sobre a relação entre teatro e ciência, que se concentravam sobretudo em problemas vinculados à biologia. Juntamente com alguns de seus atores, ele havia assistido a todas elas durante um período de intensa pesquisa entre 1979 e 1991. Também mencionou a importância da colaboração entre a Ista e especialistas como Henri Laborit, um biólogo e filósofo francês, e destacou a importância desses estudos com relação ao próprio conceito de antropologia teatral e, assim, da Ista. Falou também sobre o diálogo com cientistas sustentado por Stanislávski e Meierhold.

Investigar uma área de pesquisa situada a uma distância considerável de sua própria, especular, apoiar-se em descobertas

---

[6] Eugenio Barba; Nicola Savarese, *A Dictionary of Theatre Antrhopology: The Secret of the Performer*, 2. ed., organizado por Richard Gough, traduzido por Richard Fowler, London: Routledge, 2006. (Ed. bras.: *A Arte Secreta do Ator: Dicionário de Antropologia Teatral*, São Paulo/Campinas: Hucitec/Editora da Unicamp, 1995)

realizadas nessa área e criar fórmulas ou palavras-chave é um caminho que abre perspectivas instigantes. Mas assim que passa a novidade inicial, é preciso saber quando parar. Basicamente esse é um modo de mudar as imagens e metáforas habituais do próprio campo de trabalho e de usar outras, mais incomuns. Alguns dos participantes da discussão estavam ansiosos por passar para a discussão da ciência teatral. Kolankiewicz pacientemente voltou à imagem do laboratório do alquimista.

Mas Barba oferecia uma alternativa à tendência de identificar o laboratório teatral com o "trabalho sobre si mesmo". Ele sugeria que nos inspirássemos na mais sutil e instável das disciplinas: a "ciência teatral" – a ciência que busca investigar princípios que, se não eternos, são pelo menos recorrentes na frágil arte teatral. Essa ciência se empenha em sistematizar essa arte em fórmulas, teorias e conhecimentos práticos que podem ser transmitidos. Os grandes mestres do início do século xx parecem todos ser impulsionados pelo mesmo entusiasmo, apesar de suas teorias radicalmente diferentes, como se finalmente começassem a trazer à luz o que de fato governa a aparência externa do teatro[7].

Uma ilusão que nunca foi abafada e nunca se confirmou.

INTERLÚDIO:
ALGUNS PENSAMENTOS SOBRE DECROUX

Nessa situação de impasse, Marco De Marinis, um estudioso italiano que acompanhava de perto as atividades de Barba na Ista e se dedicava ao estudo da mímica no século xx, compareceu à conferência de Aarhus em 2004 para falar sobre Decroux. A palestra de De Marinis serviu não apenas para nos dar uma visão do trabalho de Decroux, mas também para fazer um apa-

---

7 Peter Brook também percebe essa associação entre teatro e ciência e a coloca em destaque, a fim de estabelecer certos traços da pesquisa teatral. Ele cita Stanislávski: "tenho certeza de que [no teatro] entre a grande aspiração por qualidade e o trabalho concreto deve haver alguns elementos precisos. Deve haver 'uma ciência'". Então comenta Brook: "E, do início ao fim, quando descobriu as ações emotivas e então as físicas, ele buscou a solução de uma forma científica. [...] Grotowski criou uma ciência do teatro. Dessa forma, é possível vinculá-lo a outros, a gente muito diferente que também estava envolvida nessa forma de 'não ir além'. Havia não apenas Stanislávski, mas também Craig na Inglaterra ou Meierhold, Brecht, Artaud [...]". P. Brook, *With Grotowski*, p. 68.

nhado e elucidar muitas das questões dadas como evidentes ou deixadas sem resposta.

Decroux é sem dúvida uma figura-chave, muitas vezes bastante negligenciada, sobretudo porque é difícil classificá-lo, a menos que se crie uma categoria exclusiva para ele. Isso também acontece porque, como enfatizava De Marinis, é impossível situá-lo entre os Estúdios do início do século XX ou entre os laboratórios teatrais da segunda metade do século. Ele pertence a ambas as categorias, sob certos aspectos, e a nenhuma delas.

Mas ele era alguém que devia ser lembrado a essa altura da discussão, porque sempre foi considerado como dedicado a sua escola e como não interessado em demasia na criação de performances. De Marinis observou que devíamos ter cuidado com essa visão simplista:

De fato, como seus alunos de várias gerações unanimemente proclamam, Decroux não estava apenas interessado, mas realmente obcecado pela criação desde o início de sua carreira até o fechamento de sua escola, em 1987 (quando ele tinha 89 anos de idade!) [...]. O núcleo de verdade presente nesses clichês está vinculado às dificuldades de Decroux como ator no palco, à sua relação com o espectador, à distância entre seu talento extraordinário como pesquisador e sua aspiração ao absoluto, de um lado, e suas capacidades modestas como ator mímico, de outro. Também está vinculado ao fato de que se para ele, como já mencionei, o trabalho criativo era fundamental, ele o considerava sobretudo (se não unicamente) como um banco de teste para o conhecimento adquirido no decorrer de sua viagem muito longa e extraordinária através do território inexplorado (pelo menos quando ele a iniciou, na década de 1920)[8] da expressividade corpórea e da pré-expressividade[9].

De Marinis recordava a história de Decroux, o criador da mímica corporal, em sua atividade de ensino na própria escola em Paris, até a década de 1980.

---

8 Numa obra de 1921, *L'oeuvre d'art vivant* (A Obra de Arte Viva), Adolphe Appia fala do "Grande Desconhecido" com referência à "nossa ignorância com relação ao nosso próprio corpo, todo nosso organismo, *de um ponto de vista estético*". A. Appia, *The Work of Living Art: A Theory of the Theatre*, trad. H. D. Albright, Miami: University of Miami Press, 1960, p. 68.
9 Citação da transcrição da conferência de Marco de Marinis em Aarhus, "Étienne Decroux: Why a Theatre laboratory?", revisada pelo autor.

Formado na grande safra do movimento vanguardista do início do século XX, Decroux começou sua carreira como criador teatral, pesquisador e professor na segunda metade da década de 1920. Alcançou maior reconhecimento público (embora relativo), inicialmente na França e depois no resto do mundo, da metade da década de 1940 até o início da década de 1960. Ensinou quase ininterruptamente durante mais de meio século, primeiro no Théâtre de l'Atelier, de Dullin, e depois em sua própria escola.

De Marinis falou sobre a amplitude de seu trabalho artístico e pedagógico, que não podia ser contido numa fórmula única, e advertiu contra nos referir a Decroux no singular.

Isso tocava num problema bastante sensível, pois praticamente nenhum laboratório, tanto na primeira quanto na segunda metade do século XX, tinha permanecido fiel a suas origens. Os problemas relativos não só à pluralidade, mas também à decrepitude, velhice e até a morte – gloriosa, anônima ou miserável – continuavam corroendo, talvez injusta mas inevitavelmente, a mente de muita gente.

De Marinis falou então sobre a importância da invenção da mímica corporal por Decroux:

> A mímica corporal de Decroux foi criada não para *reformar* a tradição da pantomima, mas para *revolucionar* o teatro. Mais precisamente, ela é uma resposta (radical, sem dúvida, assim como utópica) à mesma pergunta formulada anteriormente por outros diretores/pedagogos (sobretudo seus dois mentores: Copeau e Craig) em sua pesquisa no início do século XX: *como fazer do teatro uma arte*. Em outras palavras, como elevar o teatro da condição de comércio, pertencente à esfera do entretenimento e da evasão, à de relevância cultural e artística, de criação estética. Expressando a visão compartilhada pela maioria dos mestres do início do século XX, de que o teatro é, basicamente, o *ator*, Decroux trabalhara em vista de criar uma arte do ator, em outras palavras, uma *presença no palco*, um corpo em ação. É somente começando do trabalho sobre o próprio *corpo* que se pode esperar alcançar a condição de arte.

"O que é a arte, o que é um artista aos olhos de Decroux?", continuava De Marinis.

> Para ele, a arte requer o domínio completo pelo artista de seus meios de expressão, de seu material. Assim, a obra de arte representa

o resultado de uma intervenção irrestrita, voluntária e consciente do artista sobre seu material, sem ser dominado por ele, mas, ao contrário, dominando, transformando e reduzindo ao mínimo interferências acidentais.

Na opinião de Decroux, a razão por que o teatro contemporâneo tem essa deficiência, que o impede de se tornar uma forma de arte independente, está na não avaliação da *dupla desvantagem* do ator como artista (aspirante a artista). Segundo ele, o aspecto mais sério que dificulta a criação do ator no palco, em comparação com todas as outras formas de criação estética não baseadas no uso do corpo humano vivente, está sobretudo no fato de que, como enfatizava Meierhold, o "artista" e o "material" são um e o mesmo. A segunda desvantagem está em que esse "material" (o corpo humano) já tem uma forma, ao que parece inalterável, antes da intervenção do artista. O teatro ocidental aceitou essa característica adversa como algo irremediável, rendendo-se aos fatos sem resistir. E De Marinis acrescentava: Decroux acreditava que, para conseguir ser *realmente* um artista, o ator tem uma única alternativa: deve tomar o caminho da "falsificação corporal" e mantê-la até o fim. Falsificação do corpo significa, mais uma vez de acordo com os ensinamentos dos primeiros mestres do teatro, desconstruir e recompor o corpo, impedir todo automatismo.

O CORPO HUMANO

Essa, refletia eu enquanto assistia à conferência de Aarhus, era a *ciência do teatro* tal como tinham esperado, sonhado e buscado os primeiros mestres: a busca e aquisição de instrumentos para trabalhar sobre o corpo humano, para convertê-lo numa ferramenta sólida, confiável e *diferente*. Essa ciência representava o desejo e a ilusão dos diretores do início do século XX de recomeçar a partir do mais efêmero e instável dos meios artísticos – o corpo humano –, estudar seus mecanismos, tanto visíveis quanto invisíveis, e então modificá-lo a partir do seu núcleo. E este é o esqueleto e a alma do ator.

Os protagonistas da Grande Reforma tinham realizado pesquisas básicas, com o objetivo de tornar o corpo humano *diferente*, para permitir que ele falasse sua própria linguagem, que é a essência do teatro, mas que pode facilmente se tornar pueril, inadequada e confusa.

Esse era o objetivo de todos os Estúdios, uma fórmula que utilizamos para indicar uma realidade mais complexa, composta dos estúdios, oficinas e escolas especiais, como a de Émile Jaques-Dalcroze, em Hellerau, ou a de Decroux, em Paris. Esses eram locais onde corpos "diferentes" eram criados numa tentativa de desenvolver uma linguagem corporal que não fosse desajeitada, demasiado simples, nem estivesse oculta sob outras linguagens.

Esses eram, sem dúvida, laboratórios para a criação de corpos humanos "diferentes", pensava eu comigo enquanto De Marinis prosseguia em seu discurso, mas acima de tudo eles permitiam aos corpos conseguir pensar em suas diferentes linguagens e, aos atores, criar formas diferentes de pensar. Os automatismos não estão apenas no corpo. Durante os séculos anteriores, a *diversidade social* do ator fora em geral suficiente para dar a ele um modo de pensar incomum.

CONCLUSÕES SOBRE DECROUX

Por fim, De Marinis mencionava o que acreditava ser o mais profundo e importante nos ensinamentos de Decroux: seu significado profundamente político. Apesar de mencionar repetidamente a obsessão de Decroux pela performance, algo que ele manteria até o final, embora, na verdade, tenha produzido muito poucas performances, seu ensinamento principal, de acordo com De Marinis, ultrapassava as fronteiras do teatro:

> Que o trabalho do ator é primeiro e sobretudo um trabalho sobre si mesmo é uma das grandes ideias propostas e implementadas no teatro do século XX por Stanislávski e seus sucessores, que também se inspiraram em importantes fontes externas: a da pesquisa esotérica ou, em todo caso, espiritual realizada, por exemplo, por "mestres da vida" como Rudolf Steiner e George I. Gurdjieff, que partiram, todos, do corpo e do movimento [...][10].

10 Cf. Marco De Marinis, *In cerca dell'attore: Un bilancio dei Novecento teatrale* (Em Busca do Ator: Uma Avaliação de Teatro do Século XX), Roma: Bulzoni,

Acredito que o trabalho do ator sobre si forma a espinha dorsal da *natureza abertamente política* atribuída por Decroux (um velho sindicalista anarquista e, na década de 1930, membro do teatro de agitação e propaganda [agitprop] e seguidor do *Front Populaire* francês) à sua pesquisa sobre a mímica. Ele falava sobre os ativistas do movimento nos seguintes termos: "Estar na mímica significa ser um ativista, um militante do movimento em um mundo acomodado"[11]. Ele também argumentava que a arte da mímica "é política, ou proteana, uma vez que se opõe à arte *religiosa*", que se limita à contemplação ou a simular o atuar (como a dança que, por essa razão, Decroux considerava uma arte basicamente religiosa). A mímica *atua* sobre realidades e *produz* realidades, mais do que as imita, ela cria seu próprio mundo, em vez de passivamente entrar em êxtase com relação a um mundo já criado. Assim, para ele, a mímica não é só uma arte, mas uma filosofia de vida, uma filosofia *tout court*, uma visão verdadeira do mundo, da natureza do ser humano e de seu destino[12].

Se ignorarmos a ênfase na pregação (Decroux, o professor e orador, podia com frequência ser acusado disso), o que permanece é o que muitos outros mestres do século XX descobriram e praticaram:
• os efeitos ético-espirituais (e assim também *políticos*) do trabalho técnico do ator sobre si mesmo;
• a possibilidade de utilizar as técnicas do ator como meio de alcançar *disciplina pessoal*[13], como nas pesquisas de Grotowski sobre a "arte como veículo"[14].

2000, p. 183-225; Mirella Schino, Teorici, registi e pedagoghi, em Roberto Alonge; Guido Davico Bonino (orgs.), *Storia del teatro moderno e contemporaneo* (História do Teatro Moderno e Contemporâneo), v. III: *Avanguardie e utopie del teatro. Il Novecento* (Vanguardas e Utopias no Teatro), Turin: Einaudi, 2001, p. 5-97.
11 Cf. A conferência de Corinne Soum em Ribes Veiga (org.), *Le arti del gesto. Le trasversali* (As Artes do Gesto: Transversais), Roma: Elart, 1994. Esse volume contém as atas da conferência de mesmo nome realizada em Mântua de 5 a 7 de novembro de 1993.
12 Cf. Marco De Marinis, *Mimo e teatro nel Novecento* (Mímica e Teatro no Século XIX), Firenze: Casa Usher, 1993, p. 132.
13 Ferdinando Taviani, Passaggi e sottopassaggi (Passagens e Sub-passagens), em Marco De Marinis (org.) *Drammaturgia dell'attore* (Dramaturgia do Ator), Bolonha: I Quaderni del Battello Ebbro, 1997, p. 145.
14 Cf. Jerzy Grotowski, From the Theatre Company to Art as Vehicle; Thomas Richards, *The Edge-Point of Performance*, entrevista com Lisa Wolford, Pontedera: Fondazione Pontedera Teatro, 1997.

RECAPITULANDO

Nesse meio tempo, ambos os lados da mente coletiva haviam proposto uma hipótese sobre a relação entre performance e laboratório.

Um dos lados, interessado no valor intrínseco do teatro, assumia uma posição que pode ser resumida como se segue: no âmbito do problema da laboratorialidade, o que aparece como solução prática relativa à vida do ator no palco também tende a existir por si só como outro tipo de *valor*, mascarado por trás da devoção à arte.

O outro lado dizia: sem dúvida, podemos aceitar a existência, em alguns casos, desse uso "intrínseco" da zona laboratorial. Um uso privado e individual, destinado a se encaminhar rumo ao valor intrínseco e ao autoconhecimento. Esse foi talvez o mais extremo (e assim mais notável) aspecto do teatro do final do século XX e o mais oculto (e assim mais surpreendente) aspecto do teatro da primeira metade do mesmo século. Mas há também outro uso da zona laboratorial. Ele se vincula não ao ator individual, a suas habilidades, à vida interior – de fato, não se vincula ao valor intrínseco em absoluto. Ele diz respeito, ao contrário, à *vida cênica* da performance, à sua *bios* e à do ator. E ele sem dúvida diz respeito à presença do espectador.

Eram duas posições diferentes, embora não incompatíveis. No entanto, mais uma vez, como já acontecera no passado, elas eram colocadas em oposição mútua (e violenta).

Assim, a discussão sobre a relação entre laboratório e performance se deteve nessas posições. Kolankiewicz, Taviani, Ruffini e outros e, sobretudo, Grotowski, estavam interessados em dar destaque ao potencial de autoconhecimento inerente ao teatro. O estudioso do teatro italiano Fabrizio Cruciani já havia observado, em seus textos da década de 1970, que os fundadores da Grande Reforma também haviam buscado no teatro algo que ultrapassasse os limites existentes. Grotowski salientava que esse longo processo se tornara possível por meio do ensaio, livre de toda a censura. Ele também ressaltava que sempre havia se interessado por esse tipo de tempo de ensaio, e não tanto pelo processo efetivo de montar uma performance. Kolankiewicz enfatizara o processo *quase* alquímico de transformação inerente à ideia de laboratório teatral, enquanto Osiński sublinhara que a criação de um laboratório teatral fora crucial para Grotowski na formação dos grilhões de um teatro de repertório e das regras de produção de um regime socialista.

Isso conduziu a uma acalorada discussão – inspirada sobretudo nos escritos de Fabrizio Cruciani sobre a relação entre *tempo de pesquisa* e *tempo de montagem da performance*, duas tendências consideradas por alguns como radicalmente diferentes[15].

No entanto, ficava cada vez mais evidente, até mesmo para aquela parte da mente coletiva mais interessada no teatro como uma morada não religiosa, que a utilidade e o sentido da prática laboratorial não podiam ficar *limitados* à pesquisa de uma natureza espiritual ou interior. Isso teria suprimido da questão laboratorial figuras-chave como Meierhold ou Barba. Por fim, tornava-se claro que os caminhos laboratoriais eram os que mais se afastavam do trabalho concentrado em torno da performance.

UM ESPAÇO COM CORPOS E SOMBRAS OU ESPAÇO MENTAL

Empreguei o pronome "nós", ao descrever a discussão sobre os laboratórios teatrais, e falei sobre a "mente coletiva". Descrevi suas crises e cisões internas. Mas não gostaria de dar a impressão de um grupo de gente reunida em uma sala – para uma conferência ou simplesmente uma reunião – falando e falando até se tornar uma mente coletiva.

Isso pode ter sido verdadeiro em alguns de nós nas conferências, reuniões e debates. Mas algumas das contribuições que estou aqui relatando surgiram anos antes de nossa discussão sobre os laboratórios teatrais. Algumas das vozes mais importantes – Jerzy Grotowski e Fabrizio Cruciani – já estavam mortas e participaram dos debates por meio da palavra escrita, dos livros e da lembrança sobre seus pensamentos e ideias.

Não pode haver dúvidas de que o trabalho do ator sobre si mesmo, que pela primeira vez viera à tona com Grotowski, era um produto importante da prática laboratorial.

---

15 Examinaremos as concepções de Fabrizio Cruciani com mais detalhes no capítulo IV.

Contudo, quando estudamos o passado, até que ponto a sombra de Grotowski e sua decisão de abandonar o lado da performance no teatro, permanecendo na "órbita do teatro", pesava sobre nós? Todos os envolvidos na questão dos laboratórios teatrais tinham de medir o impacto da escolha dele, tornando-se o filtro pelo qual examinávamos essa questão.

E se de fato é possível discernir o sentido do valor intrínseco da obra de Stanislávski, Artaud ou outros diretores que tomaram parte na Grande Reforma no início do século XX, muitas vezes examinamos sua atividade por meio do olhar condicionado por Grotowski.

Nosso próprio modo de olhar foi condicionado.

Enquanto refletia sobre isso, me vi subitamente lançado de volta ao passado.

UMA HISTÓRIA DE EMOÇÕES

A antropologia teatral deve investigar também outro "nível de organização" e abordar a história das emoções no teatro. Uma história que, por uma vez, não se concentra em *como* provocar a emoção, mas nos fios que são puxados num determinado contexto teatral. Ela deve levar em conta quais emoções devem ser consideradas como "certas", e assim ser estimuladas, por que e como elas se modificam e por que e em quais contextos históricos e mentais. E quais são as emoções que os diferentes públicos esperariam ou exigiriam e como tudo isso muda e é transformado, dependendo dos contextos e dos momentos no tempo. Um estudo desse tipo possibilitaria perceber zonas inteiramente novas do teatro. O Natya Shastra certamente faria parte dessa história e sem dúvida também Zeami, mas sobretudo e de forma ainda mais exótica, em comparação com a cultura teatral no Ocidente, Denis Diderot, que descreveu as possibilidades de uma nova gama de emoções entre o palco e o público em seu romance-*cum*-drama *Le Fils naturel* (O Filho Natural)[16].

Parece claro que o advento de Grotowski constituiu uma revolução na história das emoções no teatro.

---

16 Cf. Mirella Schino, Diderot a Lampedusa (De Diderot a Lampedusa), *Teatro e Storia*, n. 28, 2007, p. 145-173.

O próprio Grotowski enfatizava a espécie diferente de envolvimento emocional necessária a seus atores. Esse é outro objetivo do laboratório, alterar o envolvimento emocional e existencial do ator. Mas também para o público, após a intervenção de Grotowski, houve uma transformação da esfera emocional da experiência do teatro.

Com uma performance de Grotowski, a esfera puramente *afetiva*, que parecia ser a única dominada pela arte do ator, é posta de lado. O que, para Grotowski, parece se tornar a própria essência do teatro é a capacidade de desenvolver uma dimensão simbólica e criar imagens profundas.

Essa é a nova força das performances de Grotowski: com sua linguagem específica, e não apenas por meio do roteiro, elas podiam desenvolver uma dimensão simbólica cujo efeito era muito mais profundo que a mera linguagem verbal do texto.

Foi isso em parte o que acontecera nos primeiros anos do século xx com Stanislávski, Meierhold, Copeau, Craig e muitos outros, cuja atividade muitas vezes era confundida com simbolismo, expressionismo e outras categorias estilísticas. Mas com o teatro de Grotowski – possivelmente em consequência das diferenças com relação ao teatro intelectualista de Brecht antes dele, na década de 1950 – essa nova dimensão simbólica fica claramente visível. Supostamente não foi ele que a inventou, mas foi ele certamente que *a trouxe a público*. Após Grotowski, o novo papel cultural do teatro e da performance coincide com essa dimensão.

Além disso, havia outra revolução, talvez até mesmo mais importante, que pode ser avaliada mais facilmente após a explicação do trabalho de Decroux. Com as performances de Grotowski ficava evidente que o *pensamento*, no teatro, pode basicamente ser transmitido pelos corpos dos atores e os sentidos dos espectadores. Estou aqui falando sobre o *pensamento*, não sobre estímulos sensoriais ou sentimentos, mas problemas abstratos e impulsos arquetípicos.

LINGUAGEM CORPORAL

O teatro sempre foi uma arte ambígua: demasiado corporal, impreciso, ao que parece, meramente capaz de retratar emoções sensoriais. A descoberta de que o corpo, e não a palavra falada, era especialmente apropriado para exprimir significações simbólicas e abstratas já havia sido a grande revolução da Grande Reforma no início da década de 1900. Na segunda metade do século, o teatro é expressamente reconhecido como uma arte na qual a "cultura corporal" tem lugar especial: algo muito mais amplo que a pura expressividade física com uma linguagem não verbal complexa e inúmeras ramificações lógicas, sensoriais, irracionais e racionais. Em consequência, o teatro também assume a aparência de um lugar que é *especialmente apropriado* para desenvolver o potencial do corpo, um instrumento especial de autoconhecimento, bem como de conhecimento abstrato. Isso é verdadeiro tanto para os que fazem teatro quanto para os que o apreciam.

A linguagem corporal sempre foi considerada uma fraqueza da arte do teatro, ou apenas algo difícil de aceitar. Mas agora ela se tornava sua força, num momento em que o corpo do ator deixava de ser o mero instrumento de uma presença sensorial (ainda muito importante) e de ser considerado exclusivamente de uma perspectiva genética ou anatômica. Ele se tornava um *corpo em movimento*, passava a ser considerado e aceito como uma linguagem. Uma linguagem que não podia ser traduzida, mas que era talvez a mais apta a expressar imagens profundas.

Provavelmente, pela primeira vez desde a revolta de Diderot, as emoções expressas pelo teatro não eram mais individuais (embora Grotowski falasse muito do espectador no singular), mas, ao contrário, supraindividuais. Na primeira fase de seu trabalho teatral, Grotowski as chamou de arquetípicas. Com Grotowski, o teatro punha em destaque, pela primeira vez com toda clareza, o fato de que a questão central era a zona acessada *por meio de* uma experiência sensorial e emocional que, no entanto, não se concentrava nas emoções e sensações individuais. Ao contrário, ela estava vinculada ao nível supraindividual dos sentimentos e, assim, ao autoconhecimento, mas "através do outro". Ela se vinculava a um tipo da pesquisa que podemos sem dúvida caracterizar como espiritual, mas que era carregada e transmitida pelo corpo.

Por essas razões, concluí em meu monólogo interior, o papel da zona laboratorial é *evidentemente* essencial para o desenvolvimento de movimentos corporais no palco capazes de despertar imagens profundas e de falar, com sua linguagem misteriosa, ao corpo e à mente do espectador.

Poderíamos nos perguntar por que, na questão da linguagem corporal autônoma, a grande lição oferecida pelos protagonistas da Grande Reforma foi enterrada na metade do século. Podemos responder que esse foi um período de desastres históricos de dimensões tais que causaram o desaparecimento de outras civilizações.

Mas foi Grotowski que retirou essa lição do esquecimento e a tornou manifesta. Também sabemos *como* o corpo se tornou algo mais que um instrumento expressivo complexo. Eugenio Barba tinha o seguinte a dizer, já em 1965:

A aptidão sistemática do ator está vinculada ao treinamento sistemático e contínuo, que consiste em lições especiais que são separadas dos ensaios. O programa de exercícios não pode ser visto como um campo fechado. Ele está sujeito a mudanças contínuas, dependendo das tarefas teatrais do ator e do progresso que ele obtém. A crença de que existe uma "técnica" (ou seja, um arsenal de habilidades acumuladas) já pronta é equivocada e, na prática, somente conduziria a uma reiteração de trivialidades (estereótipos).

Na realidade, não existem técnicas fixas e bem estabelecidas. Existem apenas barreiras técnicas, à medida que o ator desenvolve seu ofício, obstáculos que têm de ser superados constantemente pela execução de exercícios práticos "elementares". *O objetivo desses exercícios não é ampliar as habilidades corporais de uma pessoa, mas, ao contrário, anular o corpo, em outras palavras, eliminar sua resistência, a fim de realizar imediatamente seus próprios impulsos psíquicos*[17].

Barba (e, neste caso, deveríamos dizer Barba e Grotowski, uma vez que estamos citando do livro que Barba escreveu sobre Grotowski, após sua colaboração com o Teatro-Laboratório) também assinalava que, no trabalho do ator, o processo de "autopenetração" pode ser doloroso e é, certamente, desconcertante. Ele salientava a importância de:

aplicar o freio à forma, à artificialidade. O ator, ao realizar um ato de autopenetração, começa como se estivesse numa jornada que ele

---

17 *Alla ricerca del teatro perduto* (Em Busca do Teatro Perdido), Pádua: Marsílio, 1965, p. 117. Grifo nosso.

reconta ao espectador, numa espécie de convite, por meio de movimentos e reflexos de sua voz. Os sinais usados pelo ator devem ser articulados. A expressividade está sempre vinculada a formas de contrastes e contradições. A autopenetração que não é acompanhada pela disciplina não se torna libertação, mas é uma forma de caos biológico [...].

O teatro que busca provocar uma experiência de introversão coletiva deve voltar a suas origens e, por meio de um contato físico e direto entre atores e espectadores, se tornar uma cerimônia coletiva. Não pode haver cisão entre os que estão lá, absorvendo pacificamente a cena, e os que estão envolvidos na ação. A dicotomia entre palco e plateia deve desaparecer [...].

O compromisso desse tipo de teatro é o de colocar a consciência do ser humano em contato com sua situação e sua história, seus sonhos e aspirações, sua crueldade e sua integridade, obrigando-o a se defrontar com suas responsabilidades como ser moral e social[18].

As palavras de Barba aqui são inocentes e, sob muitos aspectos, rígidas. Mas elas contêm pontos valiosos. Esse modo de pôr em destaque o risco do "caos biológico", por exemplo, é fundamental num contexto tão elusivo e difícil como o do teatro concebido como autopenetração.

O ESPECTADOR

Assim eu encerrava minha digressão interior com relação a Grotowski e suas performances e retornava ao problema da relação entre laboratório e performance. Como já mencionado (mas talvez seja necessário repetir aqui), a mente coletiva tinha assumido duas posições diferentes.

Metade dela estava interessada no fenômeno do laboratório separado da performance, que anunciava experiências profundas para o ator, independentemente da produção de performances, na verdade opostas a ela.

A outra metade insistia na relação entre o laboratório e a performance, argumentando que, à luz dos desenvolvimentos sobre a "vida interior" introduzidos pela primeira metade da mente coletiva, a relação laboratório-performance podia ser

---

18 Idem, p. 117.

vista sob nova luz, não mais em termos de um aprendizado ou treinamento puro e simples. A relação entre os laboratórios teatrais e a performance devia ser amplamente revista, uma vez que não era tão simples e até mesmo contraditória, mas, *justamente por essa razão*, mais interessante. Parecia que agora podíamos começar a decifrar a fisiognomonia e a relevância dessa relação complexa.

Grotowski (ou, antes, Grotowski e Barba) mostrava-nos:
- o processo de construção do conhecimento que podia ser criado pelo teatro;
- o modo como esse processo de autoconhecimento acontecia, isto é, por meio do corpo;
- a parte, a zona e a área temporal do teatro onde esse processo se realizava, isto é, o tempo de *preparo* da performance.

Com Stanislávski e Meierhold o tempo de preparo tinha se tornado importante e, em consequência, mais longo. Mas, novamente, foi com Grotowski, e logo depois com o Odin Teatret, que tudo isso se tornou explícito e evidente. A atenção que até então tinha se concentrado na performance começou a se alternar com o concentrar-se em torno do *processo preparatório*.

O "processo" é a parte do trabalho teatral que *dá as costas à* performance, *a fim de prepará-la*. Ele deve transcender a performance, para dar-lhe sua verdadeira profundidade, de modo a prolongar a jornada necessária para o preparo, assim ampliando a brecha entre *vida cotidiana* e performance. Essa brecha é talvez a zona onde o ator se envolve em seus processos de autoconhecimento, mas ela é sem dúvida uma zona vital em termos da performance, porque é nela que se formam todos os aromas, humores e a profundidade da performance.

DANDO AS COSTAS

A atividade laboratorial não pode ser apenas uma zona onde o conhecimento teatral se desenvolve por um período de tempo mais longo que o normal. Ela não é sequer uma área *paralela* à criação artística, mas tem uma relação precisa com ela: ela volta as costas à criação artística, porém somente para chegar a esse destino por meio de um caminho mais longo, mais sinuoso.

Isso estabelece uma distância mental e temporal. Essa distância se revelou fundamental na descoberta das significações mais inesperadas da performance e na construção de uma linguagem corporal com todos os seus aspectos mais imprevisíveis e misteriosos.

O uso prático do laboratório não é o de melhorar o treinamento dos atores nem o de descobrir gestos, modos de se locomover, novos nós físicos e verbais. Ao contrário, ele é a possibilidade de *ampliar a brecha entre a vida cotidiana e a* performance, mas de forma não casual. Se pensarmos no "caminho" como um modo de criar essa brecha e ampliar a jornada necessária para o preparo da performance, podemos começar a vislumbrar seu uso prático.

Até mesmo valores espirituais podem emergir ao longo desse caminho – que não é o simples treinamento físico, mas pode ser visto como uma *bifurcação*, uma tensão extrema.

Por que estamos preocupados com a arte? Para atravessar nossas fronteiras, exceder nossas limitações, preencher nosso vazio – preencher a nós mesmos. Essa não é uma condição, mas um processo em que o que é obscuro em nós aos poucos se torna transparente. Nessa luta com nossa própria verdade, esse esforço de remover a máscara da vida, o teatro, com sua capacidade de percepção absolutamente desenvolvida, sempre me pareceu um local de provocação. Ele é capaz de desafiar a si próprio e a seu público violando os estereótipos aceitos da visão, do sentimento e do julgar – de forma ainda mais surpreendente porque tem como paradigma a respiração do organismo humano, o corpo e os impulsos interiores. Esse desafio de tabus, essa transgressão, fornece o choque que arranca a máscara, capacitando-nos a dar-nos sem restrições a algo que é impossível definir, mas que contém Eros e Caritas[19].

[...]

A palavra pesquisa não deve trazer à mente a pesquisa científica. Nada poderia estar mais distante do que estamos fazendo que a ciência *sensu stricto*, e não apenas em razão de nossa falta de qualificações, mas também em razão de nossa falta de interesse nessa espécie de trabalho.

[...]

---

19 J. Grotowski, Towards a Poor Theatre, *Towards a Poor Theatre*, p. 21-22. (Ed. bras.: *Em Busca de um Teatro Pobre*, Rio de Janeiro: Civilização Brasileira, 1992.)

O ator é um homem que trabalha em público com seu corpo, oferecendo-o publicamente. Se esse corpo se limita à demonstração do que ele é – uma coisa que qualquer pessoa comum pode fazer – então ele não é um instrumento obediente, capaz de executar um ato espiritual. Se ele é explorado por dinheiro e para obter a aprovação do público, então a arte de atuar beira à prostituição. É um fato que, durante muitos séculos, o teatro esteve associado com a prostituição num sentido ou outro da palavra.

[...]

Assim como, de acordo com os teólogos, somente um grande pecador pode se tornar um santo (não nos esqueçamos do Apocalipse: "assim, porque és morno e nem frio nem quente, estou a ponto de vomitar-te de minha boca"), assim também a miséria do ator pode ser transformada em uma espécie de santidade. A história do teatro tem inúmeros exemplos disso.

Não me entenda mal. Falo de "santidade" como descrente. Estou falando de uma "santidade secular". Se, ao se colocar um desafio, o ator publicamente desafia outros e, por um excesso, profanação e sacrilégio ultrajante, revela a si mesmo ao remover sua máscara cotidiana, ele torna possível ao espectador empreender um processo semelhante de autopenetração.

[...]

A diferença entre o "ator cortesão" e o "ator sagrado" é a mesma que existe entre a habilidade de uma cortesã e a atitude de dar e receber que deriva do amor verdadeiro: em outras palavras, a do autossacrifício. O essencial nesse segundo caso é ser capaz de eliminar todos os elementos perturbadores, a fim de poder ultrapassar todos os limites concebíveis. No primeiro caso, trata-se da existência do corpo; no outro, sobretudo de sua inexistência. A técnica do "ator sagrado" é uma *técnica indutiva* (isto é, uma técnica de eliminação), a do "ator cortesão" é uma *técnica dedutiva* (isto é, um acúmulo de habilidades)[20].

SCILLA, 1996

Lembro-me de uma sessão na Universidade de Teatro Eurasiano em Scilla, em 1996, quando toda nossa discussão interna girou em torno de Grotowski: não as qualidades ou peculiaridades do homem de teatro, não suas qualidades como líder

---

20 Idem, The Theatre's New Testament, entrevistado por Eugenio Barba, em *Towards a Poor Theatre*, p. 27, 32, 33 e 35, respectivamente.

e professor de *performers*, mas, ao contrário, sua influência sobre o teatro americano e europeu antes da segunda metade do século XX. Discutimos Grotowski como modelo e ponto da referência. Em 1998, Barba publicou o livro *Land of Ashes and Diamonds* (Terra de Cinzas e Diamantes), que falava de seu aprendizado polonês[21]. Comentamos o livro. Então a discussão passou para o laboratório teatral, na qual a "questão Grotowski" naturalmente desempenhava um papel.

Olhando retrospectivamente, parece claro: girávamos em torno de um obstáculo. Terminamos por identificá-lo com Grotowski, mas com um ou dois pontos de interrogação. Não pudemos sequer identificá-lo com o Odin Teatret ou com qualquer outro teatro específico. Não havia um modelo propriamente dito. Ao mesmo tempo, apesar de todas as nossas contradições e diferenças, quando falávamos do "laboratório teatral", parecíamos saber o que significava.

AS ORIGENS DO LABORATÓRIO TEATRAL

Os primeiros laboratórios que surgiram na segunda metade do século XX foram o Teatro-Laboratório, de Grotowski (1959), e o Odin Teatret, de Barba (1964), como todos sabíamos. Antes deles, houvera outros fenômenos que poderiam ser considerados semelhantes. Para alguns de nós, esses precedentes antecipavam um fenômeno associado, enquanto outros discordavam. No entanto, estava claro que na metade do século XX ocorrera uma reviravolta, uma ruptura com relação ao passado, provocada pelos teatros de Grotowski e Barba. Esses dois teatros, na arrogância da juventude, pareciam estar muito conscientes da novidade e importância de seu trabalho. Mas eles não podiam ter imaginado as dimensões da maré que criaram, o efeito das muitas forças diferentes, das exigências, esperanças e expectativas, na verdade, em número grande demais para aqui mencionar.

---

21 Eugenio Barba, *Land of Ashes and Diamonds: My Apprenticeship in Poland*. Seguido de 26 cartas de Jerzy Grotowski a Eugenio Barba, tradução do italiano por Judy Barba e do polonês por Judy e Eugenio Barba, Aberystwyth: Black Mountain Press, 1999. (Ed. Bras.: *A Terra de Cinzas e Diamantes: Minha Aprendizagem na Polônia*. São Paulo: Perspectiva, 2006.)

A presença na Europa Ocidental do teatro de Barba e das turnês de Grotowski com suas performances também teve um efeito secundário que não se poderia prever: a redescoberta de uma conexão que remonta à *Wielka Reforma* e aos grandes teorizadores e diretores do início do século xx.

Sempre pensei em Barba como um diretor "polonês". Quando, em 1961, Barba, que ainda conhecia muito pouco sobre o teatro, chegou à Polônia com sua extraordinária cultura teatral, ele não somente concluiu aí seu aprendizado, mas também absorveu um modo de pensar com respeito à história do teatro e à direção teatral. Quando falam sobre o "nascimento da direção", os estudiosos poloneses e o pessoal do teatro empregam uma fórmula menos ambígua que os franceses e os italianos: *Wielka Reforma*, a Grande Reforma. Foi na escola de teatro de Varsóvia, no início da década de 1960, que Barba teve conhecimento da existência de uma *Wielka Reforma* e ouviu falar da divisão fundamental que separava o teatro do século xx – com Stanislávski, Meierhold, Craig, Appia, bem como Taírov, Vakhtângov, Leon Schiller, Osterwa, Piscator, os grupos de agitação e propaganda e outros – do teatro dos séculos anteriores. Mas não foi só com as lições na escola de teatro: a *Wielka Reforma* e os nomes e tópicos a ela vinculados continuavam surgindo nas principais revistas polonesas, como a *Dialog* e a *Pamiętnik Teatralny*, como objetos de estudo e modelos para as performances contemporâneas. Na Polônia, o vínculo assim intenso e relativamente estreito com o passado parece ter permanecido inacreditavelmente vivo e vigoroso.

Na Europa Ocidental, a lembrança da revolução na arte teatral moderna era em geral bastante branda, em comparação com a Europa Oriental. A poeira tinha rapidamente se assentado, por assim dizer. Houvera uma dramática cisão causada pelo nazismo, pelo fascismo e pela Segunda Guerra Mundial e, depois, pela separação dos dois blocos, divididos pela Cortina de Ferro[22].

---

22 Sobre esse tema, Peter Brook relembra: "quando comecei a trabalhar no teatro na Inglaterra, tive muita sorte. Não havia nenhuma escola lá, nenhuma teoria. Tudo era prático. No teatro inglês daquela época que, muitas vezes, era puro tédio e estava quase morrendo, havia muitos bons atores. Mas ninguém jamais admitia que pudesse haver uma teoria. De minha parte, eu tinha ouvido uma vaga menção a um certo Stanislávski: quando abri seu livro, achei sua leitura

Do outro lado da Cortina de Ferro, as coisas se deram de forma um pouco diferente. Na década de 1920, após a Revolução Russa, durante alguns anos ocorreu algo que jamais fora visto em qualquer outra parte: uma transformação global do teatro. E seus traços essenciais, os achados, os valores e as técnicas foram transmitidos. Essa transmissão foi um dos méritos da revolução – pelo menos enquanto foi tolerada por Stálin.

Mesmo quando tudo isso foi desmantelado na União Soviética, no bloco sob seu controle, um senso de continuidade ainda permaneceu. Barba é, para todos os efeitos, em termos de sua formação, um diretor de origem polonesa que cresceu em um ambiente que levava avante o trabalho dos reformadores do teatro do início do século xx. Hoje podemos ver isso ainda mais claramente pelo trabalho não apenas de Grotowski e Barba, mas também de grandes artistas da Europa Oriental e de diretores como Kantor, Nekrošius e Vasiliev.

Quando, em 1964, Barba deixou a Polônia e voltou para Oslo[23], e as performances de Grotowski começaram suas turnês no exterior, só então é que a Europa Ocidental começou a tomar conhecimento da *Wielka Reforma*. Barba também acrescentava algo: a ideia de que os grandes mestres do passado ainda estavam vivos e podíamos facilmente aprender com eles, não de forma abstrata ou na busca de utopias, mas simplesmente de um ponto de vista prático e técnico. Eles eram então estudados a fundo.

Nos últimos anos, tenho empregado cada vez mais a palavra "Desordem" ao falar do ofício do teatro, consciente de que ela cria a confusão. Para mim, ela tem dois significados opostos: a ausência de lógica e rigor que caracteriza trabalhos absurdos e caóticos ou a lógica e o rigor que provocam *a experiência de perplexidade* no espectador. Eu gostaria de ter duas palavras diferentes para isso. Em vez disso, uso um truque ortográfico – a diferença entre letras minúsculas e maiúsculas – para distinguir a desordem, como perda

---

tão pesada e solene que imediatamente o pus de lado. E eu era o único que havia lido pelo menos três páginas! Nessa época, nenhuma ideia do 'continente', como dizemos, tinha algum impacto na Inglaterra". P. Brook, *With Grotowski*, p. 64-65.

23 Barba foi da Noruega para a Polônia em janeiro de 1961, onde frequentou a escola teatral de Varsóvia e conheceu Grotowski, permanecendo até abril de 1964, quando retornou a Oslo e fundou o Odin Teatret.

da energia, da Desordem, como irrupção de uma energia que nos confronta com o desconhecido [...].

Quando penso no extremismo de seu pensamento, os protagonistas da revolta do teatro no século xx, a partir de Stanislávski, se tornam para mim *maîtres fous*, os mestres da Desordem.

Em um clima de renovação estética, técnica e econômica, eles colocaram questões tão absurdas que eram vistas com indiferença e escárnio. Uma vez que o núcleo incandescente dessas questões vinha envolvido em teorias profissionais bem formuladas, elas eram consideradas como ataques contra a arte teatral, ou "utopias", o que é um modo inofensivo de dizer que não precisamos levá-las a sério. Eis aqui alguns desses núcleos:

– procurar por *vida* em um mundo de *papier-mâché*
– deixar o fluxo de *verdade* em um mundo de disfarces
– alcançar a *sinceridade* pela pretensão
– transformar o treinamento do ator (um indivíduo que imita e representa pessoas diferentes dele próprio) em um caminho que conduz à *integridade* de um Novo Ser Humano.

Alguns dos mestres do extremo acrescentavam insanidade a insanidade. Incapazes de compreender que essas "utopias" eram inatingíveis, eles as realizavam.

Imaginemos um artista que hoje se candidata a uma bolsa do Ministério da Cultura para pesquisar a Verdade por meio do teatro. Ou o diretor de uma escola teatral que escreve em seu programa: aqui ensinamos a atuar com o objetivo de criar um Novo Ser Humano. Ou, novamente, um diretor que exige de seus atores a habilidade de dançar para refletir a harmonia das Esferas Celestiais. Seria admissível considerá-los como casos de loucura. Por que, então, os historiadores do teatro descrevem Stanislávski, Copeau e Appia como se suas questões malucas fossem utopias nobres e teorias originais?

Hoje não custa nada ver em sua loucura manifesta uma reação sensata às tensões de uma época que punha em risco a sobrevivência do teatro. É fácil, hoje, reconhecer a perspicácia, coerência e inteligência em meio à *perplexidade* que os mestres da Desordem levaram ao teatro de seu tempo. Eles rejeitaram sua organização centenária, derrubaram hierarquias, sabotaram bem testadas convenções da comunicação entre palco e público, cortaram seu cordão umbilical com o realismo literário e superficial. Eles brutalmente despiram o teatro e o reduziram a sua essência. Eles se justificaram com um paradoxo: deram vida a performances que eram inimagináveis em seu extremismo, originalidade e refinamento artístico, a fim de negar que o teatro é *somente* arte. Cada um deles, com palavras diferentes, salientou que a vocação do teatro era romper cadeias íntimas, profissionais, éticas, sociais, religiosas ou culturais.

Estamos acostumados a ler a história do teatro moderno de forma invertida. Não começamos com os núcleos incandescentes das questões e a obsessão dos mestres da Desordem, mas com a sensatez ou a poesia de suas palavras impressas. Suas páginas têm um tom autoritário e persuasivo. Mas, para cada um deles, deve ter havido muitas noites de solidão e medo, na suspeita de que os moinhos de vento contra os quais lutavam eram gigantes invencíveis.

Hoje nós os vemos retratados em fotos pitorescas: rostos inteligentes, bem alimentados e ironicamente plácidos como Stanislávski, reis mendicantes, sugestivos como Artaud, orgulhosos e conscientes de sua própria superioridade intelectual como Craig, eternamente erguendo o cenho e pugnazes como Meierhold. É impossível captar em cada um desses espíritos brilhantes a incapacidade de esquecer ou de aceitar suas próprias cadeias invisíveis. Somos incapazes de sentir que sua eficácia deriva em parte da tensão de se arrancar a uma condição de silêncio impotente.

A arte que é capaz de provocar a *experiência da perplexidade*, e, assim, de nos modificar, sempre esconde a zona de silêncio que a produziu. Penso nesse tipo de silêncio que não é uma escolha, mas uma condição sofrida como amputação. Esse silêncio gera monstros: autodifamação, violência contra si mesmo e contra os outros, indolência sombria e raiva ineficaz. De vez em quando, contudo, esse silêncio nutre a Desordem.

A experiência da Desordem não envolve as categorias da estética. Ela ocorre quando uma *realidade diferente* prevalece com relação à realidade: no universo da geometria plana, cai um corpo sólido. Como quando inesperadamente, como relâmpago, a morte abate um ente querido, ou quando, num segundo, nossos sentidos se inflamam e ficamos conscientes de estar amando. Ou quando na Noruega, como um imigrante recente, me chamaram desdenhosamente de "wop" e uma porta se fechou com violência em minha cara.

Quando a Desordem nos atinge, na vida e na arte, repentinamente despertamos em um mundo que não mais reconhecemos e ao qual ainda não sabemos nos ajustar[24].

Deste lado da Cortina de Ferro, o senso de continuidade entre os *maîtres fous* e o teatro da década de 1950 e 1960 tinha

---

24 Eugenio Barba, Children of Silence: Reflections on Forty Years of Odin Teatret, do programa da apresentação de *Andersen's Dream* (2005). Também publicado em *The Drama Review*, 49.1, 2005, p. 153-161.

desaparecido. Mas não a lembrança de Copeau, naturalmente, nem também o senso de relevância teórica do Craig "quixotesco". Na França, havia Nina Gourfinkel e, na Itália, Angelo Maria Ripellino, com seus livros sobre Stanislávski, Meierhold e sobre o teatro russo do início do século xx, respectivamente. Mas, do outro lado da Cortina, a percepção era outra: a de um fenômeno perturbador, mas que de algum modo tinha unidade física, íntegro, porém interessado na palavra falada, cultural, mas obcecado pela dança.

Alguns anos mais tarde, as performances de Grotowski, seguidas pelas de Barba, do Teatro Vivo, de Peter Brook, da vanguarda americana e de muitos outros, começaram a viajar por toda a Europa.

Ao relembrar o *reconhecimento* imediato da importância de Grotowski e de Barba por parte de estudiosos e do pessoal do teatro na Europa Ocidental, não posso deixar de perguntar: para além da qualidade inegável reconhecida por muitos em toda a Europa, o que mais eles viam nas performances dos dois artistas "poloneses"?

Estou convencido de que gente como Peter Brook, Renée Saurel, Marc Fumaroli ou Charles Marowitz via ainda outra qualidade, uma determinada nuance do trabalho físico: uma *diferença*.

Essa *diferença* marcava o ponto de virada para um grande número de artistas do teatro, tanto antigos quanto novos. Não era o nascimento da laboratorialidade, mas era uma prova da existência de um fenômeno "laboratorial". Essa descoberta causou uma verdadeira mudança na história do teatro: o nascimento de um grande número de outros teatros que eram expressa e deliberadamente "laboratoriais". Essa foi uma verdadeira revolução histórica e inesperada. De fato, como poderiam Grotowski e Barba ter previsto que a necessidade de tanta gente do teatro seria imediatamente reconhecida em seus teatros?

O PONTO DE VIRADA

Era inútil perguntar que modelo era superior, se o Teatro-Laboratório de Grotowski e sua opção de abandonar a produção de performances ou o Odin Teatret de Barba, pois a questão tinha um duplo centro. Tratava-se da aliança de duas forças.

Por si só, um diretor não poderia ocasionar uma onda assim intensa e manifesta, além de complexa, multifacetada e não limitada a um único modelo. Por si só, um diretor jamais seria capaz de criar novos valores e técnicas e, ao mesmo tempo, articular essas diferentes tendências e necessidades. No passado, isso se revelara impossível no caso de artistas do teatro da estatura de Meierhold e de Craig. Para que seu exemplo e palavras se tornassem eficazes da forma como de fato aconteceu, foi necessária toda uma *rede* de grandes personagens do teatro, algumas delas dando seu apoio, outras manifestando sua discordância.

Algo desse tipo aconteceu na metade do século XX. Embora a rede criada não fosse tão poderosa e extensa quanto a existente na virada do século, ela de fato tinha toda a força de uma aliança especialmente forte, que na Itália foi chamada de "eixo Grotowski-Barba".

Se deixamos de considerar essa *aliança*, não conseguimos avaliar a relevância e influência desses dois diretores e seus teatros, também com respeito a diretores e teatros que produziram performances igualmente famosas, se não mais famosas, outros modelos de teatro e de vida que são igualmente, se não mais, incisivos, interessantes e anômalos.

O EIXO GROTOWSKI-BARBA

Durante toda a primeira fase – a fase teatral – da presença de Grotowski na Europa, o apoio e a presença efetiva de Barba foram cruciais. Os dois teatros, o Teatro-Laboratório e o pouco tempo antes criado Odin Teatret, sempre foram radicalmente diferentes e, ainda assim, também companheiros. Seria possível dizer que eles se apresentavam ao mundo com o que parecia ser uma estratégia de sobrevivência conjunta, um apoiando o outro.

Havia esse aspecto de uma aliança amistosa que tornava os exemplos propostos pelos dois grupos mais compactos e difíceis de ignorar. Era uma aliança entre dois teatros que era tanto defensiva quanto agressiva, estratégica, política, espiritual e teórica. Ela se vinculava ao modo de organizar as turnês e disseminar as teorias. Ambos propunham com veemência o modelo de uma relação aluno-professor que era basicamente estranha ao teatro europeu e fascinante. Os primeiros seminários de Grotowski foram organizados em 1966 em Holstebro, no Odin Teatret, que se formara pouco tempo antes. Mesmo sendo para um número limitado de participantes, essas reuniões práticas de trabalho se tornaram um ponto de referência essencial para as principais mentes do teatro na Europa. A última parte deste livro incluirá a descrição de um desses seminários.

Em fevereiro de 1966, o Odin Teatret havia organizado a primeira turnê no exterior, para a Suécia, Dinamarca e Noruega, do Teatro-Laboratório 13 Filas, de Grotowski e Flaszen. Em 1968, o Odin Teatret Forlag publicava *Towards a Poor Theatre* (Em Busca de um Teatro Pobre), o livro de Jerzy Grotowski que se tornaria um dos mais importantes textos do teatro do final do século XX. Barba organizou o volume, que foi publicado como uma edição monográfica do jornal do Odin Teatret, *Teatrets Teori og Teknikk*[25]. Além da contribuição de outros, em especial de Ludwik Flaszen, ele incluía uma entrevista de Barba com Grotowski e textos tanto de Barba quanto de Grotowski[26]. Essa é uma prova tangível dessa aliança[27].

A presença de Grotowski podia ser sentida em todos os acontecimentos organizados por Barba: as reuniões internacionais do "Terceiro Teatro", depois as sessões da Ista. Em Bonn (1980), depois em Volterra (1981), Grotowski fora parte integrante da Ista. O mesmo acontecera alguns anos antes, nos principais encontros de grupos organizados por Barba em Belgrado e Bérgamo, em 1976 e 1977.

Grotowski havia desistido de fazer teatro, mas comparecia regularmente a conferências e festivais dedicados ao teatro. As perguntas dirigidas a ele, a sua própria presença, eram a confirmação de sua posição como autoridade à frente do movimento.

---

25 J. Grotowski, *Towards a Poor Theatre*, organizado por Eugenio Barba, Holstebro: Odin Teatret, 1968; *Teatrets Teori og Teknikk*, n. 7.
26 Alguns anos antes, em 1965, como vimos, o livro de Barba sobre o teatro de Grotowski, *Alla ricerca del teatro perduto*, fora publicado na Itália e na Hungria; a versão datilografada em francês circulava entre estudiosos e artistas do teatro na Europa.
27 Cf. sobre essa questão, Franco Ruffini, La stanza vuota. Uno studio sul libro di Jerzy Grotowski (A Sala Vazia: Um Estudo do Livro de Jerzy Grotowski), *Teatro e Storia*, n. 20-21, 1998-1999, p. 455-485.

Na verdade, às vezes, a ausência de Grotowski mais se assemelhava a uma "presença" excepcional, sentida ainda mais do que se ele estivesse presente. No Peru, em 1988, Barba organizara um dia especial denominado "Tributo a Grotowski", durante uma reunião dos grupos teatrais em Huampanì, organizada por Mario Delgado e seu grupo Cuatrotablas e pelos grupos do Motim Peruano (Movimento de Teatro Independente). Em 26 de novembro, todos os grupos viajavam ao sítio arqueológico de Cajamarquilla, onde chegaram após uma jornada de duas horas, com o objetivo de criar uma "arquitetura" espetacular, composta de fragmentos de performances de todos os grupos e dedicada ao ausente Jerzy Grotowski. Em 1989, o Odin Teatret organizava, em associação com o produtor Pietro Valenti, um "Projeto Latino-americano" na Itália, com a participação do TEC (Teatro Experimental do Chile) de Raúl Osorio, da Compañia de Claudio de Girolamo, também do Chile, do Galpão, do Brasil, do Yuyachkani e do Cuatrotablas, do Peru, bem como do estudioso e editor mexicano Edgar Ceballos. O programa incluía uma reunião de artistas latino-americanos com o próprio Grotowski, em Pontedera.

As performances de Barba e as turnês do Odin Teatret eram muitas vezes locais de encontro desses seguidores nômades de Grotowski[28].

Tudo isso ocorria num momento especialmente favorável, um período de grandes mudanças. Era a década de 1960 e, em muitos lugares do mundo, as pessoas se sentiam impelidas a buscar novas formas de fazer teatro. Essa atitude teve difusão global e foi uma influência crucial no decorrer de mais de duas décadas.

É nesse efervescente contexto de expectativas que se deve tentar imaginar o efeito que Grotowski e Barba tiveram, não só em termos de estratégias de sobrevivência e de consolidação de seus dois teatros, ou de seu modo de conceber e fazer teatro, mas também como algo mais amplo que ia além de suas intenções. Na verdade, nem mesmo a força dessa aliança seria sufi-

---

28 Em 21 e 22 de fevereiro de 2009, o Odin Teatret organizou em Holstebro um "Banquete para Ludwik Flaszen e Jerzy Grotowski em comemoração ao 50º Aniversário de seu Teatr Laboratorium". Nessa ocasião, Leszek Kolankiewicz, em seu discurso, relembrou como Holstebro e o Odin Teatret sempre foram considerados um lar pelos grotowskianos.

ciente para explicar sua influência histórica, muito mais ampla do que a de um único teatro, ou dois teatros associados, talvez pudesse exercer. Essa associação de duas forças em si mesma não teria sido suficiente. Mas essa aliança foi, para toda a Europa Ocidental, um meio importante de transmitir a memória da visão e das realizações dos grandes mestres do passado, uma memória que sobrevivera sobretudo na Europa Oriental.

Na questão da laboratorialidade, a influência conjunta de Barba e Grotowski marcou uma ruptura crucial, que ia muito além da influência de teatros de mérito artístico semelhante e de fama muito maior, como o de Brook, por exemplo.

Dessa forma, é preciso considerar os dois teatros como se fossem uma única entidade, da qual Grotowski e Barba e seus respectivos teatros são os dois polos.

UM MODELO DUAL

O Teatro-Laboratório e o Odin Teatret se apresentavam como dois teatros estreitamente inter-relacionados. Eles eram incomuns, com características novas e interessantes e muitos aspectos em comum. Mas eram também muito diferentes, muitas vezes exprimindo pontos de vista opostos e rigorosamente contrastantes. Sua aliança era vista como tão estreita que constituía uma verdadeira aliança. Desse modo, como parceiros, eles realizaram uma revolução. Ao mesmo tempo, as próprias diferenças entre eles impediram a cristalização de um único modelo.

Eles eram dois polos do mesmo fenômeno, inextricavelmente vinculados embora opostos e, por essa razão, conseguiram gerar tanta energia.

Isso explica por que os laboratórios teatrais desenvolvem seu trabalho de todas as formas e maneiras: seu método de trabalho jamais se baseia num único modelo.

OS DOIS POLOS

Nessa aliança ou parceria, Grotowski representaria o polo do valor intrínseco e da tendência a se afastar da criação artística.

Barba seria o polo que representava o valor existencial e político do teatro, tanto para o ator quanto para o espectador. Barba também representa a possibilidade de o tempo da performance – e não apenas o tempo dedicado ao teatro – se tornar um momento e um lugar de conhecimento. As duas diferentes formas de conceber o teatro dos dois grandes diretores eram percebidas como – e *se tornariam* – dois polos vitais de um modo único e específico de conceber e vivenciar o teatro. A tensão entre esses dois polos constituiria o espaço da laboratorialidade.

Era assim que as duas polaridades de uma única entidade eram vistas tanto pelos que observavam de longe, às vezes com olhar hostil, quanto por todo o movimento que viria a se formar em torno desses dois teatros. Nessa entidade única e paradoxal, Barba viria a representar o polo da energia vital, de um chamado à luta, uma reivindicação de nova dignidade para os teatros sem escola, teatros sem lar, teatros dos "sem nome", teatros de comunidade que se concentravam em torno de questões sociais. Grotowski conseguiu sintonizar a crescente propensão à busca espiritual e dar a esse movimento uma nova legitimidade.

Esses dois polos não constituíam duas alternativas, mas uma tensão única.

No âmbito dessa tensão entre os dois polos de uma entidade única ressurgiam, todos mesclados, valores espirituais e existenciais, um foco maior no espectador, o trabalho sobre si mesmo, o interesse pela técnica e sua transmissão, a pesquisa de uma ciência do teatro, uma obsessão e um distanciamento com relação às performances. No Odin Teatret não parece ter havido muitos esforços específicos de autoconhecimento, exceto talvez no início e, em todo o caso, eles não eram considerados como sendo de interesse suficiente para merecer maiores investigações. Com relação a Grotowski, seu interesse nas técnicas de performance duraria mais que todo interesse verdadeiro na própria performance. Mas para a aliança é importante, na verdade essencial, que existam os dois polos, sendo que a tensão que eles geram recobre todos esses valores.

O fato de os dois teatros, que representam os dois polos, serem tão diferentes impediu a formação de um real modelo ou protótipo. Não falo aqui do fato de o Teatro-Laboratório ou o Odin Teatret ter sido imitado, o que sem dúvida eles foram.

Falo de um protótipo: um meio de comparação, algo que torna possível, por meio de uma semelhança de características, definir se ou não um teatro é um laboratório teatral (um exemplo famoso, embora um tanto anômalo, para o tema que estamos discutindo poderia ser o Teatro Vivo).

A aliança Grotowski-Barba não poderia produzir modelos, uma vez que os dois teatros eram demasiado diferentes. No entanto, sua natureza complementar poderia produzir e de fato produziu uma *dimensão laboratorial: um novo horizonte mental* para os que faziam teatro e novas esperanças e expectativas para os que iam ao teatro.

Um horizonte mental não é um modelo: ele não tem nem a clareza nem a precisão. É vago, confuso, impreciso e se desintegra, falando metaforicamente, quando tentamos colocar no papel. E mais, nos últimos anos, esse horizonte parece ter se tornado ainda menos visível, quase desaparecendo completamente.

Foi assim que a aliança entre Grotowski e Barba acabou se tornando o *núcleo* da questão laboratorial; em outras palavras, um ponto de transição e transmissão, desde os problemas enfrentados pelos protagonistas da Grande Reforma no início do século XX até os dilemas mais prementes da segunda metade do século. Em razão de sua natureza incomum, essa aliança construiu os pilares de Hércules para o mundo dos laboratórios teatrais no final do século XX. Ela determinou o tipo específico de problemas teatrais vinculados à laboratorialidade como nenhum outro grande teatro experimental, não importa quanto interesse tal teatro possa ter tido na atividade laboratorial ou qual tenha sido sua eficácia do ponto de vista artístico.

Agora podemos finalmente ler a carta que Barba, em março de 2004, próximo ao final de nossa discussão, endereçou aos que falaram na conferência de Aarhus sobre o tema dos laboratórios teatrais, colocando suas próprias dúvidas e incertezas.

POR QUE UM LABORATÓRIO TEATRAL?

O objetivo do simpósio *Por que um Laboratório Teatral?* é dar origem a diversas perguntas. O simpósio não é uma avaliação dos exemplos históricos e contemporâneos mais importantes, nem propõe uma fenomenologia ou presta homenagens a esse gênero teatral específico.

Teatros que se definiram ou que consideramos como "laboratórios" compartilham de algo em comum? Ou trata-se apenas de um nome que ocorre repetidamente?

É possível, comparando-se a prática de teatros assim diferentes, esboçar o perfil de uma ideia compartilhada, um destino, uma posição social, uma atitude com relação ao ofício e arte teatral? Ou estamos, com base em nossa experiência pessoal, apenas projetando uma categoria não existente sobre o passado e o presente?

Escolhemos alguns exemplos da Europa. Eles são muito diferentes tanto do ponto de vista do período histórico no qual vigoravam quanto do ponto de vista da cultura na qual se enraizavam. Atiramos uma pedra – a mesma pergunta – em cada uma dessas pequenas poças: por que podemos chamar esse teatro específico de laboratório teatral?

Mas não estou totalmente seguro de que essa seja a pergunta certa a se fazer. E caso não, por que não?

Existem perguntas pertinentes, perguntas impróprias e também perguntas paradoxais. Rejeitamos a via aparentemente segura, a via que poderia buscar uma definição teórica para a designação "laboratório", para depois verificar sua possível aplicação a algum dos exemplos fornecidos pelo teatro europeu antes do século xx.

Seguindo a via das perguntas paradoxais, corremos o risco de buscar o incerto por meio do incerto. Mas a via direta, que exige que iniciemos pelo certo, muitas vezes conduz a passos seguros ao vasto e gelado mar da tautologia[29].

Os exemplos escolhidos por Barba para pôr em questão o laboratório teatral foram: Constantin Stanislávski, Vsévolod Meierhold, Jacques Copeau, Étienne Decroux, Jerzy Grotowski, Peter Brook, o Théâtre du Soleil de Ariane Mnouchkine e o Odin Teatret. Houve também contribuições de caráter mais geral sobre a situação na Ásia e na América do Sul, e Richard Schechner falou sobre os Estados Unidos. A escolha dessas figuras e a ausência de outras, como Craig, Dalcroze e Vakhtângov, foi obviamente apenas casual. Mas, no todo, o programa era uma boa representação da convicção compartilhada e amplamente defendida, pelo menos nos meios estudiosos e de

---

29 Eugenio Barba, "Carta aos Oradores", correspondência não publicada, março de 2004.

trabalho nos quais Barba colocava essas perguntas, de que existia não apenas uma laboratoriedade que fluíra durante todo o século xx, mas até mesmo uma continuidade entre fenômenos históricos do início do século e os laboratórios teatrais que surgiram após a revolução levada a cabo por Grotowski e Barba.

Como observei, tratava-se de uma visão amplamente defendida. Mas, então, uma objeção começou a se manifestar, primeiro na forma de pergunta, depois, mais na forma de convicção: os Estúdios que apoiavam os grandes teatros de Stanislávski e Meierhold, as escolas dos famosos "pequenos" teatros de Copeau e Dullin e, depois, as fortalezas fechadas dos laboratórios teatrais na segunda metade do século realmente fazem parte do mesmo fenômeno?

E se de fato podemos falar de fenômenos diferentes, quais seriam as diferenças?

E que sentido faria distinguir os dois fenômenos?

Foi assim que a discussão entrou numa nova fase.

Na primeira metade do século XX

UM OLHAR MAIS PRÓXIMO SOBRE O ESTÚDIO
DE ÓPERA DRAMÁTICA DE CONSTANTIN
STANISLÁVSKI (POR FRANCO RUFFINI)
E OS ESTÚDIOS E OFICINAS DE VSÉVOLOD
MEIERHOLD (POR BÉATRICE PICON-VALLIN).

Na segunda metade do século XX

O TEATRO-LABORATÓRIO DE JERZY GROTOWSKI
E LUDWIK FLASZEN (POR ZBIGNIEW OSIŃSKI
E UGO VOLLI) E O ODIN TEATRET DE EUGENIO
BARBA (POR NANDO TAVIANI).

Para entender a natureza especial do que está acontecendo na zona laboratorial do teatro é preciso um olhar longo e detalhado. Assim, com risco de interromper o fio da discussão, chegou a hora de examinar cuidadosamente alguns dos locais em questão e suas atividades.

Vamos mergulhar diretamente nos vários estúdios e laboratórios teatrais pelas vozes de alguns oradores da conferência de Aarhus. Esse capítulo não inclui as situações que estão de fora da área geográfica que nossa discussão enfoca (em Aarhus, Richard Schechner falou sobre a situação nos Estados Unidos, Raquel Carrió na América Latina, enquanto Nicola Savarese descreveu a situação na Ásia). Esse livro não cobre os anais completos da conferência. Também foi deixada de fora, segundo a mesma lógica, que dá precedência a somente quatro pontos cardeais de referência, a análise de personalidades tais como Decroux, feita por Marco De Marinis, e Peter Brook e Ariane Mnouchkine, que foram o assunto das falas de Georges Banu e Béatrice Picon-Vallin durante a conferência.

O capítulo é dividido em duas partes, espelhando as duas metades do século xx que estamos discutindo. Deve ser visto como um interlúdio, um atalho necessário para olhar o trabalho real dos indivíduos-objeto de nossa discussão e para descobrir a face da laboratorialidade. Este capítulo é o ponto pivotante da nossa discussão, e portanto do livro todo. É também uma pausa na narrativa.

Na Primeira Metade do Século xx

O que acontecia nos lares teatrais dos grandes diretores do início do século xx, em seus espaços separados, sejam eles estúdios, oficinas ou escolas? Franco Ruffini e Béatrice Picon-Vallin rememoram respectivamente o trabalho de Stanislávski e o de Meierhold.

Em sua fala sobre Stanislávski, Franco Ruffini enfoca, em particular (mas não somente), o Estúdio de Ópera Dramática de 1935. Ele descreveu um trabalho de tipo laboratorial dependente da relação entre a música e a arte do ator, uma área na qual Stanislávski parece ter-se forçado a escolher os elementos essenciais de suas antigas pesquisas teóricas e, acima de tudo, das práticas. Ruffini também menciona pontos fundamentais, úteis para explorar a esfera laboratorial multifacetada. Esses podem ser resumidos como segue:

a. A importância do afastamento da companhia (ou classe de uma escola de teatro) da comunidade teatral.
b. O problema do caminho (e, portanto, de um guia) que não é somente teatral, mas também espiritual em essência. Em outras palavras, um caminho que se estende para além do domínio da performance.

c. O deslocamento da construção de um espetáculo para a necessidade de construir para si mesmo um espaço diferente no qual se busquem estados criativos que levem a construir não somente um novo ator, mas também um novo ser humano. É assim que o trabalho laboratorial vai além da dimensão puramente teatral.
d. O problema da juventude como um requisito necessário para embarcar no trabalho de renovar radicalmente a arte do ator.
e. O impulso de deixar para trás a performance e ir além dela. Teatro e performance, argumenta Ruffini, não são a mesma coisa: o teatro inclui a performance, mas os dois não são sinônimos.

Creio que questões sobre a relação entre juventude (artística) e idade madura e entre teatro e performance são as mais espinhosas e certamente as mais perturbadoras.

Nos últimos vinte anos, Franco Ruffini foi um ponto de referência para os "invisíveis" grupos teatrais jovens na Itália. Ele é um estudioso de teatro especializado em Artaud, Stanislávski e teatro renascentista. Vem acompanhando o trabalho de Barba há trinta anos e também o de Grotowski, especialmente depois da fundação do Centro de Trabalho na Itália, sobre o qual escreveu com frequência.

Permita-me acrescentar que entre os estudiosos italianos aqui mencionados, especialmente Franco Ruffini, Ferdinando Taviani, Fabrizio Cruciani, Nicola Savarese e eu mesma, houve afinidade durante muitos anos, com uma tendência de compartilhar trabalho e métodos críticos. Isso levou algumas pessoas a acreditar que esse quinteto era na realidade um tipo de "escola". Uma parte deste livro termina por ser, talvez sem intenção, um testemunho de um local de trabalho insignificante, compacto e sem regras, com uma propensão para o debate e a contradição. Não posso ajudar, mas duvido que a mistura de unidade e rebeldia seja a quintessência ou a paródia do que chamamos laboratório.

O segundo ensaio é sobre Meierhold e sua propensão para fundar novos estúdios. São enfatizados quatro em particular: o estúdio na rua Borodinskaia, o Laboratório KOURMASTSEP, sua escola de atores e as oficinas de 1921-1922. Béatrice Picon--Vallin sugere que a estes seja acrescentado no mínimo o Estúdio 1905, criado por Stanislávski dentro do Teatro de Arte e dirigido por Meierhold.

Béatrice Picon-Vallin tornou-se, ao longo dos anos, a porta--voz de Meierhold na Europa. Traduziu seus escritos, reconstruiu seus espetáculos, estudou seus processos criativos, sua pedagogia e experimentação. Sua contribuição foi fundamental para informar ao mundo do teatro sobre provavelmente o melhor diretor do século xx.

Béatrice Picon-Vallin enfatiza que, aos olhos de Meierhold, não importando quão urgente e relevante fosse a criação artística, a atividade pedagógica e a pesquisa pura sempre foram cruciais, às vezes também uma câmara de compensação. Não era tanto a ideia de pedagogia que lhe interessava – embora ele a considerasse muito importante –, mas o grau de experimentação irrestrita que lhe era proporcionado pelos estúdios: "Não sou um professor", disse Meierhold, "Sou um explorador de novas margens no oceano do teatro".

Tanto o trabalho experimental como o pedagógico parecem ter fluído paralelamente à produção de espetáculos, como se a criação de espetáculos e o ininterrupto trabalho laboratorial estivessem para o trabalho do grande diretor como os dois trilhos para uma via férrea. Pode-se dizer que a corrida da Rainha Vermelha*, para diretores como Meierhold, funcionava primeiramente como uma forma de estímulo interno. Era um momento de pura pesquisa nunca separada da criação paralela de espetáculos, e permitia uma compilação de materiais independentemente dos temas ou textos que ele queria encenar. Nesse trabalho incessante, é difícil separar o que, da pesquisa pura, era destinado à criação de espetáculos.

---

* No original *red queen's race*, uma situação conflituosa na qual os avanços absolutos são tão iguais para ambos os lados que a vantagem relativa obtida de um para o outro parece inexistir, apesar das mudanças significativas em relação ao estado inicial. A expressão provem de um episódio de Lewis Carroll, em *Alice Através do Espelho* (Through the Looking Glass), no qual a personagem da Rainha Vermelha diz para Alice que "é preciso correr o máximo possivel para manter tudo no mesmo lugar" (N. da E.).

O EXTREMISMO DE STANISLÁVSKI
Franco Ruffini

O que é um laboratório teatral, independente de períodos, nomes e procedimentos? Um centro de estudos de performance, um teatro de vanguarda, uma escola avançada de treinamento de atores?

Um laboratório teatral pode ser definido como um teatro em estado de efervescência. Ele não pode existir sem teatro ou sem o trabalho que lhe permita elevar a temperatura. Mas é outra coisa.

Artaud

Artaud era notoriamente estranho à experimentação teatral, à vanguarda e à pedagogia, ainda mais nos seus últimos anos.

Durante os dias de loucura e hospital psiquiátrico, eletrochoques e fome, de 1937 a 1948, quando morreu – privado de livre-arbítrio, pensamento e sentimento –, ele simplesmente levou ao extremo sua crença longamente mantida de que se pode depender somente de seu próprio corpo, como ele o descreve com rigor anatômico: os membros, órgãos externos e internos e tudo mais. Não existe nada além do corpo. Ele percebeu, entretanto, que o corpo, deixado ao automatismo de seus órgãos, é reduzido a uma "fábrica superaquecida" que "expele imundície". São suas palavras. Os membros movem-se, os pulmões inspiram e expiram, o estômago digere, o fígado secreta, assim, cada órgão tem uma função específica. E o produto final dessa atividade é "merda".

O teatro concebido por Artaud é um ponto de partida apropriado para discutir a natureza real do laboratório teatral: um laboratório que constrói um ser humano liberado de automatismos, usando as ferramentas do teatro e partindo do corpo apenas.

Pode-se argumentar que Artaud é um extremista. É verdade.

Mas o laboratório teatral tem que ser observado do ponto de vista de extremistas. Caso contrário, ele desapareceria gradualmente em uma série de casos individuais que, mostrando o que os faz diferentes, arrisca perder o que realmente os une profundamente. Um extremista não é alguém que exagera e exibe fala *nonsense* sobre as coisas. Justamente o oposto: é alguém que raciocina de maneira lógica, embora intransigente, buscando descobrir o que se esconde abaixo da superfície.

Os olhos de um extremista enfocam o essencial. Os mestres do laboratório teatral possuíam tal olhar. Focalizar o essencial não é um processo contínuo. Existe uma *quebra no olhar*, uma interrupção. A quebra ocorre no olhar e altera a natureza do fenômeno observado.

Colocado mais claramente: ao frisar o essencial, este é revolucionado.

Nas Pegadas do Primeiro Estúdio

Antes da abertura oficial do Primeiro Estúdio, em setembro de 1912 – primeiramente no antigo cinema Lux, depois no Clube de Caça na rua Tverskaia – Stanislávski tentara durante dois anos ensinar o "sistema" aos atores do seu Teatro de Arte. A experiência tinha sido um completo fracasso. Stanislávski decidiu então estabelecer o estúdio em outro local, usando métodos diferentes dos do Teatro de Arte.

"Tentativa de Usar o 'Sistema' na Vida" é o título do capítulo da edição russa do livro de Stanislávski sobre as tentativas feitas no Teatro de Arte. É seguido por um capítulo intitulado "Primeiro Estúdio"[1]. Na edição norte-americana de 1924, o capítulo sobre experimentação foi intitulado "O Primeiro Estúdio" e o capítulo seguinte "A Fundação do Primeiro Estúdio".

O próprio Stanislávski explicou a razão para a mudança nos títulos: "trabalho laboratorial não pode ser feito no próprio teatro, com suas performances diárias, suas preocupações com o orçamento e a bilheteria, seus compromissos artísticos pesados e as dificuldades práticas de um grande empreendimento"[2].

Na versão russa e na nova versão inglesa, essa afirmação inicia o capítulo "Primeiro Estúdio" (no capítulo correspondente da versão original inglesa ela não aparece).

---

1 Cf. K. Stanislavski, *Sobranie sočinenij v vos'mi tomach. 1, Moja žizn'v iskusstve* (Escritos Selecionados, 1: *Minha Vida na Arte*), Mosková: Iskusstvo, 1954; e K. Stanislavski, *My Life in Art*, Trad. e org. Jean Benedetti, London/ New York: Routledge, 2008, p. 297 e 301.
2 Idem, *My Life in Art*, p. 301

Houve uma quebra no olhar de Stanislávski. Enquanto trabalhava na edição russa, ele percebeu que o Primeiro Estúdio começou somente quando se separou – não apenas fisicamente – do Teatro de Arte. O que na versão inglesa era ainda creditado como sendo atividades do estúdio foi revertido para o que realmente tinha sido: experimentos. Inestimáveis e corajosos, mas parte do "antes".

Anteriormente ao laboratório houve o território da experimentação. Mas experimentação em si mesma não constitui um laboratório teatral.

Da Classe de uma Escola de Teatro ou uma Companhia à Comunidade de Teatro

A primeira revolução produzida pela quebra no olhar é o deslocamento da companhia de teatro ou da classe de uma escola para o *grupo de teatro* ou *comunidade teatral*, como foi chamada por algumas das pessoas envolvidas, bem como pelos principais historiadores[3].

A nota colocada por Stanislávski em setembro de 1912 procurando participantes para o Primeiro Estúdio não foi absolutamente o mesmo que um recrutamento de atores para formar uma companhia ou um exame de admissão a uma escola. Com esse anúncio, Stanislávski buscava companheiros de estrada com os quais pudesse explorar um território desconhecido, comprometendo a parte performática do teatro. A longa duração dos ensaios, que caracterizava experimentação, causou uma quebra na qualidade. Transformou-se na "aventura dos ensaios"[4].

Uma comunidade teatral não é apenas uma companhia ou uma classe escolar.

Uma comunidade teatral continua a ter a dimensão de uma companhia ou classe escolar. Na verdade, ambos os tipos, até onde

---

3 Cf., em particular, Fabrizio Cruciani, *Teatro nel Novecento. Registi pedagoghi e comunità teatrali nel XX secolo* (Teatro do Novecentos: Diretores Pedagógicos e Comunidades Teatrais no Século XX), Roma: Editori & Associati, 1995; ed. rev.
4 "Ensaios são uma grande aventura", diz Grotowski. "Ensaios são não só uma preparação para a estreia, eles são para o ator um terreno de descobertas sobre si mesmo, suas possibilidades, suas chances de transcender os próprios limites". J. Grotowski, From the Theatre Company to Art as Vehicle, em T. Richards, *At Work with Grotowski on Physical Actions*, p. 118. A ideia de ensaios como uma aventura está implícita ou expressamente declarada em todos os escritos de Grotowski.

as dimensões são consideradas, "perseguem" um ao outro, dialogam e influenciam um ao outro, como na corrida da Rainha Vermelha de Alice. Não é possível saber quem está na frente e quem está atrás. Eles são diferentes, mas estão na mesma competição[5].

Quando operam somente como companhia ou como classe, a companhia e a classe tornam-se o lastro da comunidade teatral. Foi o que aconteceu com o Primeiro Estúdio, especialmente depois do sucesso de *O Grilo na Lareira*, encenado em 24 de novembro de 1914. A comunidade voltou a ser uma companhia, ainda que das principais, ou uma classe escolar, ainda que de uma escola importante.

Leopold Sulerzhitski, a quem Stanislávski confiara o estúdio, escreveu, em uma carta não enviada, datada de 27 de dezembro de 1915, que o Primeiro Estúdio tinha-se tornado "uma grande instituição... Todo sonho ou toda utopia é removida, só o 'trabalho' permanece, bom ou ruim... mas não há mais sonhos"[6]. Para o "bom velho Suler" (como Stanislávski o chamava)[7], a aventura dos ensaios do Primeiro Estúdio terminara com honras, mas também com as restrições do espetáculo.

De Diretor a Guia Espiritual

A segunda revolução do laboratório teatral leva o nome de Sulerzhitski por sua atividade no Primeiro Estúdio. Definindo essa revolução em termos mais gerais, podíamos falar na emergência de um *guia espiritual*.

Stanislávski raramente aparecia no Primeiro Estúdio e era significativo que sua ausência acontecesse principalmente quando

---

5 Mirella Schino falou sobre Alice e sua "corrida da Rainha Vermelha" (de *Através do Espelho*, de Lewis Carroll) em seu discurso "Laboratório Teatral como uma Blasfêmia" proferido na conferência de Aarhus. A intenção de Schino é inserir o laboratório teatral numa dialética com o teatro como produção de performances. Meu objetivo, no entanto, é distinguir as duas áreas; mas diferenciar não significa separar nem opor, é claro. Schino apresenta um esboço da questão do laboratório teatral em *La nascità della regia teatrale* (O Nascimento da Direção Teatral), Roma-Bari: Laterza, 2003.

6 A carta de Sulerzhitski está publicada quase na íntegra em *Il teatro possibile. Stanislavski e il Primo Studio al Teatro d'arte di Mosca* (O Teatro Possível: Stanislávski e o Primeiro Estúdio no Teatro de Arte de Moscou), organizado por Fabio Mollica, Firenze: Casa Usher, 1989, p. 191-194.

7 K. Stanislavski, *My Life in Art*, p. 267.

performances estavam sendo ensaiadas. Mais do que como mestre, ele ia lá como diretor convidado. O papel de guia espiritual já tinha sido atribuído a Sulerzhitski e não podia ser compartilhado.

O guia espiritual de uma comunidade teatral não é meramente o diretor de uma companhia ou escola.

O guia espiritual de uma comunidade teatral frequentemente age como diretor. Mas o diretor é responsável pelo espetáculo, enquanto que as responsabilidades do guia espiritual se estendem além da produção no palco, às vezes indo mesmo contra os interesses do espetáculo. Enquanto a responsabilidade de um diretor escolar centra-se na área do ensino, a responsabilidade de um guia espiritual cobre a educação geral dos alunos[8].

O efeito Rainha Vermelha permanece verdadeiro também para o diretor e o guia espiritual.

Da Criação ao Estado Criativo

Sobre o assunto Primeiro Estúdio, Stanislávski insistiu em perseguir o objetivo do "estado criativo". Ele reclamava que durante seus "experimentos" os atores experientes consideravam seus exercícios como novos clichês a serem adicionados aos velhos. Atores já treinados, dizia ele, considerariam seu ensino como uma teoria. Eles não percebiam que "o que eu lhes dizia não podia ser absorvido em uma hora ou vinte e quatro, mas precisava ser estudado sistemática e praticamente durante anos, uma vida inteira", para ser assimilado e mantido como se fosse uma "segunda natureza". Eles lhe agradeceram e encheram de elogios, mas Stanislávski concluiu tristemente: "essa glória não me cura"[9].

---

8 Em suas notas para a nova escola, Copeau escreve que teria que haver "uma *companhia integrada*... sob a direção de um único homem". Extratos desse documento foram publicados como Copeau "O Manifesto do Vieux Colombier", trad. Joseph M. Bernstein, em Toby Cole; Helen Krich Chinoy (eds.), *Actors on Acting*, New York: Crown, 1970, p. 217; grifo nosso. O texto está publicado na íntegra em Jacques Copeau, An Essay of Dramatic Renovation: The Théâtre du Vieux Colombier, traduzido por Richard Hiatt, *Educacional Theatre Journal*, v. 19, n. 4, 1967, p. 452. Copeau escreve "escola", mas estava pensando em laboratório, como pode ser visto pela atividade do Les Copiaus poucos anos mais tarde.

9 K. Stanislavski, *My Life in Art*, p. 297-300.

III

Da Letra ao "Espírito"

Sulerzhitski também escreveu, na carta* a Stanislávski não enviada de dezembro de 1915: "Meu objetivo é criar um *teatro-comuna* [...] com as grandes tarefas de um *teatro- templo* [...] Eu particularmente gostei da natureza da terra que você adquiriu para o estúdio em Evpatoria, desértica e árida, onde teríamos que trabalhar duro para construir um *lar comum*"[10].

Também Stanislávski recordou o projeto Evpatoria, chamando-o de uma "ordem espiritual de atores"[11]. Ele nunca chegou à fruição total, mas, a partir do verão de 1912, Sulerzhitski, todos os anos, passava as férias lá com um grupo de estudantes do estúdio. Eles faziam tudo o que estava escrito no projeto original: trabalhar a terra, construir suas próprias casas, receber espectadores como convidados. Stanislávski permanecia distante, e até mesmo cauteloso. Ele não tomou parte nas férias em Evpatoria até 1915. Não era a sua utopia, mas a de Sulerzhitski, e o fracasso dela era um pressentimento da sua própria morte.

Hoje, utopia tornou-se uma palavra inexprimível. Em sua versão mais branda, significa um sonho sem nenhuma base na realidade, na mais forte tensão ética, que, de fato, não significa absolutamente nada.

Em vez de utopia, portanto, devemos dizer *anagogia*. Na interpretação medieval de um texto, o sentido anagógico é o quarto sentido das palavras. Após o literal, moral e alegórico, o sentido anagógico expressa o "espírito" da palavra e da coisa que ela representa, ao pé da letra. O teatro-comuna, o teatro-templo, o lar comum e a ordem espiritual de artistas são o sentido anagógico – o espírito – do laboratório teatral.

Copeau também, em seu projeto de 1916, falou de sua escola como uma "verdadeira *escola de atores*", um "contingente de forças novas"[12]. Em outro lugar, ele conclama a criação de uma

---

* No original, aqui como no subtítulo, a palavra é a mesma, *letter*, que, de acordo com o contexto, pode ser tanto letra como carta; jogo de palavras intraduzível, uma vez que em português o uso da segunda acepção, que existia segundo o *Houaiss*, se perdeu (N. da E.).
10 Cf. *Il Teatro possibile*, p. 191-192; grifos nossos.
11 K. Stanislavski, *My Life in Art*, p. 304.
12 J. Copeau, An Essay of Dramatic Renovation, op. cit. p. 452; grifado no original.

"fraternidade de atores"[13]. A comunidade de atores-trabalhadores continuaria para preencher sua visão na Borgonha, em 1924. A maneira como ele retoma isso em 1927, depois do evento, parece muito com a descrição que Stanislávski dera sobre a comuna Evpatoria[14]. Copeau possivelmente leu isso, pois *Minha Vida na Arte* foi publicado em 1924. De qualquer modo, mesmo que ele próprio não tenha escrito isso, ele subscreveu a descrição. E, por seu lado, Grotowski fala sobre "camaradas soldados"[15].

São eles sonhadores sem nenhum pé na realidade? Não, são extremistas. Enfocando o essencial, simplesmente veem o que o laboratório teatral representa em espírito e, também simplesmente, o descrevem. Não é culpa de Stanislávski, Copeau ou Grotowski se historiadores, em concordância com o princípio da neutralidade, negam-se a ser extremistas. Estes interpretaram *literalmente* as descrições de teatros-templos ou fraternidades de artistas como sendo irreais, em vez de considerá-los o *espírito* dos laboratórios teatrais, tão baseados na realidade que conseguem transcendê-la para afirmar a sua fundamentação.

Da literalidade ao espírito: com essa revolução, o estado criativo é também proposto como uma condição humana além do ator.

Nas pegadas do Primeiro Estúdio pode ser dito que essa é uma definição essencial do laboratório teatral: *uma comunidade teatral que, debaixo das asas de um guia espiritual, trabalha para incorporar o estado criativo como se este fosse uma segunda natureza, como atores, mas também como seres humanos, para que se tornem capazes de viver fora dos controles do automatismo.*

Os Laboratórios Teatrais de Stanislávski: A Música

Em dezembro de 1915, Stanislávski começou a conduzir, no Primeiro Estúdio, exercícios com os cantores do Teatro Bolshoi, começando a ver mais claramente o papel capital do tempo-ritmo.

---

13 Citado em James Roose-Evans, *Experimental Theatre: From Stanislavski to Peter Brook*, London: Routledge, 1996, p. 88.
14 Cf. J. Copeau, The Vieux Colombier School in Burgundy, *Copeau: Texts on Theatre*, ed. e trad. John Rudlin; Norman H. Paul, London/ New York: Routledge, 1990, p. 48-51; esse é o texto de uma das três conferências proferidas no Laboratório Teatral americano em janeiro de 1927.
15 Grotowski afirma em "Resposta a Stanislávski": "Não quero discípulos. Quero camaradas de armas. Quero irmandades em armas".

Este guia não só as ações exteriores do cantor, mas também potencialmente suas ações interiores. E quando a grande música toma a frente, a ação interior é a de um sentimento genuíno[16]. O tempo-ritmo da grande música, como o tempo-ritmo de um sentimento genuíno, é o *tempo-ritmo certo*. Mas o ator-que-canta não tem consciência disso. Satisfeito com o *bel canto*, ele não deseja nem mesmo saber disso. A música guia seus movimentos, mas ele não sabe como transformar esses movimentos em ações justificadas do interior, sentidas no coração[17]. O ator-que-fala, por outro lado, pode mobilizar sua vida interior graças à dura prática de "ação real", mas não tem a música para guiá-lo.

O ator-que-fala não é um cantor diminuído: é somente a metade faltante do cantor. E vice-versa, o cantor é a metade faltante do ator-que-fala.

O trabalho de "enxertar" o ator-que-canta no ator-que-fala está concentrado na ação física. Segmentação em "ações suplementares" – cada uma justificada por uma tarefa relativa – ajudava o ator a não se desviar do momento presente de tempo. Agora o ritmo exterior, causado pela segmentação, tem a tarefa de igualar-se com o ritmo interior, registrando possíveis diferenças de tempo e fazendo as devidas modificações. E assim por diante: do exterior à ação interior, e então de dentro para fora. Até que o tempo-ritmo torne-se o *tempo-ritmo certo*.

16 "Como organizamos o ensino no estúdio com você? Por meio de exercícios rítmicos, tentamos atingir uma harmonia de movimentos do corpo com seus membros, seus órgãos musicais. Mas onde obtivemos esse senso musical? Começamos do ritmo, da palavra e do som, da vida que o compositor vestiu de som. Esses sons, em virtude do seu gênio e do fogo em seu coração, foram mesclados com o ritmo com o qual um certo personagem vivia, em sua consciência". Konstantin S. Stanislavsky, *L'attore creativo*, ed. Fabrizio Cruciani; Clelia Falletti, trad. Clelia Falletti, Firenze: Casa Usher, 1989, p. 142-143. Essa é uma definição clara de "grande música" e sua habilidade de conter – no tempo-ritmo certo – a verdade das paixões humanas.

17 Stanislávski dizia expressamente a seus cantores: "Para juntar música, canto, fala e ação em um todo, precisa-se mais do que tempo e ritmo físicos exteriores"; K. Stanislavski, *My Life in Art*, p. 332. Pável Ivanóvitch Rumyantsev, um barítono que entrou no Opera Studio em 1920 com vinte anos, insistiu nesse ponto em *Stanislavski on Opera*: "Stanislávski não reconhece nenhuma beleza no gesto ou pose por si próprios; ele sempre insistia em alguma ação por trás, alguma razão para uma dada pose ou gesto baseado na imaginação". Rumyantsev cita Stanislávski resumindo isso: "Ação é tudo o que conta, um gesto por si mesmo é apenas *nonsense*"; K. Stanislavski; Pavel Rumyantsev, *Stanislavski on Opera*, ed. e trad. Elizabeth Reynolds, London/ New York: Routledge, 1998, p. 6.

Para o ator-que-fala, o tempo-ritmo exterior é equivalente à música. Quando ele se torna o tempo-ritmo certo – uma combinação perfeita do externo e interno, corpo e alma – a música torna-se grande música. O movimento do ator torna-se dança, as palavras emitidas pela voz tornam-se poesia. Juntas, dança, poesia e música expressam a "verdade das paixões humanas". Nesse processo, o tempo-ritmo exterior é o gatilho e a ferramenta de monitoramento constante.

A descoberta da música foi a verdadeira revolução do "sistema".

No entanto, as ações físicas, como a música, teriam que esperar muitos anos, antes de poder encontrar seu laboratório teatral. Stanislávski tinha poucos anos de vida, estando em um estado permanente de convalescença, depois do duplo ataque cardíaco de 1928.

Em Torno da "Poltrona de Doente"

No outono de 1935, Stanislávski rascunhou uma carta em resposta a Stálin, que, dois anos antes, tinha proposto que o *status* do Teatro de Arte fosse mudado para Grande Teatro Estatal e Academia de Treinamento do Ator. Stanislávski replicou que era impossível manter ambas as coisas juntas. A tradição artística do Teatro de Arte deveria ser preservada e desenvolvida, mas, em relação ao treinamento de atores, para a maioria dos veteranos e jovens que trabalhavam no Teatro de Arte, "maior criatividade, que coloca maiores demandas neles como pessoas e artistas, é um aborrecimento desnecessário"[18].

O próprio Stanislávski tinha "voltado à juventude", e com esses jovens fundara alguns meses antes – em julho – o Estúdio de Ópera Dramática. No meio-tempo continuou escrevendo o livro sobre o "sistema", com a intenção de transmitir a experiência de sua vida na arte.

O Estúdio de Ópera Dramática era um laboratório teatral extremo. Seu presente era o futuro. A ruptura era de natureza moral. O nome, em si, era a expressão do seu objetivo. Ele parecia inicialmente ser uma extensão do Estúdio de Ópera do Bolshoi. Era, na realidade, a revelação do essencial. Com esse nome, Sta-

---

18 Stanislavski to Stalin: Autumn 1935, *The Moscow Art Theatre Letters*, ed. e trad. Jean Benedetti, London: Methuen Drama, 1991, p. 354.

nislávski quis significar que o ator-que-canta não seria mais a metade faltante do ator-que-fala. Eles seriam a mesma coisa, com as mesmas *possibilidades arriscadas*, só que guiadas por diferentes formas de música. Notas, metrônomos, melodia ou preferivelmente ações físicas com seu tempo-ritmo[19]. Essa projeção em direção ao futuro formava o presente do Estúdio de Ópera Dramática.

Os estudantes trabalhavam no *flat* de Stanislávski, na rua Leontiev, em torno de sua "poltrona de doente". Estava frequentemente envolvido em trabalho quase acrobático. O rosto de Stanislávski devia ter contrastado fortemente com esse pano de fundo de dinamismo, juventude e o usual bom humor! O sofrimento e a vontade própria de continuar, apesar de tudo, tinham destilado do mestre o "espírito" do guia espiritual. Compaixão, euforia e um senso de mistério tinham destilado o espírito de uma comunidade do grupo de estudantes.

Stanislávski tinha dito: "A ação no palco, como a palavra falada, precisa ser musical"[20]. Eles eram atores dramáticos, mas deviam "cantar" as suas ações físicas[21]. Seu guia estava continuamente buscando obter isso deles, sem nunca ficar satisfeito com sucessos pela metade. A única medida permitida no Estúdio de Ópera Dramática era a medida perfeita.

Eles seguiram as instruções como tinham feito desde o início, quando Stanislávski lhes havia avisado: "Se vocês querem estudar, então comecemos; se não querem, vamos nos separar sem mal-estar. Vocês voltarão ao teatro e continuarão seu trabalho, e eu formarei outro grupo e farei o que acredito ser minha obrigação

---

19 O papel central do tempo-ritmo no último estúdio de Stanislávski pode ser visto no testemunho entusiástico e insistente de Toporkov. Ele escreve: "ritmo, tempo, tempo-ritmo, ritmo-tempo caem frequentemente dos lábios de diretores, atores, estudiosos de teatro e críticos". Mas nenhum – incluindo ele, e naturalmente excluindo Stanislávski – teriam "uma precisa definição do que essas palavras significavam"; Vasili Toporkov, *Stanislavski in Rehearsal: The Final Years*, trad. Jean Benedetti, London/ New York: Routledge, 2004, p. 28.
20 K. Stanislavski, *My Life in Art*, p. 332.
21 Toporkov afirma que Stanislávski "tentou adquirir, se se pode assim dizê-lo, boa 'dicção' em ações físicas"; V. Toporkov, op. cit., p. 113. Toporkov queria dizer "boa dicção" no sentido da música, dizendo ser capaz de formar uma ideia de tempo-ritmo desde que, como antigo musicista, ele tinha certa familiaridade com tais exercícios: "Eu percebi que havia algo similar a exercícios para violino, ou exercícios técnicos de música – estudos – em geral. Eu sabia disso, como antigo musicista", p. 63. "Cantando as ações" pode ser considerado sinônimo de dança.

perante a arte". Eles ficaram. Mais do que um acordo formal, fizeram um pacto para a vida.

Eles não eram os alunos disciplinados de uma escola, nem os membros de uma companhia ocupados na preparação para a noite da estreia. No primeiro encontro de trabalho para *Tartufo*, que os manteve ocupados no período final do estúdio, Stanislávski deixara claro: "Não tenho a intenção de criar um espetáculo, não tenho mais interesse na glória teatral. Uma produção a mais ou a menos para mim não faz diferença. O que é importante é passar a vocês o meu estoque de conhecimento". O que eles foram convocados a fazer foi continuar trabalhando no estado criativo. Stanislávski advertira-os que "sem esse estudo vocês seguirão por um beco sem saída"[22].

Em uma cena de *Tartufo*, parentes discutem como salvar Marianne dos planos de Orgone de casá-la com Tartufo. Os alunos discutem o "clima agitado" da situação, mas Stanislávski força-os a concentrar-se na ação de resgate e ocultação e encontrar o tempo-ritmo certo. Isso estimula um exercício no qual, com Molière temporariamente colocado de lado, todos buscam meios concretos de esconder Marianne de um louco imaginário que, munido de uma faca, está tentando matá-la.

Eles pareciam brincar como crianças. Na realidade, estavam trabalhando no estado criativo, como se este fosse uma segunda natureza, baseada na "musicalização" do corpo.

O Estudo de Música

No outono de 1918, Elena Malinóvskaia, diretora dos teatros acadêmicos estatais, havia sugerido que o Teatro de Arte colaborasse com o Teatro Bolshoi, criando um estúdio. Nemiróvitch-Dântchenko e Stanislávski concordaram com a sugestão. Mas enquanto Nemiróvitch-Dântchenko trabalhava no Bolshoi, Stanislávski trabalhou separadamente em duas salas reservadas para ensaios. Mais tarde, ele se mudou para seu próprio flat, na rua Leontiev, que seria seu último laboratório teatral. O Estúdio Musical do Teatro de Arte, criado em 1919 por Nemiróvitch-Dântchenko, não tinha

---

22 V. Toporkov, op. cit., p. 105.

ligações com o trabalho de Stanislávski[23]. Assim como com o Primeiro Estúdio, houve desde o começo uma separação do Estúdio de Ópera também.

Stanislávski escolheu os cantores mais jovens para acompanhá-lo nessa aventura. Uma participante do grupo, Konkordia Antarova, transcreveu as "conversações" dos primeiros quatro anos. Algumas citações, dentre as muitas disponíveis, serão suficientes para destacar o que a natureza do estúdio deve ter sido para Stanislávski e seus alunos.

"O estúdio é um pouco como a entrada para um templo de arte". Se o mestre tornasse o ensino um "despotismo muito aborrecido sem risadas felizes durante os exercícios, o estúdio nunca se tornaria um templo de arte". Já cruzamos com essa expressão – o "teatro-templo" – quando Sulerzhitski a mencionou referindo-se ao Primeiro Estúdio, com nostalgia da versão "anagógica" de Evpatoria. "Quem quer que ele seja na esfera privada, o ator-estudante, tão logo entra no estúdio, torna-se um membro da nova família"[24]. Sulerzhitski tinha dito "lar comum": o espírito é um e o mesmo.

As primeiras seis conversações foram levadas nesse tom, insistindo no real objetivo do estúdio, independentemente das técnicas adotadas. A "vida do artista é baseada na sua criatividade"; "você deve preparar-se para essa alta missão, para o trabalho criativo"; "o estúdio precisa revelar ao estudante, um a um, os mistérios do trabalho criativo"[25].

Há "sete passos" para desvendar aqueles mistérios: vigilância, prontidão mental, coragem, calma criativa, tensão heroica, fascinação e alegria. Coragem, explica Stanislávski em algum lugar, é a habilidade de não bloquear a ação gerada pelo cálculo racional, mas deixá-la fluir organicamente[26]. Fascinação é nada mais que sinceridade[27]. Para alguém que atinja o passo final – homem

---

23 Em 1924, o Estúdio de Ópera foi definitivamente separado do Bolshoi e chamado de Estúdio de Ópera de Stanislávski. Em 1926 tornou-se o Estúdio de Ópera e Teatro e, em 1928, o Teatro de Ópera de Stanislávski.
24 K. Stanislavsky, *L'attore creativo*, p. 54, 70 e 78, respectivamente.
25 Idem, p. 53, 59 e 68, respectivamente.
26 V. Toporkov, op. cit., p. 109. "[Stanislávski] advertiu-nos muitas vezes contra uma abordagem friamente racional ao trabalho criativo. Ele requeria ação não dita. 'Quando um ator está temeroso de demonstrar sua vontade, quando não tem desejo de criar, ele começa a falar'".
27 Toporkov cita Stanislávski: "Comportamento genuíno, humano, sinceridade de experienciar, quer dizer, aquelas qualidades que são as mais verdadeiramente

ou ator que fala ou canta –, é como se ele se tornasse outro homem. "Um segundo nascimento", diz Stanislávski agora sobre a "segunda natureza"[28].

Comunidade, orientação espiritual, segunda natureza como um estado criativo: no palco e, por meio da arte teatral, na vida. O Estúdio de Ópera do Bolshoi era um verdadeiro laboratório teatral[29].

"Quando o Estúdio de Ópera nasceu", relembra Stanislávski em sua autobiografia, "eu tinha concordado em liderá-lo com muita hesitação. Subsequentemente, vendo quão útil ele era em minha profissão, percebi que música e canto me ajudariam a encontrar um caminho para fora do *beco sem saída* ao qual minha pesquisa tinha me levado"[30].

Stanislávski era capaz de cobrar mais dos cantores do que dos atores-que-falam. Com música e domínio do estado criativo, havia o que ele próprio chamava de "cruzando o Rubicão"[31].

Agora cruzamos, por assim dizer, o Rubicão e podemos continuar com nosso trabalho criativo. Não lidaremos mais com o trabalho do ator sobre si mesmo ou sua participação, mas com o problema de onde situar todas as energias e a atenção no trabalho com o papel, sem conflito entre o seu "eu" e o seu "se eu", isto é, o papel.

Explicação adicional vinha a seguir: o ator precisa levar "todas as suas energias, sentimentos e pensamentos, expressos na ação

> persuasivas no teatro, que fisgam um público e influenciam seus corações e mentes, são as qualidades e a arte que são características de grandes artistas e são um exemplo para nós". Idem, p. 112.
>
> 28 K. Stanislavsky, *L'attore creativo*, p. 76.
> 29 Como com o Primeiro Estúdio, não enfocaremos os exercícios realizados no Estúdio de Ópera. Mas um ao menos deve ser mencionado. Na 15ª lição, é descrito um exercício para desenvolver o foco. Embora a descrição seja longa e detalhada, o exercício era basicamente de harmonização da respiração com vários movimentos dos braços e dedos, até que o movimento fosse gerado pela respiração e vice-versa: movimento e respiração assim se tornam um; cf. K. Stanislavsky, *L'attore creativo*, p. 97-98. Rumyantsev também descreve exercícios similares, lembrando-os como sendo monótonos e consumidores de energia. Stanislávski mostrou "entusiasmo e alegria" quando comandava os exercícios. Ele demandava a mesma atitude dos *performers*. E a recebia; cf. *Stanislavski on Opera*, p. 4-7. Cantores parados em um círculo, presumivelmente atordoados, vão da monotonia ao entusiasmo e alegria, movendo seus dedos e respirando: essa é uma imagem reveladora do clima de trabalho de um laboratório teatral.
> 30 K. Stanislavski, *My Life in Art*, p. 334; grifo nosso.
> 31 Idem, *An Actor's Work*, org. e trad. Jean Benedetti, London/ New York: Routledge, 2008, p. 358.

física, ao nível mais alto permitido pela verdade da performance". Ele dá o exemplo do ator, sentado e em silêncio, sua postura deve ser "totalmente relaxada"; se ele coloca a cabeça para fora atrás de um arbusto, "sua cabeça deve estar o mais visível possível".

Ele pondera sobre o desempenho de um ator: "Ele pensou corretamente sobre os problemas e resolveu-os corretamente? Sim. Seu corpo está livre de impedimentos? Sim. A vida do artista flui dentro do círculo criativo? Sim, novamente". Então o que falta que podemos encontrar no ator genial? O que falta, ele responde, é *tensão heroica*.

A *condição heroica* é o passo final do estado criativo.

A condição heroica começa com o corpo, que deve estar *extremamente* relaxado, embora *extremamente* tenso. Tenso embora relaxado: a condição heroica é uma questão de proporção, de "evidência da mais extrema tensão"[32].

Então, do corpo, ela vai para o coração e para a cabeça.

Imaginemos que você precise fazer uma cena dramática com sua irmã, que roubou seu marido com quem você viveu durante vinte anos...
Como você será capaz de dar alguma vida à cena? Quando você será capaz de atingir as alturas da arte criativa? Somente quando tiver cruzado o Rubicão você terá se esquecido de si própria e se alçado para sentimentos mais elevados: somente quando descobrir os fatos que mitiguem a culpa de sua irmã, e quando começar a considerar quando e onde errou com seu marido. Então, emergindo de você, uma onda de bondade e não de xingamentos fluirá para o papel, assim como a energia saindo da tensão heroica do coração feminino e do perdão[33].

A tarefa do ator ganhou em qualidade. Ao mesmo tempo que o estado criativo o comprometia com *expressar precisamente* a paixão do personagem, a condição heroica invoca-o a *expressar objetivamente* compaixão pela condição humana. Stanislávski diz isso explicitamente: "Tudo que é incidental, convencional, deve ser eliminado das características do papel. Você tem que descobrir o essencial em cada característica, apenas a natureza orgânica de uma paixão, e não a *dica casual dada no texto* para este ou aquele sentimento e para a ação resultante"[34].

---

32 Idem, p. 116-117.
33 Idem, p. 118-119.
34 Idem, p. 121.

Superficialmente, identificamos o herói pensando apenas nos modos de ação heroica: o herói como um indivíduo intrépido, extremamente corajoso, quase com um amor ao risco pelo risco. O herói é também isso, mas primeiro ele precisa ser alguém que toma para si a condição que transcende sua situação pessoal – a condição de um povo, um grupo social, um ideal compartilhado – que pode ser visto como objetivo. Se age só em seu próprio nome, ele é a trágica caricatura de um herói verdadeiro.

Há um duplo vetor na ação do herói. Um que vai para dentro, em direção à ação para seu próprio proveito e seu protagonista como um indivíduo. O outro que vai para fora, em direção ao que a ação representa para todos, independente do indivíduo particular que realiza a ação. A ação heroica não é suficiente em si mesma, embora o herói não possa deixar de fazê-la, sob risco de perder o vetor que torna possível a sua transcendência.

Saindo da Performance

Um ator incapaz de entrar no estado criativo periga morrer; um ator incapaz de entrar em uma condição heroica corre o risco de morrer sem razão. Mas no teatro, acrobata ou herói, morte é "como se". Poder-se-ia perguntar qual é o risco, sem o "como se", para o ator que representa "somente a natureza orgânica de uma paixão, e não a *dica ocasional dada no texto* para esse ou aquele sentimento ou ação resultante"[35].

A resposta foi dada por Grotowski, em palavras e com seu trabalho. Thomas Richards diz que o trabalho de Stanislávski se refere a:

ações físicas no contexto da vida comum de relações, pessoas em circunstâncias "realísticas"... [mas a] arte do ator *não* é necessariamente limitada a situações reais, jogos sociais, vida cotidiana. Às vezes, quanto mais elevado é o nível e mais alta a qualidade dessa arte, mais ela se distancia da base real, entrando no domínio da excepcionalidade... É precisamente isso que realmente *sempre* interessou Grotowski em seu trabalho com o ator.

Novamente, direto do próprio Grotowski: "O ser humano nesse tipo de *máximo interior* faz sinais, articula ritmicamente, começa

[35] T. Richards, op. cit., p. 101.

III

a 'dançar', a 'cantar'. Não gestos comuns ou 'naturalidade' cotidiana, mas um sinal que é próprio da expressão primitiva dos seres humanos"[36].

Stanislávski concordaria totalmente. Ao menos o Stanislávski pesquisador de música. Ele tinha dito que não colocava mais o foco no "trabalho do ator sobre o papel". Eles tentariam ir, acredita Grotowski, além da "base realística".

Historicamente, de Stanislávski a Grotowski, existe um deslocamento do ator que traz uma prova da verdade a um personagem, para o ator que traz uma prova da verdade ao ser humano "no máximo interior". Na trajetória de Stanislávski, há um deslocamento do estado criativo para a condição heroica.

O risco é o mesmo: *deixar para trás a representação*. Onde extremos são misturados – afabilidade e imprecação, vingança e perdão –, o perigo é que o personagem, o pedaço de vida descrito pelo texto, desapareça, para ser substituído apenas pela "vida tomada como um todo".

As aulas no Bolshoi continuaram de 1918 a 1922. A condição heroica ocupa três aulas completas (XIX – XXI) e permanece um *leitmotiv* até o fim. Ela é, sem nenhuma dúvida, o coroamento do ensino. *My Life in Art* (Minha Vida na Arte) foi publicado em 1924 e mais tarde em segunda edição em 1926. *An Actor's Work* (Um Trabalho de Ator) foi rascunhado de 1930 a 1938. Mas não há traço posterior da condição heroica, seja em sua autobiografia ou na parte do livro sobre o "sistema" dedicado ao tempo-ritmo, isto é, ao problema da música para o ator-que-fala.

Se, para Stanislávski, a condição heroica prevalecia sobre o risco de deixar para trás a representação ou vice-versa, essencialmente a mesma questão permanece em aberto. Se, *em geral*, era a questão heroica que prevalecia, por que Stanislávski deixava a matéria pendente? E se *em geral* era o risco que prevalecia, por que Stanislávski colocava a condição heroica em posição tão central, relevante e de requisito para futuros aperfeiçoamentos no seu trabalho pedagógico? Como seria de se esperar, é a visão "geral" que turva as águas. Apenas, e precisamente, as apostas valiam o risco quando a música estava presente. E eram muito altas quando estava ausente.

---

36 J. Grotowski apud T. Richards, op. cit., p. 104; tradução modificada no livro de Richards. Cf. J. Grotowski, *Towards a Poor Theatre*, p. 17-18.

Isso, ao mesmo tempo que explica os fatos, não oferece as razões subjacentes. Thomas Richards escreve:

Uma diferença adicional entre o trabalho de Stanislávski e o de Grotowski [...] diz respeito ao "personagem". No trabalho de Stanislávski, o "personagem" é um ser inteiramente novo, nascido da combinação do personagem, escrito pelo autor, e do próprio ator. [...]. Nas performances de Grotowski, todavia, o "personagem" existia mais como uma tela pública que protegia o ator. [...] Isso pode ser visto claramente no caso d'*O Príncipe Constante* de Ryszard Cieślak. O "personagem foi construído através da *montage* e era destinado principalmente à mente do espectador; o ator atrás dessa tela mantinha sua intimidade, sua segurança[37].

Se a intenção é permitir ao ator sair do personagem e, ao mesmo tempo, a montagem das ações do personagem é "principalmente destinada à mente do espectador", o diretor precisa responder pelo espetáculo. Grotowski disse isso expressamente.

Se não o diretor, então a música: Stanislávski disse isso, embora não tão diretamente. Para ele, a música era o equivalente ao diretor para Grotowski. Para este, por meio da direção, e para Stanislávski, por meio da música, era a mesma aposta: sair da representação sem perder a performance.

Teatro, Performance, Laboratório Teatral

Sair da representação significa, antes de tudo, permitir à representação sair de si mesma. Como a ação do herói verdadeiro, em algumas performances também é como se houvesse dois vetores: um movendo-se para dentro, obrigando o espectador a olhar para onde fosse capaz de ver; o outro, levando-o a olhar além. Não há necessidade de demonstração; isso pertence à experiência de qualquer espectador exigente. Esses dois vetores são ligados muito estreitamente: a representação não pode sair de si própria se ao mesmo tempo ela não se afirma. Mas isso não é suficiente.

---

37 T. Richards, op. cit., p. 98.

III

A composição do diretor, ou a dramatúrgica, flui, assim como acontece com a grande música. Protegido por essa tela, o ator ou o cantor que teve a vontade e a aptidão pode abandonar o personagem, transcendê-lo e mudar em direção à condição humana em sua universalidade. Por outro lado, enquanto a performance engaja o ator na experiência artística, o espectador que sente essa necessidade pode ser completamente envolvido em uma experiência de vida.

Não foi esse o milagre das performances de Cieślak e Grotowski? Não foi esse o milagre da performance de Maria Callas?

A abrupta declaração de Grotowski, em 1970, quando anunciou que não mais dirigiria, levou muitos a acreditar que deixar para trás o espetáculo significa abandoná-lo. Isso não seria o que podemos aprender de Grotowski. Seu gesto traz à tona a relação entre teatro e performance.

O que Grotowski fez com sua "saída do palco"? Ele abandonou a atividade de diretor, mas não descartou os instrumentos das *artes performáticas*, de acordo com sua terminologia. Manteve o mesmo objetivo de oferecer ao espectador-participante a experiência de vida que lhe tinha sido dada, plenamente, com *O Príncipe Constante*. Grotowski deixou o aspecto performativo, mas permaneceu dentro do teatro, desistindo do formato espetáculo.

O teatro do século XX mostrou claramente que performance e teatro não são sinônimos. Entretanto, levando adiante essa assunção, com muita frequência concluiu-se que são opostos. Teatro não é o oposto de performance. Para ser preciso: o teatro *inclui* a performance, mas *não a pressupõe*. Isso significa que ele pode cancelar a performance, ou ao menos suspendê-la, ao mesmo tempo mantendo, usando e aperfeiçoando todos os seus instrumentos.

Como inclui a performance sem pressupô-la, o teatro pode ser definido como *o que vai além da performance*: no espaço, no tempo e na função.

No espaço e no tempo – isso significa ir além do mero evento, o que inscreve o teatro em um conhecimento –, que, de acordo com Stanislávski, significa "ser capaz de" – que é de longo prazo, apesar da montagem regular de espetáculos. Antropologia teatral, com sua pesquisa dos princípios pré-expressivos do ator, serve primariamente ao teatro e apenas secundariamente aos seus espetáculos. A mudança drástica dessa hierarquia gerou muita discussão. Quem não se lembra de um grande número de espetáculos ruins, que tentaram empurrar à força para o palco os princípios da antropologia teatral?

Em sua finalidade, o teatro vai além do espetáculo, liberando enredos para o palco também como um laboratório de ação para a vida.

OS LABORATÓRIOS DE MEIERHOLD
Béatrice Picon-Vallin

> *Acordo frequentemente à noite suando frio pensando que me tornei banal, que tudo na vida está indo muito bem para mim, que morrerei sob um grosso acolchoado, que deixei de ser um inovador*[38].
>
> VSÉVOLOD MEIERHOLD, 1937

Não se deve tentar colocar todos os laboratórios teatrais russos e soviéticos do início do século XX na mesma categoria, pois nem todos operam da mesma maneira. De fato, os laboratórios de Stanislávski e Meierhold não eram absolutamente iguais um ao outro. O Teatro de Arte construiu em torno de si alguns estúdios que, ao mesmo tempo que funcionavam como locais de pesquisa, para sobreviver serviam também ao teatro, como instituição externa, numa espécie de ecossistema criado por esse *lar materno*.

Os diversos estúdios e laboratórios criados por Meierhold não foram sempre ligados a um teatro em particular, pois ele próprio não teve um até 1921. Depois, estreitamente ligados ao seu teatro, que teve diferentes nomes, os laboratórios passaram a viver no interior do teatro para desenvolver de maneira científica a técnica do ator, os métodos de direção desse teatro e métodos de pesquisa para a notação e o estudo de performances. Resumindo, treinar atores e diretores no lugar de criar espetáculos independentes. Cada estúdio de pesquisa (os de Mikhail Tchékhov, Evguêni Vakhtângov e Les Kurbas[39]) tinha um aspecto

---

[38] Meierhold citado em Aleksandr Gladkov, *Meyerhold Speaks/ Meyerhold Rehearses*, org. e trad. Alma Law, London/ New York: Routledge, 1997, p. 100.

[39] Les Kurbas (1887-1937), conhecido como "Meierhold ucraniano", fundou o Teatro Berezil em Kiev, em 1922, teatro esse definido como um teatro expe-

e um modo de trabalho diversificados. São parecidos em seu desejo de fundar o teatro do futuro em novas bases; o que os diferencia são os métodos adotados para atingir esse objetivo e a amplitude desses métodos.

O Artista
Um "Picasso do Teatro"

Vsévolod Meierhold (1874-1940) é uma figura exponencial e um dos maiores diretores do século XX. Rejeitando o teatro do seu tempo, e confrontado por Stanislávski, que abriu o caminho para rematerializar o palco enfocando um ambiente e uma psicologia realísticas, Meierhold pôs em prática a desmaterialização, que privilegia o invisível e o mundo dos sonhos ao mesmo tempo que abre para um teatro político e instigante. Ele tomou parte em algumas das mais radicais aventuras teatrais: o simbolismo, o construtivismo e a Revolução Russa. Executado em 1940, esse artista comunista que, de acordo com Vakhtângov, "criou as raízes para o teatro do futuro", desapareceu dos palcos soviéticos e europeus e do processo normal de transmissão na história.

Nos anos de 1970, esse infatigável e ousado experimentalista foi gradualmente recolocado em seu merecido lugar. Seus trabalhos, abundantes em férteis contradições, parecem ser divididos pelo cisma representado pela revolução soviética de 1917, mas sua coerência está ligada a uma estima muito alta pela arte teatral e ao desejo de desenvolver uma linguagem cênica complexa e poética.

Meierhold estava antenado com os conflitos de uma era conturbada. Ele lhes deu forma em uma linguagem teatral não mimética, trabalhando diretamente com material cênico no qual as palavras são apenas um dos elementos. Cada signo possui múltiplas facetas que espelham e focalizam os complexos relacionamentos de palco entre literatura, música, pintura, movimento, arte vocal e cinema. Enquanto impunha o selo de sua visão pessoal, em que o tema do destino que dominou os anos de 1910 era seguido

rimental, com oficinas, um curso de direção teatral, um museu e um palco amador para trabalho com habitantes do país.

pela tragicomédia da impostura, Meierhold procurava um estilo específico para cada autor que dirigia.

Inicialmente ele se abriu às peças europeias, que introduziu na Rússia. Mais tarde, seu repertório favoreceu a dramaturgia nacional, reinterpretada de acordo com o "realismo fantástico". O tratamento teatral que deu a textos clássicos contribuiu para o surgimento de uma nova dramaturgia soviética. O seu teatro não busca ser um reflexo da vida, mas sim parte da sua transformação. Ele se baseia na interação associativa entre a performance e o público. Se Stanislávski representa a figura paternal fundadora do teatro moderno, Meierhold reinventa o artista, o inventor e o revolucionário. Seu trabalho está intimamente ligado à aventura utópica de 1917, incorporando seu presságio, júbilo e desencanto.

Começando em 1908, e até o dia de sua morte, Meierhold refletiu sobre o treinamento do ator e do diretor. Os gestos e movimentos do ator são vistos como a verdadeira matriz da atuação, e sua atividade de diretor foi preenchida com projetos, pesquisas e iniciativas pedagógicas.

Numa época em que o corpo era glorificado por uma crescente paixão pelo esporte e pela competição olímpica, o ator viu seu *status* ser transformado. Para englobar a ideia meierholdiana de um teatro da mente, a conjunção de meios extralinguísticos de expressão (linhas, movimento, ritmo, cor) é buscada não tanto na expressividade do rosto, que pode desaparecer por trás da máscara, mas na do corpo. Comparado com os corpos pouco desenvolvidos das óperas de Wagner ou as figuras mal-definidas dos simbolistas – resultado de aleatoriedade e emoção – Meierhold seguiu Appia, afirmando que o corpo do ator deveria tornar-se, tal como o cenário, uma obra de arte.

Os Laboratórios de Meierhold

O Teatro Estúdio foi o primeiro "laboratório teatral" na Rússia, um local de pesquisa criado em 1905. Stanislávski convocou seu antigo ator Meierhold, que depois de três anos trabalhando no Teatro de Arte tinha estabelecido sua própria companhia nas províncias para seguir seu próprio caminho. Meierhold começou imitando o mestre, antes de expor seu grupo aos escritos europeus contemporâneos. "Estúdio" é um termo muito específico na Rússia, indicando um espaço teatral onde jovens atores trabalham com um mestre. Esse Teatro Estúdio, que seria seguido por quatro estúdios associados ao Teatro de Arte, foi assim conduzido conjuntamente por Meierhold e Stanislávski. O objetivo era trabalhar no repertório simbolista, não com os "velhos e experientes atores do Teatro de Arte", mas com novos atores. O termo "novos atores" seria recorrente em todos os empreendimentos de Meierhold. Este definiu esse primeiro local de pesquisa como um "eremitério de cismáticos". Os atores desses estúdios tinham que ser fanáticos, capazes de viver numa cela como se em um monastério. A experiência terminou mal. Os dois artistas perceberam que seus caminhos eram totalmente diferentes, e ficou claro para Meierhold que a arte do teatro tinha que ser totalmente recriada. Ele continuaria procurando novos lugares, novos estúdios.

Em 1907 foi concebido outro estúdio, Estúdio de Música e Drama, a ser dirigido pelo diretor e dois compositores. Esse estúdio permaneceu na prancheta de projeto, mas, no ano seguinte, o estúdio na rua Zhukovski foi aberto. Este se concentrou na importância da música para o teatro, e Meierhold começou a colaborar com o compositor Mikhail Gnessin, com quem trabalhou até 1935. Gnessin tentou dar aos atores uma partitura musical para tratar o tom da voz separadamente das emoções, que atrapalham a dicção. Para *Antígone* de Sófocles ele compôs uma partitura "meio-falada, meio-cantada", tocada no estúdio, que impressionou Aleksandr Scriabin. À matéria "Coral e Declamação Musical no Drama" foi somada à disciplina "Ginástica Plástica". Aqui, o estúdio era um lugar de estudo e pesquisa. Esse seria o traço principal dos estúdios de Meierhold. Em sua busca de novos treinamentos para atores, era a própria definição de diretor que estava na pauta da discussão: para Meierhold, o diretor é a figura que deve treinar novos atores capazes de realizar seus projetos.

Seus laboratórios tiveram diferentes nomes, mas todo o seu trabalho foi apoiado por atividades realizadas nos locais de pesquisa: em São Petersburgo, o estúdio da rua Zhukovski, e mais importante ainda o estúdio da rua Borodinskaya (1908-1917), depois o curso avançado de direção teatral (KOURMASTSEP) e a Escola de Atores (1918-1919); em Moscou, em 1920-1921, o Laboratório da Técnica do Ator no primeiro teatro RSFSR, em 1922 o GVYRM e GVYTM

(Oficinas Estatais Avançadas de Teatro), finalmente, em 1923, o GEKTEMAS (Oficinas Estatais Experimentais de Teatro), TIM (Teatro Meierhold) e GOSTIM (Teatro Estatal Meierhold). Havia também o NIL, o Laboratório de Pesquisa Científica para o estudo da performance e notação teatral. Deve-se notar que em meados dos anos de 1930 Meierhold considerava um laboratório teatral como um local onde eram inventados exercícios e técnicas que podiam ser usados em oficinas para sistematizar e melhorar o treinamento. Deve-se lembrar também o pesar de Meierhold de não ter à disposição um laboratório similar ao disponível aos fisiologistas, com quem mantinha constante diálogo.

O Estúdio da Rua Borodinskaia (1913)

No outono de 1913, após uma estada em Paris, Meierhold conseguiu abrir um estúdio em São Petersburgo, na rua Borodinskaia, juntando algumas das pessoas com as quais tinha trabalhado desde 1908, bem como novas aquisições, estudantes de várias disciplinas e atores profissionais. Esse estúdio foi descrito por Vladimir Soloviov, que aí colaborou, como um "laboratório cênico destinado a investigar, matematicamente, o passado teatral e preparar o material que o mestre do palco usará no futuro com seus alunos". Foi também chamado um "espaço pobre", da máxima simplicidade, algo requerido para o equilíbrio mental de Meierhold, pois ele ficava muito isolado nos teatros imperiais nos quais dirigia.

Em 1914, numa conferência pública que discutia a questão "O que é este estúdio?", a resposta dada por Meierhold foi clara: "Esse estúdio é um laboratório que busca obter novos conhecimentos cênicos. Não sabemos a face do teatro que iremos encontrar, mas estamos indo em direção ao Teatro". Não era absolutamente a ideia de um "estúdio monastério". Parece que o laboratório-estúdio era, por volta de 1910, o assunto de indagação permanente para Meierhold e sua equipe. A cada seis meses, *O Amor das Três Laranjas*, a revista publicada pelo estúdio da rua Borodinskaia, colocava a questão: "O que é este estúdio?" A discussão centrava-se no *status* do local e em sua atividade. O laboratório-estúdio era uma fórmula instável, que deveria evoluir por estar sujeita a tensões contraditórias: um local de transmissão e um local de pesquisa, teatro do futuro e de velhos teatros (os "teatros genuinamente teatrais"), pesquisa de novas formas e a consciência de que não há progresso na arte.

No estúdio de São Petersburgo, que seria operacional de 1913 a 1917, Meierhold deu um curso, em 1914, de "Técnica da Movimentação Cênica". Ele colaborou estreitamente com Soloviov, um especialista em *commedia all'italiana*, conduzindo, com membros desse estúdio de interpretação – tanto profissionais como amadores –, uma pesquisa aprofundada sobre textos e roteiros da *Commedia dell'Arte*, usando um assim chamado método "objetivo" .

Meierhold descobriu o teatro japonês, a dança de Isadora Duncan, Jaques-Dalcroze, Loïe Fuller. Tornou-se muito interessado na arte circense. Sua reflexão crítica sobre a movimentação cênica materializou-se na preparação de exercícios ou pantomimas, principalmente construídas sobre improvisações da *Commedia dell'Arte*, acompanhadas de música (ao piano, como numa escola de dança). Esses exercícios aprofundavam relações entre o movimento dos atores e a forma e dimensão do espaço cênico, de acordo com o princípio do "começando do chão" de Guglielmo Ebreo de Pesaro. Esse coreógrafo italiano do século XV é o autor do tratado de dança no qual lista, entre outras qualidades, a habilidade do dançarino de calibrar as propriedades reais e potenciais da superfície na qual precisa se apresentar para ajustar seus passos[40].

Os movimentos do ator no palco são passos complexos, como numa coreografia. São geométricos, dependendo do número de participantes, par ou ímpar. O ator é convidado a dar uma caminhada expressiva, as pontas dos dedos dos pés apontando para fora e constantemente pulando, de forma que ele está sempre pronto a reagir rapidamente aos seus companheiros atores. Cada estudo e pantomima – por exemplo, *Arlequim, o Vendedor de Bastões*; *Os Mágicos Ambulantes*; *As Duas Esmeraldinas*; *A Mulher-Serpente*; *Pássaro e Gato* – inclui atividades físicas (pular, cair, correr, estapear), elementos acrobáticos e de malabarismo, manuseio de diferentes objetos, a maior parte tradicional (arco, bastão, vareta, bola, cesta, espada, pique, leque, chapéu, manto, véu, tecido etc.). Outros exercícios objetivavam provocar expressão vocal como consequência direta de tensões musculares: o movimento,

---

[40] Guglielmo Ebreo of Pesaro, *De pratica seu arte tripudii*: *On the Practice or Art of Dancing* (Sobre a Prática ou Arte da Dança), org. e trad. Barbara Sparti, Oxford: Clarendon, 1999.

tal como é praticado, envolvendo o corpo todo, mesmo para um simples gesto, pode resultar em uma exclamação e uma palavra falada. Finalmente, o movimento é concebido em termos de sua relação com o tempo, ou melhor, com o ritmo, materializado a partir de um fundo musical constante, que não tem função psicológica.

O corpo é visto como um material a ser moldado e aperfeiçoado, de modo que se torna um instrumento que serve não tanto a um diretor como a um ator-músico. O recurso à *Commedia dell'Arte* não se apoia no desejo de restauração étnico-iconográfica, mas é uma estratégia da luta contra o psicologismo, no qual o nome de Gordon Craig é frequentemente invocado. Em seu uso, existe a convicção de que não é tanto um gênero esquecido, mas um dos raros momentos de teatro em que, como num precipitado químico, são depositados os segredos do palco e do ofício pertencentes à condição do ator. Esses segredos precisam ser revelados ao teatro do século XX, entendidos, decifrados e mantidos atualizados em fórmulas precisas, similares às algébricas. Esses segredos precisam ser assimilados não para retroceder, mas para avançar e pôr um fim à tirania do "locutor" ou do "ator de gramofone".

Trabalhando sobre materiais históricos e textos, o ator meierholdiano caminha tangivelmente nas pegadas dos atores do passado, para assegurar o jeito certo de caminhar, real e figurativamente: progressivo, autônomo e seguro. Meierhold mostra aqui sua utopia: "descobrir as leis do teatro". Ele encoraja um diálogo frutífero com as tradições "genuinamente teatrais", das quais a *Commedia dell'Arte*, estudada não como uma entidade rígida, mas em suas variações históricas, é uma materialização. É preciso também buscar uma interpretação unificada em relação ao conjunto de artes performáticas não limitadas à cultura ocidental, mas incluindo o circo e o teatro oriental. É uma questão de redescobrir essas tradições ocultas ou rejeitadas, em uma tentativa de "transmitir o passado para o presente"[41]. Mas voltar-se para o passado não significa, nesse caso, tentar retornar a ele.

Os alunos do estúdio, atores para um Carnaval moderno, capazes de transmitir conhecimento latente embora vibrante, conferem o *status* definitivo de *homo ludens* ao ator meierholdiano. Em resumo, mostrar vida no palco não significa imitá-la ou copiá-la,

---

41 Moscou, RGALI: Arquivo Estatal Russo de Literatura e Arte (previamente TSGALI: Arquivo Central do Estado de Literatura e Arte) 963, 726.

mas interpretá-la[42]. No palco, o principal é "viver em um estado mental expressamente teatral"[43], "em alegria", "em um mundo fora do qual [o ator] não pode existir, mesmo se tiver que morrer no palco"[44]. Longe de entrar na pele do seu personagem, ele precisa tentar deixá-la, ver e observar-se de fora no próprio processo de sua atuação. Emoções no palco podem incomodar e perturbar a precisão, a alegria e o brilho. Finalmente, o *script* é o elemento decorativo que cobre a moldura esquelética teatral, construída pelo trabalho do corpo no espaço: "as palavras são apenas padrões na tela do movimento"[45]. No estúdio, *Hamlet* é encenada em forma de pantomima, mas é uma situação provisória: o objetivo era representar a peça no todo no futuro, sem deixar de fora uma única cena.

Na experiência de Meierhold desse período havia tanto uma concepção romântica como científica do ator e seu labor, ligado aos trabalhos teatrais e parateatrais de Gozzi, Hoffman e Callot, levando à pesquisa sobre forma ou estilo, ao domínio técnico de princípios claramente identificados e formulados, um corpo treinado em várias disciplinas esportivas e acrobáticas, forjadas na classe de movimentação cênica. É um corpo artificial, que requer constantemente ação em duas vertentes, em termos de ritmo, projeto e espaço de um lado, temas e estilo de outro: reações rápidas (constante estado de alerta em relação aos colegas atores), mas também pausas; um projeto dinâmico global, bem como a introdução de quebras e segmentos em desacordo com a linha geral do movimento; finalmente, a distribuição espacial, em diversos níveis, dos materiais brutos de cena (elementos de palco, escadas) e a poética de contrastes, assim como tentativas na tragicomédia (o grotesco).

Mímica baseada na personificação de pessoas vivas é substituída pela invenção criativa. O ator multifacetado é um "malabarista da cena" que mantém o corpo em forma graças ao seu *background* cultural (visitando o Museu do Hermitage, aprendendo as teorias de versificação, solfejo e ritmo). O corpo natural (prosaico, etéreo ou idealizado) é contrastado com um corpo que

---

42 Idem.
43 RGALI, 998, 1, 715.
44 Cf. Vsevolod Meyerhold, *Écrits sur le theatre: tome 1*, traduzido e anotado por Béatrice Picon-Vallin, Lausanne: L' Age d' Homme, 2001; ed. revisada, p. 213.
45 Idem, p. 177.

pode ser definido como "versificado". A teatralidade não está organizada em torno de um personagem fictício, mas em torno do próprio ator, considerado como o "produtor" desta ficção, começando com sua vida real e seu trabalho de atuação.

O Laboratório KOURMASTSEP (1918-1919)

De 1913 a 1917, sob o pseudônimo de Doutor Dapertutto, Meierhold estudou em seu estúdio de São Petersburgo a técnica da movimentação cênica, começando com cenas compostas por seus alunos, roteiros da *Commedia dell'Arte* ou fragmentos mudos do *Hamlet* de Shakespeare. "Técnica de Movimentação Cênica" era o título de seu curso na rua Borodinskaia. Em 1914 ele afirmou: "A função da movimentação cênica é mais importante que o de outros elementos do teatro. Assim, mesmo os teatros sendo desprovidos de palavra falada, trajes, iluminação baixa, cortinas, mesmo o edifício do teatro, desde que o ator e seus movimentos permaneçam bem dirigidos, o teatro continua um teatro"[46].

Para o ator de Meierhold dos anos de 1910, a prioridade era o movimento, definido em relação ao tipo de espaço disponível e aos objetos manuseados, brando ou rígido, real ou imaginário, e desenvolvido em uma relação de contraponto à música. O interesse de Meierhold na relação entre o ator e a música permaneceu ao longo de suas experimentações, tanto enquanto diretor como em suas atividades no seu estúdio.

Em 1916, Meierhold falou da necessidade de trabalhar sobre o corpo do ator como "tratando o material (para aperfeiçoar a elasticidade física)".

A Revolução de Fevereiro reforçou a posição política que Meierhold tomara desde o começo da guerra, e, com sua violência elementar, a revolução parecia capaz de criar um novo público e um "novo teatro, um genuíno teatro para o povo". O relacionamento de Meierhold com as revoluções de fevereiro e outubro dava-se primeiramente pelo teatro. Era um relacionamento ético e estético: revolução nas ruas, revolução no palco. Em agosto de 1918, Meierhold aderiu ao Partido Comunista.

---

46 Idem, O Amor de Três Laranjas, p. 238.

Mas enquanto sublinhava a importância de "momentos de autoatividade criativa das massas" e imaginava o futuro do teatro em termos de "criação de mito" e "improvisação genuína", ele sabia que seu teatro para o povo tinha que *aprender* antes de *fazer*[47]. Mais do que nunca, Meierhold considerava o ator e o diretor como possuidores de *expertise* profissional e acreditava que a improvisação surgia de uma combinação conhecida de fragmentos aprendidos e conhecidos. Isso levava a uma necessidade urgente de treinar instrutores para grupos de teatro que se espalhavam como fogo no mato em fábricas e no exército. Mas ao mesmo tempo que se comprometia com essa atividade de ensino, Meierhold rejeitava firmemente qualquer forma existente de teatro profissional, bem como todas as formas de amadorismo. Ele imaginava formas de festas populares, a volta do bufão e do teatro itinerante libertado de seu jugo secular, tudo isso por meio de *brigadas* teatrais cujos líderes seriam por ele treinados. Nesse período de transição, Meierhold estava ativo em meio a essas contradições.

Nesses meses, rodeado pelos antigos companheiros do estúdio, tais como Aleksei Gripitch, ele organizou entusiasticamente cursos para instrutores (junho-agosto de 1918) e, acima de tudo, o KOURMASTSEP[48] (outono 1918-março 1919), um curso que era experimental e ao mesmo tempo orientado para fins muito práticos e imediatos. Essa atividade docente, à qual Meierhold devotava grande paixão e energia, acontecia apesar do clima político, no meio de uma guerra civil e condições materiais difíceis. Sua característica mais original era a intenção de treinar não apenas futuros atores, mas também futuros diretores, projetistas de palco e técnicos de teatro, e fornecer-lhes uma base comum a partir da qual cada estudante, em sua própria área de *expertise*, pudesse considerar o teatro não como a soma de diferentes disciplinas artísticas, e sim como "uma arte independente". Para realçar o assunto desses cursos, Meierhold cunhou o termo *scenovedenie*: cenologia ou ciência do palco. O recrutamento era diferente do praticado no estúdio, do qual esses cursos eram, no entanto, uma extensão. Para Meierhold,

---

47 Meierhold, citado em *Shemy k izučenija spectaklja* (Esquemas para o Estudo da Performance), Petrograd: TEO NARKOMPROS, 1919, p. 36.
48 Curso Avançado de Direção Teatral.

era uma questão de "fomentar a participação no processo criativo de novas forças vindas das massas democráticas"[49].

Com a pedagogia vem a pesquisa. Esses cursos eram um laboratório para Meierhold, que transformou professores e estudantes em pesquisadores. Seus cursos incluíam lições sobre a história do teatro, projeto de cenário, técnicas cênicas ou de desenho (dadas pelo grande pintor Petrov-Vodkin). O sonho era transformar esses cursos em um instituto científico sobre a arte teatral. Essa foi de fato a primeira escola de diretores na Europa.

Como já mencionado, ao definir o assunto desses cursos, Meierhold cunhou o termo *scenovedenie*, ciência do palco, uma disciplina basicamente comparativa e de natureza interdisciplinar. Dentro da estrutura da criação contemporânea, ele buscou estudar o teatro de acordo com práticas teatrais, de uma perspectiva histórica e técnica, ligando estreitamente dramaturgia, direção e cenografia, e sempre os centrando em torno da interpretação do ator. A regra de ouro era:

submissão de qualquer coisa feita no palco a leis, necessidades e tarefas do teatro. Não há lugar no teatro para uma arte nascida fora dele, atenção a tarefas outras que as dele. [...] O teatro não pode ser o lugar onde técnicos, escritores e pintores se reúnem apenas para mostrar seu *know-how*. Agora, os próprios teatros precisam criar seus artistas[50].

Meierhold insistiu na novidade dessa abordagem, com o teatro considerado como uma arte independente, embora tenha feito referência à escola de Gordon Craig em Florença.

Ele também tinha interesse em uma teoria de criação teatral. Fazia seus alunos desenharem e comentarem a produção de um determinado espetáculo e o modo como ele funcionava com o público. Essas "folhas de estudo de espetáculo" registram a atividade dos diferentes membros da "equipe de colaboradores" e definem as interações entre eles[51]. Padrões geométricos, círculos, quadrados, paralelogramas (cuja representação usa as leis que governam essas figuras), símbolos, linhas pontilhadas, segmentos e uso da iluminação: essas folhas são usualmente menos simplistas que os desenhos dos futuros semiólogos. O principal é

---

49 De Programa KOURMASTSEP, 27 de agosto de 1918, em *Vremennik* TEO: v. 1, Petrogrado: TEO NARKOMPROS, 1918, p. 17.
50 Idem, ibidem.
51 Cf. *Shemy k izučenija spektaklja*.

a maneira como cada folha *constrói* (o termo era de uso comum nesse período) uma análise da criação e do funcionamento do espetáculo: ênfase no "grupo de criadores", os campos que representam, os elementos de criação teatral com que trabalham e os canais de percepção desses elementos.

A Escola de Atores (1918-1919)

O ator permaneceu o elemento-chave desses cursos porque, como se pode ler nas anotações dos alunos, "a partitura orquestrada do espetáculo como um todo é o tapete sobre o qual se coloca a arte de cada um". Meierhold, com seu aluno Leonid Vivien, organizou uma Escola de Atores (1918-1919), na qual continuou a dedicar bastante tempo ao estudo da ginástica, visando desenvolver não tanto a força muscular como a elasticidade e as habilidades (acrobacia com bastões e garrafas, trabalho com aparelhos, saltos, ginástica com colegas atores). A própria aula de movimentação cênica, envolvendo exercícios específicos, reforçava o material do aluno que tinha sido treinado na ginástica, esgrima e aulas de dança e participado em esportes de grupo. O trabalho enfocava o ajuste do movimento, entendimento rítmico, o sentido de tempo, procurando estabelecer uma ligação entre emoção e movimento.

Numa segunda fase, a movimentação cênica era estudada como um impulso para a palavra falada. Meierhold via o trabalho anatômico como uma base para o treinamento do ator, assim como Noverre tinha feito para o coreógrafo, pois "se um ator não conhece anatomia, nenhum trabalho psicológico pode salvá-lo". O corpo do ator, ágil e em forma, é também um corpo aventuroso, um modelo de audácia.

As Oficinas (1921-1922)

Meierhold já era uma lenda: "O pai e o neto de jovens", como Viktor Shklóvski o denominou; "o eterno rebelde", Dom Quixote, Savonarola ou Cristóvão Colombo do teatro, como outros o chamaram. Ele então se concentrou nas atividades de ensino e pesquisa.

No outono de 1921, Meierhold teve que enfrentar o fechamento de seu teatro e a morte de um querido amigo, o poeta e dramaturgo Aleksandr Blok. Esse foi para Meierhold, que desse momento em diante passou a ser conhecido como o *Mestre*, um período de absoluta juventude. Cercado pela "guarda teatral", seus alunos e discípulos, alguns muito jovens (17-18 anos), Meierhold organizou em uma antiga escola secundária a Oficina Estatal Superior de Direção Teatral (GVYRM). Era um tipo de comuna de trabalho de dois andares: os alojamentos de Meierhold eram no piso de cima, enquanto havia no piso inferior dois escritórios e um vestíbulo. Em razão das dificuldades de transporte, quase todos os estudantes dormiam no local dos cursos e das reuniões. A Oficina de Diretores era ligada ao Laboratório de Técnicas do Ator (que se tornaria a Oficina Livre de Meierhold). A fusão dos dois grupos resultaria, na primavera de 1922, em uma única oficina cujo nome era Oficina Estatal Superior de Teatro (GVYTM). Desde o início, ficou clara a importância da relação entre alunos diretores e alunos atores, tanto assim que todos eles tomaram parte no segundo conjunto de cursos de Meierhold, dedicado à movimentação cênica e à biomecânica.

A pedagogia, combinada com a pesquisa, foi de máxima valia para Meierhold e sua atividade experimental. Não era secundária ao trabalho teatral; de fato, era fundamental, paralela, primeiramente com o objetivo de moldar um grupo que podia dar vida a um teatro similar ao que ele buscava. "Todos aprendem aqui, tanto alunos como professores", escreveu o ator Erást Gárin[52]. Meierhold procurou transformar radicalmente a psicologia do ator. Suas oficinas pareciam uma fábrica de novos atores, na verdade, novos homens, homens do seu tempo.

Meierhold preparou com seus *laboratins*, Valeri Inkijinov e Mikhail Koreniev, um conjunto de exercícios biomecânicos resultantes de pesquisas conduzidas desde 1913, com a contribuição da psicologia objetiva americana, especialmente a teoria das emoções de William James. Ligado ao contexto político, social e ideológico do tempo (taylorização, americanização), a biomecânica é também estreitamente relacionada à pesquisa sobre tradições teatrais. Um de seus princípios essenciais, o *otkaz* (recusa) – um contramovimento preparatório que precede o movimento principal – foi descoberto no

---

52 Erast Garin, *S Meyerhol'dom: Vospominanija* (Com Meierhold: Recordações), Mosková: Iskusstvo, 1974, p. 44.

estúdio da rua Borodinskaia. O estudo da biomecânica estava também em sintonia com a mais avançada pesquisa dos fisiologistas e reflexologistas contemporâneos. Meierhold leu o trabalho desses pesquisadores, correspondeu-se com eles e convidou-os. Referências a Ivan Pavlov, Vladímir Békhterev e E. Sepp preenchem os programas dos cursos de 1920 a 1933 quando, em um simpósio interno sobre "O Método de Criação do Teatro Meierholdiano", o diretor asseverou a validade da biomecânica e a importância do cérebro como um iniciador de tarefas e guia de movimento, tanto na vida como no palco.

Esse tipo de atividade pedagógica era estreitamente ligado com a pesquisa. Isso resultaria no terceiro manifesto-espetáculo do período de outubro, *O Corno Magnífico* (1922). A maior parte desses exercícios era realizada por dois grupos que ficavam frente a frente. Mas mais importante ainda que a descrição desses exercícios, frequentemente realizados com música, são as anotações sobre os pontos de vista de Meierhold sobre o assunto da biomecânica, tomadas por seu assistente Korenev e mantidas no Arquivo Estatal Russo de Literatura e Arte (RGALI) em Moscou[53].

O texto abaixo, taquigrafado, é de um curso ministrado pelo grande diretor em outubro ou novembro de 1921. Meierhold frisou a necessidade do treinamento individual do ator, em isolamento, em um estúdio pessoal ou "privado", durante o qual ele possa "recriar um corpo" através de uma construção da consciência, o foco repousado em si mesmo, ampliado espacialmente, manuseando objetos típicos do teatro.

No curso anterior, o diretor evocara o conceito de Craig, do *Über-Marionette* (Supermarionete). Ele sublinhou que "o corpo nu em si mesmo nada significa" no palco, e que o figurino, como os objetos sabidamente manuseados pelo ator, "torna-se parte do seu corpo". Essa é a pesquisa individual que um estúdio teatral deve estimular, como parte de uma experiência vivida quase totalmente dentro do grupo (os exercícios eram realizados em duplas ou em grupos), definida por relações com outros: com o mundo, a sociedade, o companheiro, o grupo, o público. Finalmente, para aperfeiçoar "a única ferramenta de produção disponível para ele", ao ator,

---

53 Cf. V. Meyerhold, *Écrits sur le Théâtre: tome 2*, org. e trad. Béatrice Picon--Vallin, Lausanne: L'Age d' Homme, 2009.

que precisa procurar racionalizar sua atividade de atuação, é dada como modelo uma visão inspirada não pelo teatro, mas pela vida:

> Nenhum artesão, nenhum profissional, pode progredir com o aperfeiçoamento da técnica se não tem um quarto à sua disposição. O alfaiate ou o carpinteiro têm em torno deles suas próprias ferramentas específicas. Sabe-se imediatamente se se está numa oficina de cabeleireiro ou em outra oficina de artesão. Mas quando se está com um ator, pode-se pensar que se está com um vendedor ambulante. Pode haver um ou dois indícios: retratos de Duse, Katchalov ou Stanislávski, ou uma carteira de aluno.
>
> Assim, como pareceria um quarto de ator quando ele está se preparando em sua casa para representar um papel? Um quarto vazio; pequeno e vazio. Sem móveis, sem papel de parede florido. Simples, paredes brancas. Um quarto branco, vazio. Aparelhos de ginástica num canto. Algo macio no chão. Mas sem tapetes: uma plataforma de madeira, que pode ser lavada. Isso é muito importante, porque no palco, o pé não deve escorregar, e o corpo do ator precisa estar firmemente ancorado ao solo. A primeira coisa nesse quarto é ter certeza de não cair [...]. Um piso nu, portanto, ou coberto com uma esteira de junco. Nenhum espelho nesse quarto, apenas no quarto de dormir. É importante para o ator ver-se quando acorda, o cabelo desgrenhado, desasseado. Assim ele pode ver imediatamente suas características, as curvas do seu corpo. E quando se asseia e corrige todas as suas deformidades, precisa lembrar do momento anterior. Se se alonga, precisa recordar, enquanto se alonga, aquele momento de monstruosidade[54].

"Não sou um professor", escreveu Meierhold em 1917, "sou um explorador de novas margens no oceano do teatro". Em sua busca de um "novo teatro", o diretor viria a desenvolver uma segunda atividade importante, paralela à construção de espetáculos, em que pedagogia e pesquisa estavam conectadas muito estreitamente. Era uma atividade da qual ele se orgulharia mesmo quando, depois de 1921, sua escola adotou nomes diferentes e ele preparou os condutores de um grupo separado, e mesmo quando o estúdio, a escola e o teatro não estavam mais claramente separados.

---

54 V. Meyerhold, L'Atelier de l'acteur, *Écrits sur le théâtre: tome 2*.

Música

O trabalho de Meierhold sobre música e sobre o ator-músico seguiu de mãos dadas com sua pesquisa sobre o corpo.

Um diretor-músico, um ator-músico ou um ator-compositor, um ator-poeta: de 1922 em diante, Meierhold usou uma terminologia semipavloviana, semimusical, para descrever o ator biomecânico. A preparação biomecânica foi comparada a práticas pensadas como exercício para o instrumentista e seu instrumento. Mas nisso também, se a relação pode funcionar metaforicamente, o modelo musical, relativo à direção e à atuação, é baseado num entendimento técnico ideal, treinamento controlado e progressivo, um conjunto único de leis e um vocabulário único. E uma realidade para interpretar. Como seu próprio diretor, o ator baseava sua atuação na música escolhida por Meierhold, que lhe fornecia referências e uma tela na qual esboçar seu papel. Como explicou Meierhold:

> Um personagem pronuncia a frase que marca o fim de um determinado fragmento de atuação, e durante esse tempo certa música começa a ser ouvida. Essa peça musical define o início de outro fragmento. Assim, baseado nessa trilha musical, você constrói outro fragmento, que não se assemelha ao anterior[55].

Ele fazia os atores trabalharem com música tanto durante a preparação biomecânica como no palco, para mantê-los acostumados ao controle estrito do tempo, definido não somente com o metro, mas também com o ritmo. Meierhold comparava esse trabalho musical com o do acrobata de circo. A música dá ao número mais perigoso do acrobata a ajuda de um cálculo preciso para segmentar e realizar os movimentos. O mínimo desvio desse cálculo ou a mínima alteração na música poderia ser um desastre. Trabalho com música dá ao ator uma consciência do tempo teatral, ajuda-o a memorizar o texto e a sua partitura espacial. Para reforçar adicionalmente esse trabalho musical, a referência ao acrobata de circo é suplementada por Meierhold com referências mais eruditas: o cantor de ópera Chaliapin, que ele tinha visto pouco tempo antes no desempenho de *Boris Godunov*, em 1911,

---

55 RGALI, 963, 1341. Citado nas anotações de Aleksandr Fevralski sobre o curso de Meierhold na Faculdade Gektemas de Atores (18 de janeiro de 1929).

e atores teatrais orientais, o japonês Sada Yacco e Hanako e mais tarde o chinês Mei Lanfang, que se apresentaria em Moscou em 1935. Ao ver o sentido de ritmo mostrado pelo último, Meierhold afirmou: "Nós não temos um sentido de tempo. Não sabemos o que significa economizá-lo. Mei Lanfang conta em quartos de segundo, nós em minutos, sem nem mesmo contar os segundos"[56].

A importância atribuída por Meierhold ao ritmo do ator enquanto atuava remete com certeza ao início do século XX. A leitura de Georg Fuchs em 1906 deu-lhe algumas teorias iniciais para o que ele tinha testado no Teatro Estúdio. Ele seria mais tarde censurado, nos anos de 1930, por seu interesse no ritmo, ligando-o ao simbolismo. Mas, em vez de desenvolver a essência espiritual da matriz rítmica, Meierhold viu uma força viva que lutava contra a monotonia do metrônomo[57] ou, falando no estilo do teórico em arte Nicolai Tarabukin, um movimento orgânico oposto ao movimento mecânico marcado pelo metro[58]. Levando o jazz para o teatro, Meierhold adotou como sua uma nova experiência plástico-musical "cujos detalhes mais finos", descreveu André Coeuroy em um estudo sobre jazz, publicado em 1926, "traduzem todas as sutis similaridades e todas as diferenças entre a rigidez do metro e a oscilação do ritmo"[59].

Meierhold acreditava que a música tinha que fazer parte da educação do ator, pois ela pode desenvolver seu gosto e organizar seu corpo. Ele recomendava que seus atores fossem a muitos concertos e frequentassem bibliotecas, museus e exibições. Nos diversos estúdios de Meierhold, a música era sempre um dos assuntos estudados. Em 1908, um projeto criou uma escola em que o primeiro ano do curso, o mesmo para músicos e atores, requeria que todos aprendessem solfejo ao piano, mais canto e dicção[60]. Em 1921-1923, no GVYTM, do mesmo modo, a música ocupava um lugar de destaque no plano de ensino (solfejo, harmonia, teoria da

---

56 V. Meyerhold, On the Mei Lanfang tour (14 April 1935), *Tvorčeskoe nasledie V. Meyerhol' da* (O Legado Criativo de V. Meierhold), Mosková: VTO, 1978, p. 96.
57 O Intervalo e o Tempo no Palco, curso de Meierhold no GVYRM (19 de novembro de 1921), idem. Essa parte do curso foi traduzida para o francês em Béatrice Picon-Vallin, La Musique dans le jeu de l'acteur Meyerholdien, *Le Jeu de l'acteur chez Meyerhold et Vakhtangov*, Paris: Librarie Klincksieck, 1981, p. 42-43.
58 Cf. Nikolai Tarabukin, *Opyt Teorii Zivopisi*, Mosková: Vserossiiskii proletkul't, 1923.
59 André Coeuroy; André Schaeffner, *Le Jazz*, Paris: Éditions Claude Aveline, 1926, p. 31-32.
60 RGALI, 998, 2855. Projeto escolar.

forma, contraponto). E no fim dos anos de 1920 havia cursos de história da música no GEKTEMAS, ensaios com música e a preparação de atores acompanhada por pianistas do teatro. Tudo isso ajudou a desenvolver a musicalidade da atuação, permitindo a Meierhold sentir, em 1931, um teatro com uma nova arquitetura, inspirada na perfeita construção de um barco, com a participação de nada além de "ator, luz e música"[61].

Certas fases da atuação são construídas como constantes: repetição de um fragmento de atuação ou de uma postura que, em outros contextos, assim como na música, nunca é repetição, mas estudo profundo e ao mesmo tempo um sinal de associação. O ator-músico dialoga com a música produzida no palco, responde a ela com a sua atuação e pode mesmo tocar um instrumento no palco. Ele deve ser capaz de intervir no momento certo, como requerido pelo movimento geral. Finalmente, sem música, ele pode construir sua interpretação em fragmentos temporais de comprimento variado e em combinações destes: sem considerar a expressividade gestual, que, nesse caso, é secundária à atuação, o que produz sentido é a relação entre durações, calculadas em segundos, e os tempos contrastantes, que dão sentido à ação.

O Meierhold ator é idealmente, como o ator Sergei Martinson, aquele "que dança seus papéis"[62]. Inspiradas no modelo teatral oriental, todas as performances de Meierhold têm momentos em que a dança teatral expressa emoções ou estados mentais e fisiológicos complexos, sem palavras, concentrando situações tragicômicas em violentas explosões: sapateado (*O Corno Magnífico*), dança clássica (*Professor Bubus*), dança abstrata do poeta Valentin Parnach (*D.E. – Give us Europe!*), dança espanhola da prostituta (*A Última Batalha*), a dança desesperada do engenheiro (*O Mandato*). Não há performance em que Meierhold deixe de usar o baile social ou a pista de dança, para o qual ele às vezes colaborava com coreógrafos. Essas danças, com ritmos binários, ternários ou quaternários – valsa, galope, furlana, gavota, polca, polonesa, *kamarinskaya*, cancã, foxtrote –, proporcionavam uma forma plástico-rítmica precisa para as situações do dia a dia ou

---

61 RGALI, 998, 674. Discurso de Meierhold no NARKOMPROS (13 de junho de 1931).
62 Boris Alpers, *Teatr Revolyutsii* (Teatro da Revolução), Mosková: Teakinopetchat, 1928, p. 42.

relações psicológicas e permitiam elevar a anedota original por trás da peça a uma visão simbólica, tornando-a um ritual.

A atribuição de papéis tornou-se orquestrada, por assim dizer. Durante os ensaios de *Boris Godunov*, Meierhold disse à companhia: "Agora, na nova escola de teatro, há papéis orquestrais: quem será o primeiro violino, o contrabaixo, a trompa? Esse é um problema que somos os únicos a levantar". O discurso do ator tende para um tipo de recitativo livre no qual as vozes, como corpos, juntam-se, opõem-se e então respondem umas às outras, com alternância de solos, duetos, trios, quintetos e coros.

Em direção ao fim dos anos de 1930, Meierhold falou sobre essa relação com a música:

> Eu trabalho dez vezes melhor com um ator que ama a música. Deve-se acostumar os atores à música desde a escola. Todos apreciam o uso de música "ambiente", mas não muitos percebem que a música é a melhor organizadora do tempo numa performance. Atuar é, para o ator, seu duelo com o tempo, metaforicamente falando. E nisso, a música torna-se seu melhor aliado. Ela pode mesmo não ser audível, mas precisa ser sentida. Meu sonho é uma performance ensaiada com base na música e interpretada sem ela. Com e sem música: como o ritmo da performance será organizado de acordo com as leis da música, e todo ator a levará dentro si[63].

A pesquisa de Meierhold em seus vários laboratórios atribuiu importância crescente ao papel do ator e estabeleceu as fundações para o treinamento de diretores. Os documentos que testemunham essa pesquisa, a maior parte armazenados em arquivos estatais, são, no entanto, inacessíveis ou no mínimo difíceis de acessar, significando isso que não foram passados às gerações subsequentes. O destino frequentemente trágico de seus estudantes também foi mantido em segredo. Mas esses documentos são trilhas precisas a serem seguidas. Eisenstein, que ajudou a resgatar esses registros, chamou-os de "tesouro". E para nós eles certamente permanecem um tesouro.

---

63 Aleksandr Gladkov, *Teatr: Vospominanija i razmyšlenija* (Teatro: Recordações e Meditações), Mosková: Isskustvo, 1980, p. 282.

Na Segunda Metade do Século XX

Abrindo essa segunda parte do capítulo III está a resposta de Zbigniew Osiński à questão colocada por Barba: "Por que o laboratório teatral de Grotowski pode ser definido como tal?" A intervenção de Osiński na conferência de Aarhus suplementa a resposta de Leszek Kolankiewicz à mesma questão (encontrada no capítulo I).

O professor Zbigniew Osiński da Universidade de Varsóvia podia, como a maior parte dos estudiosos participantes da conferência de Aarhus, ser definido como um historiador que faz trabalho de campo. Em 1984, quando Grotowski estava exilado nos Estados Unidos, e Ludwik Flaszen e os atores fecharam o Teatro-Laboratório em Wrocław, Osiński impediu as autoridades de tomar os edifícios históricos, criando o Centro para Estudo do Trabalho de Jerzy Grotowski e para Pesquisa Cultural e Teatral, que ele dirigiu durante muitos anos (agora chamado de Instituto Grotowski). Ele é o mais importante da primeira geração de estudiosos de Grotowski, uma geração que não somente cultivava e cuidava da memória do diretor polonês, mas também compartilhava sua vida e trabalho. Devemos a Osiński todos os escritos fundamentais sobre Grotowski.

Não deve ser surpresa que o texto biográfico sobre Grotowski que segue seja um verbete do *Dizionario dello Spettacolo del '900* (Dicionário de Teatro do Século XX) publicado na Itália em 1998. Nesse texto, Ugo Volli habilmente condensa informação essencial sobre um dos mestres do século XX que se devotou consistentemente ao "trabalho do ator sobre si mesmo". Grotowski transformou esse aspecto da habilidade do ator em um aprendizado artístico, usando a arte como veículo para transcender a dimensão do espetáculo em um tipo de ioga desenvolvida de acordo com o conhecimento e a tradição do teatro no Ocidente.

Ugo Volli é professor de semiótica na Universidade de Turim e crítico teatral. Ele seguiu durante vários anos as experiências parateatrais na segunda fase de Grotowski. Conhece o teatro não só como espectador profissional, mas também como pesquisador de campo: colaborou com o centro de cultura ativa Il Porto, um grupo internacional de Volterra, Itália, fundado por pessoas que fizeram parte do grupo do projeto Teatro das Fontes de Grotowski. Volli também pertenceu ao núcleo de estudiosos que colaboraram com Eugenio Barba nos anos de fundação da Ista.

Escrevendo de muito perto sobre o Odin Teatret, o Nordisk Teaterlaboratorium, Ferdinando Taviani é um estudioso de teatro cujos campos de estudo são *Commedia dell'Arte*, a cultura do ator, teatro de minorias no século XX, a relação entre literatura e performance e a história do teatro de Luigi Pirandello. Desde os anos de 1970, ele tem sido um dos luminares da pesquisa e dos grupos de teatro na Itália e em outros lugares. Nesse livro, no entanto, ele tem especial interesse para nós por outro motivo: foi o conselheiro literário do Odin Teatret desde 1973 (e é por isso que, como membro do teatro, ele escreve sob um nome diferente – Nando, em vez de Ferdinando). Taviani é um pesquisador do Odin Teatret, mas também faz parte dele. Em seus dois artigos aqui, ele aplica uma perspectiva dual ao nosso assunto: como estudioso e como membro de um laboratório.

JERZY GROTOWSKI E LUDWIK FLASZEN*
Zbigniew Osiński

Em "Lettre à mes amis historiens" (Carta aos Meus Amigos Historiadores), Eugenio Barba escreveu: "É evidente que minha história pessoal e os quarenta anos com o Odin Teatret determinam meu modo de ver. Não é acidente". Cada um de nós, oradores, podemos dizer exatamente a mesma coisa. O que podemos fazer aqui é tentar dar nosso próprio testemunho. É tudo.

Por que Jerzy Grotowski fundou o Teatro-Laboratório com Ludwik Flaszen? Primeiramente, deve ser esclarecido que foi Grotowski quem tomou a decisão de mudar o nome do seu teatro de vanguarda Teatro das 13 Filas em Opole para Teatro-Laboratório das 13 Filas em 1962, três anos depois que ele e Flaszen o assumiram. De fato, Flaszen aceitou isso totalmente e justificou-o publicamente, mas as atividades práticas foram formatadas primeiramente por Grotowski com seus atores e o arquiteto Jerzy Gurawski.

Respondendo com Leszek Kolankiewicz à questão de Eugenio Barba, mencionamos três razões básicas para adotar o nome "laboratório". Primeiramente, *razões pragmáticas*. Em segundo lugar, *a situação no domínio da arte teatral na Polônia e na arte em geral naquele tempo*. Em terceiro, *disposições pessoais*: especificamente, o background *grotowskiano de laboratório*[64]. Eu as descreverei resumidamente aqui.

Na perspectiva atual, as mais importantes parecem ser as *razões pragmáticas*. Se Grotowski não tivesse adotado a fórmula laboratorial, ele e seu grupo (operando como uma instituição profissional estatal sob o Ministério da Cultura em Varsóvia e, desta maneira, submetida às autoridades regionais em Opole e, de 1965 em diante, em Wrocław) teriam que ter produzido: 1. *um plano de repertório*, que significava a preparação de um número predeterminado de estreias na temporada: oito a doze novas performances (no mínimo, uma delas um drama russo ou soviético ou uma peça de um dos países do bloco comunista – dependendo da escolha das tendências políticas correntes); 2. *uma grade de espetáculos*

---

* Traduzido do polonês para o inglês por Grzegorz Ziółkowski e Paul Allain.
64 Cf. Leszek Kolankiewicz; Zbigniew Osiński, Jerzy Grotowski and Ludwik Flaszen, traduzido por Grzegorz Ziółkovski; Kris Salata, em Why a Theatre Laboratory? (Por Que um Laboratório Teatral?), *Peripeti*, n. 2, 2004, p. 41-44.

de pelo menos seis apresentações por semana; 3. um *plano de atendimento ao público*; 4. um *plano de negócios*. Todo teatro estatal tinha que apresentar um balanço contábil ao órgão de financiamento.

Em termos práticos, o *status* de laboratório significava que a instituição estava livre dessas obrigações e dava uma oportunidade à liberdade criativa. Em resumo, as condições para a criação de espetáculos tais como *Akropolis, A Trágica História do Dr. Fausto, Hamlet (Estudo), O Príncipe Constante* e *Apocalypsis cum Figuris* não existiriam sem um laboratório. Também o Grotowski que conhecemos não teria sido possível, pois suas possibilidades criativas seriam tolhidas além da conta.

A segunda razão para a adoção do nome laboratório foi uma situação específica encontrada no teatro e na arte em geral. Grotowski estava entre os artistas de teatro totalmente cientes do atraso desse domínio de arte em relação, por um lado, a outras disciplinas artísticas (especialmente música, literatura, belas artes e arquitetura) e, por outro, às ciências naturais. Em outras palavras, ele estava incomodado com o sentimento de que a arte teatral era anacrônica em comparação com as outras artes. Ele disse e escreveu isso muitas vezes, inclusive durante encontros pessoais comigo, que começaram em novembro de 1962 em Poznan. Ele me disse repetidamente que era mais fácil para ele comunicar-se com representantes das ciências do que com os da área de humanidades. Vale a pena notar que a esse respeito ele não foi o primeiro nem o único entre as pessoas de teatro – acima de tudo entre os que criaram laboratórios teatrais antes dele. No início havia o sentimento de que a arte teatral era anacrônica de três maneiras: em relação aos outros domínios da arte, às ciências, e simplesmente em relação à vida. Além do mais, Grotowski constantemente pensava que essa situação deveria mudar, enfocando a prática criativa na arte do ator, pois é o contato imediato entre dois seres humanos – o ator e o espectador – a última e irredutível oportunidade para o teatro. E ele concentrou todos os seus esforços nessa tarefa.

Como estamos aqui na Dinamarca, vale recordar que o Instituto Bohr em Copenhagen era um dos pontos de referência aos quais Grotowski sempre retornava em seu trabalho laboratorial. No capítulo Exploração Metódica, de *Em Busca de um Teatro Pobre*, lê-se: "O Instituto Bohr fascinou-me por longo tempo como um modelo que ilustra certo tipo de atividade"[65]. Ao mesmo tempo, o criador do Teatro-Laboratório nunca identificou arte com ciência, mas indicou certos paralelos entre eles e a possibilidade de inspiração mútua.

Tal diagnóstico e terapia para o teatro eram o modo de Grotowski autodefinir-se em relação ao teatro existente e a outras disciplinas artísticas. Havia também uma indicação prática do território de sua identidade e da instituição que ele dirigia.

Em terceiro e último lugar, mas não menos importante, temos que levar em conta as *predisposições pessoais* de Grotowski, sua adesão a algo que eu chamaria de *background* do laboratório no domínio da arte teatral. Depois de formar-se no ensino médio, ele enfrentou o problema de escolher que assunto estudar. No fim, em razão de circunstâncias pessoais, decidiu estudar interpretação em uma escola de teatro. Muitos anos depois, Grotowski falou sobre isso:

> Escolhi três assuntos: escola de teatro, com a intenção de continuar a estudar como diretor; escola de medicina, pensando em psiquiatria; estudos orientais, com a ideia de concentrar-me nas técnicas tradicionais orientais. A ordem dos exames de admissão foi tal que os exames para a escola de teatro vieram antes. Esse fato sozinho decidiu que eu me tornaria o possuidor de um diploma que me daria direito a trabalhar no teatro. Se o exame para a escola de medicina tivesse sido antes, eu teria sido provavelmente psiquiatra; se tivesse sido o exame para estudos orientais, eu teria estudado técnicas tradicionais orientais. Contudo, estou convencido de que de um modo ou de outro eu me encontraria afinal no mesmo lugar onde estou hoje. Obviamente meu vocabulário seria diferente, porque agora estou marcado pela minha experiência teatral, apesar de ter ido além do teatro. Suponho que, similarmente, eu teria ido além da psiquiatria tradicional ou da filologia oriental de qualquer modo[66].

Uma propensão para a contradição, que se refletia em sua atitude para com o homem, o mundo e a natureza, já tinha aparecido em Grotowski em sua infância, vivida num vilarejo, tanto durante como após a guerra. Mais tarde, essa inclinação tornou-se uma

---

65 J. Grotowski, *Towards a Poor Theatre*, p. 127.
66 Idem, Teatr Źródel (Teatro das Fontes), organizado por Leszek Kolankiewicz, *Zeszyty Literackie*, n. 19, 1987, p. 105. Essa passagem não aparece na versão inglesa publicada em *The Grotowski Sourcebook*.

característica de seu pensamento. Foi também durante a infância que seu entendimento do processo lógico humano apareceu pela primeira vez. Um modo antidiscursivo e antitético de pensar o caracterizava. No texto "Teatro e Ritual" (1969), ele formulou o seguinte em referência ao ator do Teatro-Laboratório:

> Mas seguindo o caminho estrutural, é preciso atingir esse ato real ao qual uma contradição é inerente. Foi muito importante entender que essas contradições são lógicas. Não se deve esforçar-se para evitar as contradições; ao contrário, a essência das coisas está inclusa em contradições"[67].

E dez anos depois ele confessava:

> Você está certo se pensa que há muitas contradições no que estou dizendo. Estou ciente de que me contradigo no que afirmo, mas, por favor, lembre-se que basicamente sou um profissional. E a prática é contraditória. Essa é a sua substância. Assim, se sou contraditório, sou assim como profissional. Não posso teorizar sobre a prática. Posso apenas falar sobre a minha aventura, com todas as contradições que lá estavam e que lá estão. Quando por exemplo digo que alguma coisa não é lógica, quero dizer que não resulta do uso da lógica. Sempre falo de modo pragmático. E pode ser dito que isso é ilógico? Quando você faz algo, você não se questiona sobre lógica[68].

No entendimento de Grotowski, essa lógica paradoxal – baseada no princípio da complementaridade (e – e), e não no princípio da exclusividade (ou – ou) – reflete as contradições inerentes à própria substância da profissão que praticava e que sempre entendeu como vocação.

Grotowski estudou interpretação na Escola Estatal Superior de Teatro em Cracóvia durante um dos piores períodos da história contemporânea polonesa. Os anos de 1951-1955 foram o pico do período stalinista na Polônia, com a mais severa repressão e perseguição. Todos os aspectos da vida pública e em grande extensão também privada eram controlados. Desde o comecinho de seus estudos, Grotowski pertenceu ao Círculo Estudantil de

---

67 Cf. Idem, Teatr a rytual (Teatro e Ritual), *Dialog*, n. 8, 1969, p. 71. Republicado em Idem, *Teksty z lat 1965-1969. Wybór* (Textos dos Anos de 1965-1969: Uma Seleção), org. Janusz Degler; Zbigniew Osiński, Wrocław: Wydawnictwo Wiedza o kulturze, 1990, p. 71.

68 Idem, O praktykowaniu romantyzmu (Sobre a Prática do Romantismo), *Dialog*, n. 3, 1980, p. 120.

Ciência, e no terceiro ano tornou-se seu presidente[69]. Ele dirigiu trabalho prático sobre o "método das ações físicas" de Stanislávski. Essencialmente, era um clássico trabalho autodidata que consistia de ensaios com alunos de mesma idade e colegas mais novos. Quarenta anos depois, em 1993, em um filme feito pela sueca Marianne Ahrne em Pontedera, o último filme do qual participou, Grotowski disse:

Era então a época do stalinismo, com uma censura muito dura, assim, toda a minha atenção estava portanto centrada no fato de que a performance podia ser censurada, mas os ensaios não. Para mim, os ensaios eram sempre a coisa mais importante. Era lá que acontecia essa coisa entre um homem e outro, entre um ator e eu, e essa coisa podia tocar esse eixo, essa simetria axial, fora da vista e além do controle externo. E isso permaneceu em meu trabalho; significa que o performance sempre foi menos importante do que o trabalho feito nos ensaios[70].

Foi no Círculo Estudantil de Ciência que Grotowski leu o livro de Vasili Osipovich Toporkov *Stanislávski em Ensaio: Os Anos Finais*, publicado pela primeira vez em 1949. Esse livro, escrito por um famoso ator, diretor e professor russo, é considerado como a mais importante fonte de conhecimento sobre o trabalho de Stanislávski no período final de sua vida, especialmente sobre o método das ações físicas. Para Grotowski, ele serviu como guia no trabalho diário com atores, e essa me parece ser a razão do seu apego especial a ele[71]. Ele simplesmente funcionava na prática, assim, para Grotowski, não era importante se nesses anos o livro de Toporkov era olhado por muitos como uma das versões de uma interpretação stalinista de Stanislávski. Grotowski pôde encontrar nele o que mais precisava e que permaneceu para sempre obscuro para outros e para seus colegas. Isso constitui um dos seus segredos: ele pôde encontrar um verdadeiro tesouro no lugar em que outros não olharam ou não puderam encontrar nada.

No decorrer da vida, ele se caracterizou por uma paixão pelo trabalho de pesquisa especificamente entendido e praticado. Com

---

69 Cf. Z. Osiński, Pierwsze laboratorium teatralne Grotowskiego. Studenckie Koło Naukowe, 1951-1959 (O Primeiro Laboratório Teatral de Grotowski: Círculo Estudantil de Ciência, 1951-1959), em *Grotowski. Źródła, inspiracje, konteksty*, p. 43-72.
70 *Il Teatr Laboratorium di Jerzy Grotowski*, dirigido por Marianne Ahrne.
71 Cf. Z. Osiński, Pierwsze laboratorium teatralne Grotowskiego.

a criação de uma instituição artística em forma de laboratório, Grotowski abriu para si mesmo e seu grupo a possibilidade de fazer pesquisa pura e também criar as mais importantes performances e outros projetos do Teatro-Laboratório. Nas condições polonesas da época, isso era excepcional e extraordinário e, como se verificou mais tarde, era também um caso único no teatro mundial.

A ideia de um laboratório teatral ou laboratório artístico sempre foi muito próxima de Grotowski, pois condicionava a essência do seu trabalho independentemente disso se refletir no nome da instituição dirigida por ele (como em Opole e mais tarde em Wrocław) ou não (como nos Estados Unidos e na Itália). O trabalho de laboratório abraçava os valores que Grotowski não só aceitava, mas também criava, dando uma contribuição duradoura nessa área.

Pode-se dizer que Grotowski esforçou-se em seu caminho particular em direção a um "desencantamento" da profissão de ator. Isso significava que interpretar é acima de tudo um ofício, um trabalho como outro qualquer. Daí ele apaixonadamente lutou contra a loucura e a megalomania do ator. E fez isso do jeito mais simples: por meio do labor diário duro, preciso e sistemático.

Já no início de 1966, Peter Brook escreveu as palavras que entraram no cânone do pensamento teatral do século XX:

> Grotowski é singular. Por quê? Porque ninguém mais no mundo, que seja do meu conhecimento, ninguém desde Stanislávski, investigou a natureza da interpretação, seu fenômeno, seu significado, a natureza e a ciência de seus processos mentais-emocionais-físicos tão profunda e completamente como Grotowski.
> Ele chama seu teatro de laboratório. Ele é. É um centro de pesquisa. [...] No teatro de Grotowski como em todos os laboratórios verdadeiros os experimentos são cientificamente válidos porque as condições essenciais são seguidas. Em seu teatro há uma concentração absoluta de um grupo pequeno, e tempo ilimitado.
> [...]
> Com uma ressalva. Essa dedicação à atuação não a torna um fim em si mesmo. Ao contrário. Para Grotowski a atuação é um veículo. Como posso dizer isso? O teatro não é uma fuga, um refúgio. Um caminho de vida é um caminho para toda a vida. Será que isso soa como um *slogan* religioso? Deveria. E era quase tudo o que havia a esse respeito[72].

---

72 Peter Brook, Preface, em J. Grotowski, *Towards a Poor Theatre*, p. 11-12.

Assim, não é coincidência que Grotowski olhe a si mesmo como um herdeiro e perpetuador de Constantin Stanislávski, que iniciou a tradição de estúdios e laboratórios no século XX.

Eu me concentrarei agora em responder à primeira das doze questões colocadas por Eugenio Barba em sua "Carta aos Oradores":

> O nome laboratório teatral não precisa ser relacionado com a pesquisa teatral, vanguarda teatral, teatro experimental, terceiro teatro, projeto teatral etc. O fato de muitos laboratórios teatrais serem no passado e também agora teatros de vanguarda não significa necessariamente que a vanguarda deva ser relacionada automaticamente a um laboratório.

A arte de Tadeusz Kantor nos dá um dos exemplos mais distintivos dessa situação. Kantor foi descrito como "um eterno artista de vanguarda" e chamava a si mesmo de o "único autêntico" artista de vanguarda. Esse exemplo também inclui uma reflexão que se relaciona com nosso assunto.

Podemos todos concordar que o laboratório teatral consiste de um grupo estável de pessoas trabalhando de acordo com métodos adotados da ciência. Esse grupo trabalha em certo domínio durante muitos anos. Geralmente esse domínio é a arte do ator. O resultado desse trabalho é uma obra (*Opus*), similar à alquimia antiga e medieval, que não foi em vão chamada de arte. Leszek Kolankiewicz fala a respeito disso. Vale notar que Grotowski, em seu Centro de Trabalho em Pontedera, chamou uma *Opus* de *Ação*. Etimologicamente, um laboratório significa uma oficina equipada com os aparelhos apropriados projetados para levar a cabo pesquisas e experimentos.

Daí há a essência de um laboratório e há toda vez "realizações" específicas. Graças a elas, a essência ganha forma concreta, e há também múltiplos fatores determinantes dessa essência.

Proponho usar o termo laboratório teatral com seus sentidos descritivos e tipológicos, e não com significado de avaliação. De uma perspectiva de avaliação, os laboratórios teatrais seriam vistos como algo melhor em sua natureza que os teatros não laboratoriais. Mesclar essas duas perspectivas e alcances – a descritiva e a de avaliação – pode levar a mal-entendidos importantes.

Além do mais, laboratórios teatrais são um fenômeno bem recente, característico do século XX, e por muito tempo geograficamente limitado, acima de tudo ao teatro europeu. Salvo na Europa, os laboratórios teatrais apareceram como um efeito colateral da importação cultural.

No contexto polonês, somente dois grupos no século XX podem ser classificados como laboratórios teatrais, e como tal se consideravam e eram conhecidos. Na primeira metade do século, havia o Teatro Reduta, dirigido por Juliusz Osterwa e Mieczysław Limanowski, que funcionou entre 1919 e 1939, e na segunda metade o Teatro-Laboratório, dirigido por Jerzy Grotowski e Ludwik Flaszen, de 1959 a 1984.

Obviamente uma questão deve ser colocada: seria possível a criação do Teatro-Laboratório em 1962 na pequena cidade silesiana de Opole sem Jerzy Grotowski? Sua persistência e natureza intransigente, que há muito tempo se tornaram legendárias e parte da história do teatro, seu radicalismo criativo e artístico ligado a uma clareza mental e habilidade excepcional para mover-se nos complicados meandros da realidade da época – eram todos eles traços seus, pessoais, ou eram características que pertenciam a pessoas de um certo *background*? Os nomes que podem ser recordados aqui seriam primeiramente os dos heróis do nosso encontro: Constantin Stanislávski, Evguêni Vakhtângov, Vsévolod Meierhold, Juliusz Osterwa e seu Reduta na Polônia, e, entre os vivos: Peter Brook, Eugenio Barba e outros.

O trabalho de Grotowski foi acompanhado na Polônia com ignorância e silêncio por parte do meio teatral tradicional, e também, de tempos em tempos, por intrigas locais e campanhas sujas, bem como por tentativas de liquidar seu teatro. Grotowski descreveu essa situação bem claramente: "Durante muitos anos, esse fenômeno particular nos persegue em tudo o que fazemos, e, devo dizer, também em minhas atividades pessoais. É abertamente ou menos abertamente expresso, e sempre nos mesmos termos: impostor, charlatão"[73].

Entretanto, deve-se ressaltar que, desde o início, Grotowski foi compreendido e apoiado por alguns representantes notáveis do chamado teatro popular. Mas havia exceções, e este fato não deve ser menosprezado.

---

73 J. Grotowski, Jak żyć by można, *Odra*, n. 4, 1972, p 34. Esse fragmento não aparece na versão inglesa: J. Grotowski, How One Could Live, *Le Théâtre en Pologne/ O Teatro na Polônia*, 4-5, 1975, p. 33-34.

Reações polêmicas vinham, acima de tudo, de artistas que tendiam para a vanguarda e de criadores proeminentes como Tadeusz Kantor e Włodzimierz Staniewski. O primeiro questionou a ideia de um laboratório na arte, que residia no extremo oposto de seus interesses artísticos. Na opinião de Kantor, arte verdadeira e vocação verdadeira não podiam aceitar "experimentos"; portanto a pesquisa nesse campo deveria ser abandonada. Isso é algo que diferencia arte de ciência, e uma e outra não podiam identificar-se. Arte é, acima de tudo, o resultado do dom do artista, e o ato criativo é a repetição da criação divina. O talento do artista é decisivo na medição do valor de um trabalho artístico[74].

A conversa de Tadeusz Kantor com Marian Sienkiewicz sobre suas tradições artísticas, publicada em novembro de 1974 na revista semanal *Literatura*, é o mais exaustivo de seus pronunciamentos sobre esse assunto. Uma das perguntas ao artista foi: "Vanguarda é um experimento?" Em resposta, o artista citou o fragmento de seu manifesto escrito quatro anos antes, apresentado abaixo:

Não reconhecemos terminologia e situações tais como ateliê ou oficina, pesquisa, experimento, laboratório etc., que estão tão na moda agora. Arte é um incessante descobrimento do "novo" e do "impossível". Ela descarta o que estava antes, ela é uma evolução e uma mudança ininterrupta e viva.

As noções de ateliê e oficina contêm todos os aspectos característicos do academicismo. Elas aparecem e são valorizadas exatamente quando a ideia se congela e perde qualquer perspectiva de desenvolvimento. Desde o início elas são movidas por um estreitamento especializado de horizontes e relações com a totalidade da arte e da vida, e são conectadas com a busca de apoio e salvação em cânones, receitas quase sectárias, com o desaparecimento de invenção e imaginação.

Na arte, uma ideia nova e clara sempre equivale a um meio "perfeito" de expressão. Na arte autêntica é "milagroso" que a revelação se iguale à perfeição. [...] Criatividade não é testar, é uma decisão, uma "descoberta". "Descoberta" na arte acontece em condições totalmente inesperadas, frequentemente escandalosas e ridículas. Acontece em um instante.

Além disso, uma "descoberta", ou melhor, a criação de uma "nova sensibilidade", pode acontecer somente no campo do atrito entre muitas ideias contraditórias, no forno da contemporaneidade e, tão importante hoje em dia, atrás do pequeno quintal do profissionalismo, *anexando* territórios "estrangeiros", ultrapassando fronteiras profissionais, pela "traição" ao que era até

---

[74] Cf. Z. Osiński, Kantor i Grotowski: dwa teatry, dwie wizje (Kantor e Grotowski: Dois Teatros, Duas Visões), *Grotowski. Źródła, inspiracje, konteksty*, p. 381-386.

hoje visto como o núcleo e o foco específico de certo domínio. Toda criação de *santuários* artificiais e seguros para um trabalho artístico nada tem a ver com a vanguarda[75].

Na opinião de Tadeusz Kantor, laboratórios, estúdios, oficinas ou ateliês são algum tipo de santuário artístico. Suas observações referem-se não só ao teatro, mas também à arte em sua totalidade. Muitas vezes e em diferentes ocasiões, o artista relembrou as palavras de Witkacy, incluídas em seus pensamentos "O artystycznym teatrze" (Sobre o Teatro Artístico): "Em arte não se pode provar; tem-se que criar, sendo, ao mesmo tempo, por assim dizer, firmemente preparado para as dificuldades"[76]. Dessa maneira, Kantor distanciava-se radicalmente de toda a tradição do século XX dos estúdios e laboratórios teatrais, acima de tudo do Teatro-Laboratório de Jerzy Grotowski, pois era frequentemente perguntado sobre isso em conferências de imprensa e em entrevistas[77].

É significativo que entre aqueles artistas que Kantor via em diferentes períodos como parte de sua tradição, ele nunca mencionava os fundadores de laboratórios teatrais como Constantin Stanislávski, Leopold Sulerzhitski, Juliusz Osterwa e Mieczysław Limanowski, do Reduta, Jacques Copeau, Étienne Decroux, Jerzy Grotowski, que já mencionei, e também, por razões diferentes, Antonin Artaud. Em vez disso, ele se referia sempre a Edward Gordon Craig, Stanisław Wyspiański, Vsévolod Meierhold (que o fascinava acima de tudo como um dos maiores artistas de vanguarda e também como exemplo ético, um homem pronto a pagar pela arte com a própria vida), Aleksandr Taírov, Kazímir Malévitch, Vladímir Tátlin, Leon Schiller, Andrzej Pronaszko e os artistas da Bauhaus. Essa tradição escolhida nos diz algo, dirige-nos para algo.

Talvez ele tenha falado mais diretamente sobre isso a um jornalista cuja opinião era que seu teatro, Cricot 2, operando "nas margens do movimento teatral oficial", era precisamente "um

---

75 Tadeusz Kantor, Świadomość sztuki. Rozmowa z Tadeuszem Kantorem (Consciência de Arte: Conversa com Tadeusz Kantor), entrevista com Marian Sienkiewicz, *Literatura*, n. 46 (14 de novembro de 1974), p. 3.
76 No original, "tightly buttoned-up" é referência a uma expressão idiomática polonesa que sugere um estado de prontidão e preparação. Cf. Stanisław Ignacy Witkiewicz (Witkacy), O artystycznym teatrze, em *Dzieła zebrane: "Teatr" i inne pisma o teatrze* ("Teatro" e Outros Escritos sobre o Teatro), org. Janusz Degler, Warszawa: Państwowy Instytut Wydawniczy, 1995, p. 389.
77 Cf. Z. Osiński, Kantor i Grotowski: dwa teatry, dwie wizje, op. cit.

terreno de pesquisa artística, um laboratório teatral". Kantor respondeu: "Arte não é provar, mas é um processo e uma situação em que há somente uma e irrevogável solução"[78].

Na presença de seus colaboradores, Tadeusz Kantor às vezes usava o termo malicioso "teatro ambulante" em vez de laboratório teatral, pensando, é claro, em Grotowski. Ele afirmava categoricamente que se deve ser um artista de vanguarda durante toda a vida, não somente quando jovem.

É bem sabido que Włodzimierz Staniewski pertenceu ao grupo artístico do Teatro-Laboratório em Wrocław de 1971 a 1976. Em 1977 fundou o Centro de Práticas Teatrais, "Gardzienice", e permanece seu diretor. Parece que para ele a coisa mais importante era o aspecto social do trabalho teatral. Essa é a declaração que define sua relação com o trabalho de Grotowski:

> Entretanto esses experimentos tinham um caráter laboratorial. Eram fechados, separados do contexto social, referindo-se principalmente à psicologia, experiências íntimas, à exploração da vida interior de um indivíduo. [...] Penso que usar o psicologismo no teatro é um grande erro. [...] [Ele] pode levar a algo horrível e doloroso. [...]
> Não tento apelar para as experiências individuais, pessoais do ator, não penetro em sua alma. Eu não exploraria uma experiência importante, individual, pessoal do ator com a finalidade de criar uma estrutura cênica a partir dela. E foi isso que Grotowski fez com Ryszard Cieślak em *O Príncipe Constante*. Ele frequentemente repetia que eles extraíam material para o papel de uma experiência extática de Ryszard em sua juventude. Eu penso que esse jogo pode levar a coisas arriscadas, à volatilidade, à desorientação, e talvez mesmo à autodestruição.
> No meu teatro é completamente diferente. [...] O nosso não é um teatro psicológico. Eu tento escapar da psicologia e da psicanálise. [...] Tento levar a pessoa com a qual estou trabalhando de modo tal que ele/ela se veja como uma pequena parcela da natureza, que responda a tudo isso, que esteja "preparada para reagir" a tudo que dê satisfação[79].

---

78 Tadeusz Kantor, Autonomia teatru. Rozmova z Tadeuszem Kantorem (Autonomia Teatral: Conversa com Tadeusz Kantor), entrevista concedida a Jerzy L. Ordan, *Fakty*, n. 9, 1976, p. 9.
79 Włodzimierz Staniewski, Goście Starego Teatru. Spotkanie jedenaste: z Włodzimierzem Staniewskim rozmawiała Małgorzata Dziewulska. Kraków, Stary Teatr, 19 czerwca 1994 (Convidados do Teatro Stary, Décimo Primeiro Encontro: Włodzimierz Staniewski em Conversa com Małgorzata Dziewulska. Kraków, Teatro Stary, 19 de junho de 1994), *Teatr*, n. 12, 1994, p. 10, 13-14.

Staniewski separou-se de um laboratório em nome da "objetividade" e de "preocupações sociais", que são entendidas como possivelmente comuns e compreendem a verificação externa de critérios para avaliar o fenômeno artístico. O Teatro-Laboratório de Grotowski tornou-se para ele um sinônimo de sectarismo no domínio da arte teatral. Vejo essa crítica firme da ideia e da prática laboratorial por parte de um dos antigos membros do grupo, como um exemplo de crítica "interna".

Como se vê, o laboratório de Grotowski era e está sujeito a ataques de muitas maneiras diferentes também por parte de alguns representantes da vanguarda teatral. Ele foi acusado de subestimar o talento na arte, carregar certo tipo de sectarismo que mostra falta de sensibilidade em relação ao contexto social verdadeiro, ser ilegítimo, não ter objetividade, e mesmo de ser completamente incapaz de ser objetivo.

Recordo aqui as posições de Kantor e Staniewski como *uma expressão da atitude criativa* declarada por esses artistas. Uma resposta à questão de em que medida essa reflexão se ajusta a suas próprias práticas artísticas merece um estudo separado e extenso. Em minha opinião, o Centro "Gardzienice" de Práticas Teatrais realiza realmente trabalho laboratorial clássico, mas de um modo totalmente diferente do de Grotowski. Poderia também falar sobre alguns elementos laboratoriais no caso do Cricot 2 de Kantor. Tenho um aliado em termos dessa abordagem. Ludwik Flaszen colocou uma questão em sua apresentação no simpósio internacional Laboratórios Teatrais e Teatros Estúdios na Europa no Século Vinte: Técnicas e Valores. Reconhecimento, organizado pelo Centro Grotowski em abril de 1997, em Wrocław:

mas o que dizer de Kantor por exemplo? Seria completamente absurdo acrescentar ao nome Cricot a palavra "laboratório" ou "estúdio", embora, é claro, [...] esse grande artista estouraria em risadas zombeteiras ao pensamento dessa operação? Entretanto seria uma vergonha eliminar Kantor do círculo de nosso pensamento. Como muitos outros – aliados secretos – aos quais o título do nosso simpósio não seria absolutamente apropriado[80].

80 Ludwik Flaszen, Kilka kluczy do laboratoriów, studiów i institutów (Algumas Indicações sobre Laboratórios, Estúdios e Institutos), *Dialog*, n. 7, 1998, p. 108. Cf. edição francesa: Ludwik Flaszen, À Propos des laboratoires, studios et instituts, org. Monique Borie, trad. Magdalena Marek, *Alternatives théâtrales*, n. 70-71, 2001, p. 63.

O nome laboratório teatral foi sempre problemático. É agora, e provavelmente será no futuro. Alguns artistas de teatro, por exemplo, trabalham de modo laboratorial, mas por muitas razões diferentes não são chamados de criadores de laboratórios teatrais e/ou não querem ser percebidos deste modo. Aqui há três exemplos da Polônia muito diferentes: Cricot 2 de Tadeusz Kantor, Centro "Gardzienice" de Práticas Teatrais dirigido por Włodzimierz Staniewski e Krystian Lupa, que opera dentro da moldura de teatros "comuns" como o Teatro Stary de Cracóvia e o Teatro Dramatyczny, em Varsóvia. Um dos mais proeminentes diretores teatrais poloneses, Konrad Swinarski, fez o mesmo antes de Lupa, no fim dos anos de 1960 e início dos de 1970 no Teatro Stary. Ele era amigo de Grotowski, que o admirava muito. Swinarski (1929-1975) morreu prematuramente em um acidente de avião quando voava para Damasco[81]. Entretanto, foi Juliusz Osterwa quem introduziu as experiências laboratoriais nos teatros comuns em meados dos anos de 1920, percebendo essa como uma das tarefas básicas do seu Teatro Reduta; ele costumava chamar isso de "interligação dos métodos do Reduta"[82]. Alguns membros do Reduta seguiram seu exemplo com resultados bem diversos[83].

Aqui eu apontaria apenas o fato de que esse problema é de difícil racionalização e o exame de grupos tão específicos como os laboratórios depende em grande parte dos *contextos* nos quais

---

81 Cf. J. Grotowski, Z korespondencji Jerzego Grotowskiego do Barbary i Konrada Swinarskich (Da Correspondência de Jerzy Grotowski com Barbara e Konrad Swinarski), *Teatr*, n. 1-3, 2000, p.71-72; Z. Osiński, *Teatr Dionizosa. Romantyzm w polskim teatrze współczesnym* (Teatro de Dionísio: Romantismo no Teatro Polonês Contemporâneo), Kraków: Wydawnictwo Literackie, 1972; Małgorzata Dziewulska, Swinarski i Grotowski: dwa teatry, dwa bluźnierstwa (Swinarski e Grotowski: Dois Teatros, Duas Blasfêmias), *Dialog*, n. 12, 1990, p. 87-94; Joanna Walaszek, *Konrad Swinarski i jego krakowskie inscenizacje* (Konrad Swinarski e Suas Produções em Cracóvia), Varsóvia: Państwowy Instytut Wydawniczy, 1991.

82 Cf. Juliusz Osterwa, List do Stefana Żeromskiego z 5 kwietnia 1924 roku (Carta a Stefan Żeromski, 5 de abril de 1924), em *Listy Juliusza Osterwy* (Cartas de Juliusz Osterwa), Varsóvia: Państwowy Instytut Wydawniczy, 1968, p. 60-62; J. Osterwa, *Reduta i teatr. Artykuły – wywiady – wspomnienia* (O Reduta e o Teatro: Artigos – Entrevistas – Memórias), org. Zbigniew Osiński; Teresa Grażyna Zabłocka, Wrocław: Wydawnictwo Wiedza o kulturze, 1991; J. Osterwa, *Z zapisków*, org. Ireneusz Guszpit, Wrocław: Wydawnictwo Wiedza o kulturze, 1992; Mieczysław Limanowski; Juliusz Osterwa, *Listy* (Cartas), org. Zbigniew Osiński, Varsóvia: Państwowy Instytut Wydawniczy, 1987.

83 Cf. Z. Osiński, *Pamięć Reduty. Osterwa, Limanowski, Grotowski* (A Lembrança do Reduta: Osterwa, Limanowski, Grotowski), Gdańsk: słowo/obraz terytoria, 2003, p. 29-110.

um grupo opera, principalmente os contextos políticos (talvez não seja acidental que sistemas políticos vistos como autoritários não aceitem em princípio os grupos e o trabalho laboratorial). Mas isso também depende das relações pessoais entre pessoas específicas.

Mesmo assim, não quero rebaixar as discussões envolvendo artistas notáveis ao nível de anedota e animosidade pessoal. Exatamente o contrário: por exemplo, indo contra a opinião dominante de hoje, vejo na oposição de Tadeusz Kantor à atitude artística de Jerzy Grotowski um dos mais importantes debates artísticos da segunda metade do século XX no domínio do teatro.

Quando estudamos os textos de Grotowski, nossa atenção é atraída por formulações tais como "Era muito erudito, mas não pude tirar nenhuma conclusão prática disso"[84]. Para Grotowski, experiência prática e seu valor eram sempre decisivos. Ele poderia ter repetido segundo Carl GustavJung: "Sou antes de tudo e principalmente um empirista"[85]. Ou, o que é mais provável, ele expressaria isso de maneira mais forte: Sou acima de tudo um prático.

Como resultado há uma distinção entre "a prática de Grotowski" e algum tipo de "teoria grotowskiana" ou "filosofia" (ou como poderíamos dizer?). Afinal, toda a sua "filosofia" e "visão de mundo" foram sempre: prática, praticar, pesquisa, experimentação, às vezes fazendo descobertas, constantemente em uma aventura criativa. E isso engloba "totalidade" e "completude", entendidas e tratadas nesse caso como a antítese de toda incompletude e esquizofrenia, todas as divisões, separações ou dilemas tão característicos de nossos tempos[86]. Em seu discurso de doutorado honorário pronunciado na Universidade de Wrocław em abril de 1991, Grotowski disse: "Devemos nos devotar totalmente à realização do ato total. E um ato total [é indispensável] para fazer o homem total, como sugeriu Mickiewicz"[87].

Isso significa precisamente que é impossível realizar um "ato total" se não se é um "ser humano total". Portanto, o "ato total" do ator na prática de Grotowski significa aspirar à transformação

---

84 J. Grotowski, Głos (A Voz), *Dialog*, n. 1, 1980, p. 114; republicado em J. Grotowski, *Teksty z lat 1965-1969*, p. 122.
85 *Letters: Vol. I*, org. Gerhard Adler; Aniela Jaffé, trad. R.F.C. Hull, London: Routledge/ Kegan Paul, 1973, p. 195.
86 Cf., por exemplo, J. Grotowski, "Ele Não Era Inteiramente Ele Mesmo".
87 J. Grotowski, Przemówienie Doktora Honoris Causa Jerzego Grotowskiego (Discurso de Grotowski no Recebimento de seu Doutorado Honorário), *Notatnik Teatralny*, n. 4, 1992, p. 21.

do homem, sempre na experiência prática, e praticando o ofício. Se isso não for compreendido, acontecem mal-entendidos fundamentais, como no caso das pessoas de teatro (e críticos) de uma linhagem, um tipo e uma qualidade de trabalho completamente diferentes, que pontuam os papéis de Ryszard Cieślak no Teatro-Laboratório em Wrocław. Para Grotowski, um laboratório era indubitavelmente uma preocupação central na totalidade de sua produção artística. Era talvez a coisa mais importante além do "ato total". Essas duas questões eram interdependentes: o "ato total" de Ryszard Cieślak em *O Príncipe Constante* seria completamente impossível fora do Teatro-Laboratório e de um trabalho de tipo laboratorial.

Concordo com Eugenio Barba em que "dentre os aspectos fundamentais da profissão cênica, um laboratório teatral concentra-se principalmente naqueles que dizem respeito ao ator". Mas gostaria de acrescentar que em outras companhias também encontramos a posição dominante do ator. Essas são companhias que não chamaríamos de laboratórios ou que não tratavam a si mesmas como tal. Por exemplo, o Teatro Stary em Cracóvia nas performances dirigidas por Konrad Swinarski e Jerzy Jarocki. Isso mostra que Grotowski valorizava altamente esses dois diretores proeminentes, mas muito diferentes, apesar do fato da estética deles ser completamente diferente da sua, e de muitas maneiras estar situada na ponta oposta da escala.

Também compartilho da convicção de que: "Apesar das enormes diferenças históricas, morfológicas e contextuais, existe uma continuidade e uma similaridade essencial entre certos teatros da Grande Reforma das primeiras décadas do século XX e a experiência dos laboratórios teatrais da segunda metade do mesmo século".

Mas em vez de uma longa discussão, para a qual não há espaço suficiente aqui, recordo Juliusz Osterwa, que em 1924 estabeleceu que o teatro não pode ser um "empreendimento", mas deve esforçar-se para ser um projeto no qual "tudo depende de uma base, um fundamento, uma fundação, uma noção"[88]. Mais de oitenta anos depois, essas palavras não perderam nada de sua relevância. No mínimo, elas merecem ser tratadas seriamente. Osterwa respondeu a esse desafio básico, fundamental, que abraçou o sentido mais

---

88 J. Osterwa, List do Stefana Żeromskiego z 5 kwietnia 1924 roku, op. cit., p. 61.

profundo e mobilizador da arte teatral, criando, com Limanowski, o Teatro Reduta. Grotowski e Flaszen responderam ao mesmo desafio de um modo completamente diferente quando criaram o projeto do Teatro-Laboratório.

UMA NOTA BIOGRÁFICA SOBRE JERZY GROTOWSKI
Ugo Volli

Jerzy Grotowski (Rzeszów 1933 – Pontedera 1999), diretor polonês de teatro. [...] A aventura teatral independente de Grotowski começou em 1959 (antes ele tinha estudado interpretação e direção na escola de teatro de Cracóvia e um ano em Moscou, e, entre 1957 e 1959, tinha dirigido várias performances). Em 1959, foi atribuído a ele e a Ludwik Flaszen um teatro na cidade de Opole. Era um pequeno teatro com apenas treze fileiras, daí o nome de Teatr 13 Rzędów (Teatro das 13 Filas). Grotowski juntou um grupo de colaboradores tão jovens quanto ele, dos quais o mais importante foi o crítico literário e teatral Ludwik Flaszen, que era também o diretor literário do teatro. Depois de dois anos, Eugenio Barba, estudante italiano residente na Noruega, juntou-se a ele; Barba continuaria com o diretor polonês, tornando-se sua mão direita. Grotowski começou trabalhando com profundas experiências linguísticas e pedagógicas, com o fim declarado de criar um teatro capaz de resistir à competição do cinema e da televisão. [...]

Os espetáculos de Grotowski sofriam um profundo processo dramatúrgico, que buscava frequentemente renovar seu sentido, com uma mudança radical de ambiente e tom psicológico e uma experimentação sem precedentes do espaço cênico. [...] No entanto, trabalho focado particularmente na arte do ator. Seus atores rapidamente mergulhavam em uma rotina diária de treinamento baseado em exercícios técnicos e criativos, e acima de tudo faziam esforços para superar os limites físicos e psicológicos e adquirir uma verdadeira "autopenetração". Eles trabalhariam a voz, o corpo, transformariam o rosto em uma massa dúctil, procurando acima de tudo a verdade extrema da presença do ator. [...]

Entrementes, Grotowski, como diretor, quebrava todas as regras: destruindo o espaço separado da performance, eliminando elementos artificiais tais como iluminação externa e música gravada, misturando atores com espectadores, criando apresentações maravilhosas com materiais extremamente pobres, inventando interpretações sarcásticas dos textos sagrados de dramas poloneses clássicos. Em 1965 o teatro mudou-se de Opole para uma cidade muito mais importante, Wrocław, mas permaneceu em um local muito pequeno e, embora mudando de nome várias vezes, sempre manteve o nome Teatro-Laboratório, quase como uma declaração de intenções. Visitantes europeus começaram a chegar. Três de seus espetáculos (*Akropolis, O Príncipe Constante e Apocalypsis cum Figuris*) viajaram pela Europa, pelos Estados Unidos, pela Austrália e pelo México, despertando grande interesse. O livro de Grotowski, *Em Busca de um Teatro Pobre* coligido com Eugenio Barba, tornou-se a bíblia da experimentação teatral em todo o mundo, da América do Sul ao Japão.

No auge dessa fama internacional, em 1969, Grotowski fez novamente o inesperado: retirou-se da cena teatral, ao menos do tradicional "teatro de espetáculo". Em seus planos de fazer do teatro um *espaço de encontros*, a criação de produções extremamente intensas e primorosas não era suficiente. Ele buscava mais verdade, cansado de aceitar o princípio do fingimento subjacente a cada espetáculo.

Encarregou-se de dirigir grupos que trabalharam durante semanas a fio em salões vazios, sem roteiro e sem espectadores, na busca de "ações orgânicas". Ou levava seus colaboradores a lugares na natureza, fazendo com que tomassem consciência dos seus corpos, do ambiente e das substâncias naturais. Ele inventou a "dramaturgia do encontro", o parateatro, que no fim dos anos de 1970 teve seu pico de interesse. Mas nem mesmo essas cerimônias secretas e comoventes, que chegaram à Itália, via uma notável *Biennale* de Veneza em 1975, foram suficientemente radicais para ele. Ele viu nelas o defeito de serem limitadas a um encontro interpessoal e de ficarem na superfície do problema central, a natureza humana.

Grotowski continuou a explorar as mais diversas culturas, buscando tradições que se utilizassem do corpo em movimento como ferramenta de revelação e experiência: o vodu haitiano com suas raízes africanas, as tradições mexicanas, as canções do Bauls da Índia. Ele relatou essas "experiências de solidão" físicas em uma série de seminários chamados de Teatro das Fontes. Esboçou gradualmente uma teoria do *Performer* (com P maiúsculo) como sendo um indivíduo capaz de canalizar em seu corpo memórias ancestrais e energias cósmicas e teorizou "a arte como veículo".

Essa rica experiência, acumulada ao longo dos anos de 1980 e 1990 não permaneceu na esfera privada, mas foi disseminada por meio de encontros, seminários, intercâmbios, conferências, organizadas principalmente em Pontedera, onde seu laboratório estava sediado graças à generosa ajuda do Centro de Experimentação Teatral de Roberto Bacci. Ele publicou alguns textos sobre sua teoria do "Performer", enquanto que alguns filmes ilustravam sua atividade. Em pouquíssimas e protegidas ocasiões, pessoas escolhidas puderam assistir às cerimônias (que ele não mais chamava de performances) da fase final de seu trabalho. Elas consistiam de um evento ritual com ações físicas simples e cantos altamente evocativos, atingindo emocionalmente as "testemunhas" (não mais espectadores). Grotowski era cada vez mais o mestre de gerações de atores: um mestre secreto, aparentemente silente, mas essencial[89].

ENCLAVE*
Nando Taviani

> *Das Galápagos do teatro choviam animais amados e monstruosos dentro dos charcos e piscinas de nossas casas. No entanto nós fingíamos não nos reconhecer.*
>
> FEDERICO MALOYAN[90]

Enclaves Teatrais e Laboratórios Teatrais

Considero "enclave teatral" aquelas formações teatrais que se mantêm independentes, sem adotar convenções do sistema teatral do qual fazem parte (formas artísticas, métodos de produção, organização interna e maneiras de entrar em contato com os espectadores).

---

89 *Dizionario dello spettacolo del '900*, org. Felice Cappa; Piero Gelli, Milano: Baldini & Castoldi, 1998.
* Traduzido do italiano para o inglês por Judy Barba.
90 De uma carta pessoal ao autor.

III

A distinção entre enclave teatral e laboratório teatral aplica-se não a diferentes fenômenos, mas a diferentes meios de se considerá-los. A característica dos enclaves teatrais, como tentaremos defini-los nessas páginas, pode ser encontrada em grupos teatrais e trupes da Europa (principalmente da Itália, Escandinávia, Polônia e França) e da América Latina.

Enclaves teatrais frequentemente distinguem-se dos teatros "normais" pelo nome. Eles proclamam sua própria diferença de categoria (laboratório, oficina, *taller*, ateliê etc.) ou abrigam uma palavra-símbolo (Sol, Vida, Nucleus, Contínuo, Anjo, Odin, Oculto, Crueldade, Queim, Armadilha, Exílio, Tribangi). Esses teatros – e isso é algo inaudito aos olhos da tradição – são indiferentes às línguas maternas de seus atores. Eles não produzem ou encenam regularmente espetáculos; não adotam horário padrão ou "razoável" de ensaios; não engajam atores para uma única temporada ou produção, e usualmente mantêm um mesmo diretor. Enclaves teatrais frequentemente trabalham na base de "projeto". Quando possível, aplicam para obter recursos destinados à pesquisa, inovação cultural e atividades sociais. Mas não são reconhecidos como uma categoria teatral específica, nem os fundos são destinados apenas para eles. Acima de tudo, eles contradizem o hábito dos atores de mudar de um teatro para outro, traço predominante em quase todos os sistemas teatrais. Eles tendem a manter uma continuidade, com muitas idas e vindas, mas também com atores permanecendo durante muitos anos, mesmo décadas. Quando um ator parte, não é devido ao fim de um contrato. Não é um simples até logo, mas uma separação verdadeira – consensual ou traumática.

As dimensões de um enclave teatral geralmente correspondem às de uma trupe pequena ou média. Mas, de um ponto de vista sociocultural, eles têm a natureza de pequenas e diferentes "tradições"[91].

Nenhuma das características listadas acima é exclusiva dos enclaves teatrais, nem todos os enclaves compartilham todas essas características com os outros. Como um todo, entretanto, esses

---

91 Isso não é um exagero. Uma tradição é assim não em virtude de suas dimensões ou antiguidade, mas por uma certa completude de funções; pela densidade (e não extensão) de sua história; porque está ciente da sua diferença; em razão do próprio patrimônio peculiar de modos de pensar, conhecimento, hábitos e procedimentos técnicos.

traços servem para defini-los, embora cada um permaneça diferente à própria maneira.

Em termos de geografia política, encontramos às vezes Estados miniaturizados encapsulados em um Estado maior. Em termos de geografia teatral, os enclaves teatrais ocupam posições similares. São lugares pequenos nos quais o teatro é reinventado de alto a baixo por razões autodidatas, por conveniência, ou em virtude do extremismo, reconstruindo a completude de um mundo inteiro em um pequeno círculo.

Basta olhar de fora do sistema teatral geral para perceber que enclaves teatrais são também postos avançados, permitindo que a imaginação teatral seja enxertada na esfera socialmente reprimida. Pela mesma lógica, são também particularmente apropriados para a exploração científica da linguagem da performance e para construir pontes com outras tradições. Um estilo de vida humilde, disciplinado, e um senso de aristocracia intelectual, concentração em lugares periféricos e receptividade internacional são contrastes vitais para os enclaves teatrais.

Os termos "enclave teatral" e "laboratório teatral" são quase sinônimos. O advérbio *quase*, no entanto, precisa ser fortemente enfatizado. A palavra "enclave" focaliza a atenção nos limites e convida-nos a considerar a sua separação do sistema teatral não somente como um estratagema para proteger a sua própria independência,mas também como uma condição preliminar para dar forma a uma *mente coletiva*.

A importância da *separação através de diferenças significativas* para o crescimento da vida cultural e artística, para o aumento da socialização e integração, em uma palavra: para a inovação, nunca é suficientemente ressaltada. Durante o século XX, as principais fontes de inovação foram aparentemente as teorias, e mais concretamente, os territórios teatrais independentes ou enclaves teatrais.

Também na cultura, a cerca – a membrana (*témenos*) que isola e no entanto permite os processos de troca e simbiose como os que ocorrem num nível elementar na célula – marca a passagem de um simples agrupamento para um organismo dotado de vida própria. No caso do teatro também, o *témenos* é um separador, não uma forma. É um princípio básico da individualização: *nós* é distinto de *eles*. A importância do projeto passa para segundo plano.

A palavra enclave lembra-nos que não estamos falando de estruturas organizacionais, mas de territórios e ecossistemas: não de organização do trabalho, mas de um amálgama de pessoas diferentes. Podemos tentar entender *a posteriori* como funciona um amálgama de pessoas, porém não podemos planejá-lo com antecedência na esperança de fazê-lo eficiente com uma boa distribuição de papéis.

A ideia comum de gerenciamento não funciona para enclaves teatrais. Ela os destrói. Em vez disso, é mais útil outro procedimento: uma forma particular de senso comum, que os especialistas em gerenciamento chamam de "organização espelho" (e que algumas pessoas erroneamente associam com serendiptismo). Aqui estão alguns exemplos: tratar circunstâncias casuais e acontecimentos como se fossem os objetivos de um projeto previamente planejado; aceitar e justificar o que foi encontrado sem ser procurado e atribuir a ele um passado; escolher funções com base em pessoas e não vice-versa; manter a "ovelha negra" em vez de se livrar dela (a "ovelha negra" é orgânica e necessária em um conjunto, disse Grotowski: se você se livra de uma, você sem querer obriga outra pessoa a tornar-se uma delas).

Um enclave teatral pode revelar-se poderoso, duradouro, hábil em arte e comércio, pirataria ou monasticismo, mas sua vida sempre depende das relações entre os participantes. Os enclaves se mantêm em bases não suscetíveis de repetição. Como com certos organismos vivos que quanto mais frágeis, mais resistentes são. Entretanto, enclaves teatrais não oferecem a conveniência de organizações burocráticas que podem ser interrompidas e reformadas ou paralisadas para reparar uma peça ou um setor, e então são colocadas em movimento novamente. Se a vida de um enclave teatral é suspensa ou terminada, ninguém pode esperar que retorne.

Além das forças centrípeta e centrífuga, outro contraste vital é o existente entre o líder e o conjunto. Se essa harmonia discordante se transforma em harmonia simples ou discordância óbvia, o enclave perece: ele se torna uma firma ou uma seita. Como regra, ele se desfaz.

Isso é o que penso ter aprendido sobre enclaves teatrais em mais de 35 anos. Não é muito. E entendi o pouco que sei só depois que deixei de me limitar ao estudo dos livros e comecei a comparar os panoramas históricos com o que emergiu do meu trabalho de campo. Panoramas históricos são construídos de ideias, e portanto é bom que sejam amplos e se ramifiquem em fronteiras mutáveis. Trabalho de campo, por outro lado, deve ser circunscrito e requer atenção permanente. Ele implica a experiência de detalhes e nuances que são aparentemente mudas.

Meu campo de trabalho tem sido o Odin Teatret e os teatros nos quais ele mais se apresenta.

Não há necessidade de repeti-lo: O Odin Teatret é o mais significativo enclave teatral do século XX, o mais duradouro e o mais completo, pois foi capaz de reconstruir dentro de si a complexidade e as ramificações de uma tradição autônoma: habilidade, princípios artísticos, elucidação de memória, invenção de valores pessoais, investigação científica, territorialização (transformação de um espaço não diversificado em um território feito de canais de comunicação, relações e correspondências), criação de espetáculos, transmissão de *know-how* e publicação de livros por vários de seus membros. Mas para falar a verdade, existe algo mais: inteligência. Essa inteligência não gosta de solenidade e força seus membros a manter os pés no chão: uma inteligência que se treina para travessias oceânicas em pequenos lagos.

O Começo

O Odin Teatret subiu ao palco pela porta traseira, por assim dizer, uma porta estreita e semiprofissional. Eles foram cuidadosos com o lugar onde punham os pés. Uma voz (como a de Dom Juan para Sganarelo) lembrava-os de que aqueles que voltam os olhos para o céu frequentemente terminavam caídos no chão.

A situação na Noruega em 1964 não era suficiente para explicar sua conduta. No início dos anos de 1960, grupos de teatro meio amadores, meio experimentais se espalhavam por toda parte na Europa. Eram ativos em ginásios escolares, em igrejas, na sombra de fábricas e mesmo nos depósitos dos teatros da cidade. Em fúria e júbilo, eles cresceram na atmosfera de calor inquieto durante o *boom* econômico e a convulsão de 1968. Era um teatro contagiante, otimista, efêmero e sonhador, que existiria durante nove semanas ou nove meses e então desapareceria.

O Odin Teatret agiu, em vez disso, como se quisesse sentar praça e ficar. Estabeleceu uma atmosfera de autodisciplina, silêncio, trabalho e moralismo anárquico. No princípio, apenas doze pessoas estavam envolvidas. Logo ficaram reduzidas a menos da metade. Eram noruegueses, aparência de placidez, reservados e gentis, da classe média baixa. Não tinham uma ideologia e uma religião comuns, nem compartilhavam um modo de expressar seu secreto descontentamento. Liderava-os um homem jovem, de pele escura.

Esse homem era europeu. Nascera na parte alta do extremo sul da Itália, nas regiões da Magna Grécia. Mas parecia um árabe. E as nações árabes e a Turquia eram mais próximas do seu lar italiano do que este era da Noruega europeia. Na Noruega, no país de Ibsen e Munch, para onde ele emigrara com dezoito anos, ele era completamente estrangeiro e exótico. E o norte, que ele amava, era exótico para ele. Ele crescera no catolicismo barroco dos reis-papas, entre as cerimônias coloridas dos santos sulistas e das virgens santas, das armadilhas melífluas mortais de tabus sexuais e sob a cega disciplina de um colégio militar nos anos que se seguiram a uma guerra perdida de modo trágico e humilhante. Passo a passo, ele abriu seu caminho. Falava norueguês fluentemente, mas às vezes cometia erros embaraçosos. Por exemplo, usava a mesma palavra para indicar tanto os dedos das mãos quanto os dos pés, como nas línguas românicas. Mas, em norueguês, *finger* é uma coisa, e *ta* é outra. Entretanto, na boca de um jovem instrutor de atores que dava ordens peremptórias durante o treinamento, a confusão entre dois tipos de "dedo" podia ter resultados perturbadores. O estrangeiro era um aluno de universidade, um trabalhador e agora também queria ser diretor teatral.

Para extrair os contornos do Odin Teatret é preciso enfatizar a diferença entre o líder e o "seu" grupo. Essa distância, que era mais do que somente a da identidade étnica, foi talvez decisiva para tornar aceitável a dureza do seu comando, como se isso fosse o efeito de uma disparidade invencível de mentalidade. Provavelmente essa circunstância abriu seu caminho de fazer e pensar, coisa que eles nunca tolerariam de um nativo norueguês, mais suportável para os jovens alunos.

Essa distância não dependia só da geografia.

Menos de dez anos separavam Eugenio Barba de seus companheiros noruegueses, que tinham todos sido rejeitados pela Escola Nacional de Teatro. Mas para jovens de vinte anos isso era muito. Mas ainda mais, um prestígio intelectual incomum o distinguia. Na

Noruega, ele pertencia à classe trabalhadora; era soldador em uma oficina, um socialista (no sul da Europa seria chamado de comunista); um aluno de universidade, que logo teria seu MA em literatura francesa e norueguesa e história da religião. Tinha sido marinheiro e visitado a Índia e o Extremo Oriente. Tinha vivido durante alguns meses em um *kibutz* em Israel e durante anos na Polônia, onde tinha se familiarizado com o teatro normal, e mais de perto com o de um alquimista do palco. Lá ele teria experimentado o socialismo "real". Em Oslo, ele se misturou com a elite estudantil intelectual e foi amigo de artistas famosos e controversos. Conhecia línguas "mortas" como latim e grego. Pôde consumir uma quantidade imoderada de álcool. Nas noites de palavras e cigarros, sua voz elevava-se contra as reivindicações de seus amigos socialistas. A última palavra era dele: entre tantos prósperos esquerdistas, ele, o estrangeiro, era o único verdadeiro trabalhador.

No começo, seus novos companheiros, atores e neófitos, viram somente uma de suas faces: uma expressão séria e severa, concentrada atrás de seus óculos de aro de chifre. Por trás de seu compromisso brilhava o entusiasmo. E por trás do entusiasmo, havia algo remanescente de uma incandescência oculta numa caverna gelada. "Devemos ser cautelosos", pensavam seus jovens seguidores enquanto seu diretor explicava o teatro que tinha experimentado na desconhecida cidade polonesa de Opole, onde estudara e de onde trouxera uma pilha de fotos de atores seminus fazendo acrobacias e em posições bizarras e não teatrais.

Semântica Teatral do "Seu/Sua"

Na Europa, quando observamos o grande teatro do século XX (que na realidade é frequentemente feito realmente de minúsculos teatros), quando falamos de Copeau, Grotowski, Piscator, Stanislávski, Osterwa, Meierhold, Brecht, Vilar, Littlewood, Reinhardt, Beck e Malina, Mnouchkine, Sulerzhitski, Vakhtângov, Kantor e Brook, podemos dizer que o centro do problema está em estabelecer o sentido do possessivo, o *seu e sua*, no teatro deles. E quando falamos de Barba, do *seu* teatro, *seu* grupo, dos *seus* atores, e mesmo das *suas* performances, o possessivo precisa significar algo a meio caminho do sentido que assume em expressões como "*sua* cidade", *seu* tempo,

III

sua nação; e expressões como "*sua* atividade", "*seu* navio", "*sua* caligrafia", "*seu* carro", "*sua* infância". "Seu", em resumo, significa muito mais do que pertencer a e muito menos que um possessivo.

Barba e "seus" companheiros avançaram ainda mais em um palco maior. Primeiro foi a província norueguesa. Logo tivemos as regiões escandinavas. Então houve as vastas terras baixas do teatro alternativo da Europa. Finalmente, um horizonte mais amplo: o teatro eurasiano. Enquanto isso, eles tinham mudado sua base da capital norueguesa para as províncias dinamarquesas, para Holstebro, uma pequena cidade de dezoito mil habitantes. Eles se tornariam um grupo misto com pessoas de diferentes nacionalidades. Eles mudariam muito (como é natural), mas nunca se tornariam irreconhecíveis (e isso é menos óbvio).

Hoje, quase cinquenta anos depois, olhemos para eles de novo. Muitas pessoas os circundam agora: amigos, aliados, colaboradores morando perto e muito longe, admiradores, passantes curiosos. Mas o número de atores não aumentou. Alguns são os mesmos do início. Eles nunca são, em regra, mais do que doze, frequentemente menos. A maior parte deles teve só um diretor, e esse diretor – Eugenio Barba – teve quase sempre eles como "seus" atores. Durante anos. Eles não são "seus" assim como ele não é "deles". A grandeza de Barba é reduzida na ausência de "seus" atores. Assim como a grandeza de cada simples ator é diminuída na ausência de "seu" diretor. Essa condição, vivida durante décadas, deve ser suficiente para fazer-nos entender quão extraordinariamente fértil e ao mesmo tempo feroz é um enclave.

A luta entre diferentes mentalidades e opiniões, traduzida em ação em vez de discussão; a lealdade a pactos comuns; o egoísmo individual sagaz que cada um deles aprendeu a defender – essas características parecem ser, em retrospecto, o material rejuntante do enclave Odin Teatret. Com variações, é o cimento de todo enclave teatral. Quanto maior a tensão, mais sólida a coesão. Isso significa que quanto mais estável um enclave teatral mais ele está a ponto de se desfazer.

Eu mencionei alguns atores que estiveram com o Odin desde o começo na Noruega, em 1964. São esses Else Marie Laukvik e Torgeir Wethal. Eles abandonaram família e língua materna para seguir seu teatro para outro país. A dinamarquesa Iben Nagel Rasmussen assistiu à primeira apresentação deles e, tocada, juntou-se ao grupo em 1966. Daí em diante, ela começou a mudar o Odin Teatret com a técnica do *fait accompli* [fato consumado]. Tage Larsen está com eles desde 1971. Sua primeira improvisação tornou-se um dos pontos altos de *A Casa do Pai*, que, entre 1972 e 1974, foi apresentada 322 vezes pela Europa, espalhando o nome e a influência do Odin Teatret. Roberta Carreri assitiu a essa performance em Milão e juntou-se ao grupo quando ele passava por um dos "terremotos" internos em 1974, deixando seu porto seguro em Holstebro para trabalhar durante cinco meses na cidadezinha de Carpignano no extremo sul da Itália. Sua performance solo, *Judith*, composta com Barba em 1987, ainda excursiona pelo mundo. Julia Varley é inglesa. Foi admitida em 1976 após um longo período de testes. Ela conseguiu ser aceita pelo grupo dirigindo o caminhão do teatro. Suas primeiras performances foram *O Milhão* e *As Cinzas de Brecht*. Hoje ela organiza e conduz muitas das atividades teatrais. Em 1987 dois músicos profissionais juntaram-se ao grupo e tornaram-se atores: Jan Ferslev e Frans Winther, seguidos, em 1990, por Kai Bredholt. Nos últimos cinco anos este último renovou radicalmente as estratégias de "trocas" e intervenções em diferentes realidades sociais. Desde 2003, Augusto Omolú, dançarino de balé clássico e de tradição afro-brasileira, participou de algumas performances, entre elas *O Sonho de Andersen*. Em 2006, o canadense Donald Kitt conseguiu ingressar.

Eu poderia começar daqui, não com o líder, mas com seus pares, numa tentativa de entender o que é um enclave teatral. Seria uma história tão significativa quanto a escrita conforme critérios tradicionais, com os "diretores" como líderes. Corresponderia mais à verdade, se apenas soubéssemos como fazê-la suficientemente clara. Precisaríamos do teclado de um autor hábil em multicentrismo narrativo. Mas se o escritor fosse suficientemente talentoso, veríamos somente o emaranhado de diferentes caminhos, nós, bifurcações e cruzamentos. Apreciaríamos a novela, mas talvez perdêssemos a visão da história real do enclave teatral.

Rifte ou Rino

Se tivéssemos um atlas histórico do teatro, encontraríamos, no século XX, mudanças radicais nos mapas geográficos. Nos dois ou três séculos precedentes esses mapas marcavam as fronteiras dos teatros e das línguas nacionais atravessadas por itinerários de trupes. Hoje em dia esses mapas mostrariam as diversas cores de muitos pequenos territórios diferentes, belicosos em seu aparente isolamento. Em alguns casos, os enclaves teatrais seriam representados não por pequenos círculos coloridos, mas por setas: os nômades que viajam incessantemente, que não "excursionam" embora estejam o tempo todo a caminho. O exemplo mais claro é o Living Theater, que foi desde os anos de 1960 um enclave teatral frequentemente sem domicílio fixo.

O Odin Teatret sempre teve uma base permanente, embora seja apátrida. Como Nordisk Teaterlaboratorium, reside desde 1966 em Holstebro, na Jutlândia, a região de ventos na qual Theodor Dreyer filmou a peça *Ordet,* de Kai Munk. Depois de trabalhar alguns anos no Odin, quase todos os não dinamarqueses pensam que o teatro é o que mais parece aproximar-se de um "país". Eles falam entre si diferentes línguas, o que significa que devem traduzir tudo. Enquanto trabalham, têm em comum um tipo de fala híbrida escandinava, desse modo, mesmo os membros dinamarqueses do teatro sentem-se um pouco "estrangeiros". Eugenio Barba possui um passaporte dinamarquês, mas não há meio de fazê-lo falar dinamarquês. Ele se agarra ao *seu* norueguês.

No início do grupo em Oslo, Eugenio Barba enviou um artigo em inglês intitulado "The Creation of a 'Rift Theatre'" *(A Criação de um "Teatro do Rifte")* a uma revista "alternativa" holandesa. É sua primeira narrativa sobre o Odin Teatret. O texto não foi publicado e permaneceu durante anos enterrado entre papéis.

Barba escreveu: "Aparentemente as circunstâncias e o clima cultural não são propícios para a formação e o desenvolvimento de um 'teatro do rifte'". Em seguida cita *Guerra de Guerrilha* de Ernesto Che Guevara: "não é sempre necessário esperar todas as condições favoráveis à revolução; a própria insurreição pode criá--las"[92]. Barba frisou desde o início que não acreditava que o teatro fosse capaz de provocar uma revolução. Mas acreditava que era possível provocar uma revolução dentro do teatro: "A tática desse 'teatro do rifte' consiste em trabalhar em completo isolamento, longe de quaisquer círculos teatrais oficiais, nunca contentar-se

---

92 Ernesto Che Guevara, *Guerrilla Warfare*, introdução de Marc Becker, Lincoln: University of Nebraska Press, 1998, p. 143.

com suas realizações, e obstinadamente lutar para superar cada obstáculo profissional".

Fanatismo? Sem dúvida. Mas é um fanatismo reservado somente para si mesmo e que não busca prosélitos, oscilando entre audácia e timidez: "Posso bem imaginar o sorriso cínico do leitor lendo esses 'mandamentos' de ética profissional".

Então o ritmo do discurso diminuiu, e Barba observou-se e observou seus companheiros e seu teatro do alto:

> Numa rua quieta de Oslo existe, desconhecido de todos, o Odin Teatret. Aqui um grupo muito pequeno de atores está se preparando para pôr em prática as visões "idealistas" expressas acima. [...] A economia do teatro é assegurada por contribuições semanais que cada membro do grupo coloca em um bolo comum [...]. Outro método de incrementar a economia do teatro é periodicamente fazer cumprir um trabalho semanal fora do teatro, revertendo o salário para o bolo comum. Entretanto, tentamos evitar esse método, para não interromper o ritmo de treinamento. [...] O contato com o exterior é limitado, embora o teatro ganhe com isso somente estímulo válido. Mas o fato de que Jens Bjørneboe, um autor norueguês famoso e muito discutido nos tenha oferecido uma das suas peças inéditas – *Ornitofilene* – para nossa primeira montagem, ou melhor, nosso "lançamento das hostilidades", constitui uma prova de confiança e uma fonte de encorajamento[93].

Eles eram amadores, mas se consideravam profissionais. Estavam bem conscientes de que não tinham direitos ou obrigações em relação a ninguém, pois ninguém tinha pedido que seu teatro existisse. Estavam isolados e no escuro, mas não inativos. Desde os primeiros meses, sua vida teatral baseava-se na complementaridade e alternância de atividades introvertidas e extrovertidas. A pobreza econômica era tal que seu desejo de adquirir visibilidade e prestígio não podia ser considerado megalomania: vide a publicação da revista escandinava *TTT* (Teorias e Técnicas Teatrais) ou a organização da primeira turnê ultramarina do Teatro-Laboratório de Grotowski com o espetáculo *O Príncipe Constante*. Nos anos de 1970, à medida que o grupo gradualmente se consolidava, as atividades tornavam-se cada vez mais exigentes, nunca muito rentáveis e até deficitárias: oficinas internacionais sobre as técnicas do ator; produção de filmes, vídeos

---

93 *Theatre, Solitude, Craft, Revolt*, org. Lluís Masgrau, trad. Judy Barba, Aberystwyth: Black Mountain, 1999, p. 27-33.

e documentários didáticos; seminários sobre teatros clássicos asiáticos e suas performances; estudos sociológicos; "trocas" através do teatro, com suas canções e danças – uma estratégia cultural e social particular, que ajudou o Odin Teatret a tornar-se famoso. A partir de 1980, as atividades aumentaram em escopo e volume, com uma diversificação de objetivos: as sessões da Escola Internacional de Antropologia Teatral (Ista); o Holstebro *Festuge* (Semana Festiva); *Transit*, um festival internacional de teatro de mulheres, o "Odin's Weeks" etc.

Vale notar que nenhuma das atividades visava ao proselitismo (pois é extremamente difícil entrar e trabalhar no Odin Teatret). Elas não eram realizadas para impor um método e uma visão teórica ou em nome de "ideais" tais como anarquia (*sic*), pacifismo, socialismo ou ambientalismo. Se entendermos a palavra *estilo* em um sentido mais profundo, podemos dizer que todos esses esforços são demonstrações de um estilo de vida: tomar uma atitude por meio do ofício teatral, sem propaganda ou pregação.

O amplo leque de atividades "extrovertidas" cresceu na intersecção da economia com a antieconomia. É evidente que essas atividades ofereciam a oportunidade de buscar apoios e justificar os subsídios que o Nordisk Teaterlaboratorium recebia da municipalidade de Holstebro e do Estado dinamarquês. Mas também é evidente que essas iniciativas frequentemente corriam o risco de levar o teatro à falência.

O Nordisk Teaterlaboratorium/Odin Teatret é hoje uma pequena instituição cultural dinamarquesa, embora seja conhecida em todo o mundo. Tem uma situação financeira saudável – sólida como os orçamentos de todos os teatros, dos mais ricos e mais famosos aos mais marginais e insignificantes: sempre apenas sem dívidas e à beira do precipício. Alguns dos membros do Odin ou seus colaboradores próximos e amigos, quando percebem outra crise econômica iminente, pensam: "Por que o Odin Teatret insiste em tomar iniciativas que, desde o início, se sabe serem economicamente inviáveis? Por que o Odin Teatret organiza turnês autofinanciadas a lugares que não conseguem hospedá-las? Por que tantas atividades sociais e extrateatrais que sangram o teatro? Por que não permanecer em Holstebro, concentrando-se em aprofundar e praticar nosso ofício, em vez de arriscar o dinheiro que garante a nossa independência?"

Eugenio Barba realiza meticulosamente seu papel de líder, e às vezes explica as razões para esse tipo de "política". Outras vezes ele impõe sua própria vontade, colocando na mesa suas motivações pessoais: "Se não posso trabalhar desta maneira, por que estaria ainda interessado em fazer teatro?"

Repito, enclaves teatrais são organismos delicados. São amálgamas de pessoas, não associações com atribuições de poder bem ajustadas. Cada um dentro do enclave tem um enorme poder, originado somente por circunstâncias. Enclaves teatrais garantem votos. Mas só quando um problema não é muito estimulante e uma votação secreta é suficiente para resolvê-lo. A luta verdadeira acontece quando são proferidos ultimatos: "Eu permaneço – eu parto". Se o número de pessoas não fosse limitado, seria o caos, uma briga interminável seguida de uma sucessão contínua de cisões. Como o número é pequeno, o resultado é um tipo de ordem na vida: a democracia de pequenos números, simultaneamente anarquista, monárquica e formalmente democrática.

Em relação à "antieconomia", em suas raízes está o princípio que o escritor norueguês Jens Bjørneboe formulou aproximadamente desse modo, quando o Odin Teatret se mudou para Holstebro com um pequeno subsídio da municipalidade: "Agora vocês são uma instituição, mas tão pequena que as pessoas riem do seu *status*. Mas é o que vocês são. E uma instituição inevitavelmente torna-se um rinoceronte, míope e encouraçado. A menos que consiga sempre viver além das possibilidades".

O Jogo de Contextos

A natureza confinante das fronteiras força-nos a olhar além delas. Nisso, enclaves teatrais são semelhantes a ilhas: permanecem independentes enquanto lutam contra o isolamento.

Os teatros, funcionando dentro do sistema, encontram um ambiente pronto para uso (edifícios prontos para receber espetáculos, regras para turnês, conexões com outras instituições e corpos de fomento, organização dos espectadores, temporadas teatrais, repertórios à escolha, relacionamento com críticos, reconhecimento do papel cultural). Teatros que cresceram como enclaves precisam, em vez disso, ajustar-se ao ambiente no qual vivem, bem como ajustar esse ambiente ao seu estilo de vida.

O termo *enclave* automaticamente levanta a questão do seu contexto. A questão mais interessante, no entanto, é outra: Que novo contexto se forma em torno do enclave? O contexto de um teatro não é só algo previamente existente, o panorama no qual ele cresce e ao qual se adapta ou reage. Há também o contexto que se desenvolveu em torno do novo organismo resultante da sua própria presença e atividade.

No início do século XX alguns grandes microssistemas teatrais independentes apareceram como protótipos de uma possível transformação geral do teatro (do Teatro de Arte de Moscou ao Berliner Ensemble em Berlim). Na segunda metade do século – começando com o Living Theater –, diversidade artística e independência pareceram estar associadas de perto com um pequeno núcleo de pessoas: minorias teatrais que não se imaginavam a vanguarda de um teatro que viria, mas identificavam-se com o seu direito extraterritorial. A trajetória de Peter Brook é um bom exemplo disso. Nunca em sua carreira ele sonhou reformar uma das instituições teatrais que já dirigira com sucesso e inovativamente. Quando tinha a força e a experiência para tentar um desenvolvimento radical e coerente, ele escapava dos "bons" teatros e fundava um pequeno enclave. Mudou-se para Paris, escolheu um núcleo de atores de diferentes nacionalidades e cores, e instalou-os nos subúrbios, perto do burburinho de um metrô elevado, na casca vazia de um velho e dilapidado teatro.

Provavelmente é através de uma necessidade intrínseca que as motivações desafiadoras e o extremismo artístico dos alquimistas do palco procuram o suporte da estrutura material do enclave. É impossível dizer se tal estrutura é a causa ou o efeito, se provoca ou protege a existência e a densidade da experiência de um laboratório teatral (nesses casos, relações de causa e efeito são reversíveis). No entanto, é possível assegurar que essa *estrutura do enclave* é necessária. A história nos ensina: dentro das instituições teatrais "normais", incluindo as mais proeminentes, performances magníficas podem ser criadas, mas não há suficiente oxigênio para um processo contínuo de trabalho e para manter viva uma microtradição que combina estética e ciência teatral. Não há a liberdade de tomar caminhos temerários e essenciais cuja extensão não se pode predizer. Em outras palavras: do ponto de vista da inovação teatral, instituições "normais" são desprovidas de (quase) tudo.

Na medida em que eles não quiseram ou foram incapazes de entender essa verdade elementar, talentos excelentes foram desperdiçados e, após um primeiro florescimento, começaram a inalar ar contaminado. Basta pensar em Jean-Louis Barrault, Giorgio Strehler e muitos mais.

A Teoria dos Lugares

Teatro muda dentro de estruturas materiais. Essas transformações não acontecem em meio a um suposto diálogo entre teorias ou com o choque entre estéticas opostas ou diferentes escolhas metodológicas. Para existir, um método necessita ter aberto o caminho em um território bem determinado, em um campo de trabalho materialmente circunscrito.

Teorias oferecem visões *pelas* quais podemos nos orientar. Territórios independentes são lugares nos quais podemos nos orientar. Enclaves teatrais, mais do que ser o resultado de teorias, têm tendência de gerá-las.

Mas mesmo teorias puras (no sentido de esterilizadas), impraticáveis e utópicas adquirem força e efetividade quando são tão sugestivamente vistas em imagens e palavras de modo a tornarem-se uma constelação de estrelas que guiam tentativas concretas de abrir uma nova estrada. Mas essas estrelas precisam realmente *brilhar intensamente*. Uma teoria é assim não quando pode ser transformada em prática, mas quando encontra e vivifica uma prática, traduzindo-a em conceitos e visões. Então a teoria é despedaçada e denegrida no jogo dos mal-entendidos. De outro modo, uma teoria é uma fábula desprotegida, pertencente ao gênero literário da arte-ficção.

A independência do território não é somente uma condição necessária para praticar novos valores. É um valor em si mesmo: mas um *valor preliminar*.

Não devemos acreditar que a condição do enclave é por si mesma uma característica positiva. Assim como um laboratório teatral pode ser a tela que oculta uma atividade de perseguição erudita das muitas curiosidades do ofício, um enclave pode também produzir um teatro esquálido. Pode, por exemplo, ser a base apropriada para o desenvolvimento de pequenas tiranias ou para a sobrevivência de uma rotina. É um refúgio, e quanto mais rígido e orgulhoso, mais o trabalho que abriga pode ser medíocre.

A independência em si mesma é neutra. Ela não tem a autoridade de alimentar a presunção de uma superioridade política ou moral, uma maior liberdade para seus habitantes ou o compromisso com um ideal. A partir da independência pode crescer um espírito sectário (com o risco de introversão e isolamento) ou uma forte urgência de se abrir para fora (com o risco de dissipação).

É portanto compreensível que Eugenio Barba constantemente lembre a si e a seus companheiros de que a "diferença" deve ser continuamente auscultada. Ela não pode ser simplesmente defendida. A defesa, quando bem-sucedida, reforça e avoluma o latido [possível referência ao dito "cão que ladra não morde", que existe em diversos idiomas]. Mas a diferença é um valor somente se for vulnerável.

Palavras que Pensam

É verdade que palavras pensam, especialmente quando se chocam umas com as outras, torcendo seu sentido. Tome, por exemplo, *laboratório*, *diferença* e *superstição*. O sentido de cada uma delas sozinha, é claro. No momento em que entram em curso de colisão com as outras, tornam-se algo rico e estranho – menos claro e mais verdadeiro.

Diferença está sempre no centro da reflexão desenvolvida por Eugenio Barba ao longo dos anos referentes à sua história pessoal e à do seu teatro. Ele coloriu essa reflexão de muitos jeitos. Recentemente, a palavra colocou a proa na posição da popa e veleja em direção ao futuro. Barba explica *diferença* não como uma condição ruim de partida, mas como um destino, um objetivo decisivo a ser conquistado. Não é algo em que se deve ter fé ou do qual aprendemos e tiramos inspiração, mas mais uma aspiração.

Em relação à diferença, encontramos outros termos nos escritos de Barba: dissidência, grupo, interculturalismo, laboratório, revolta, significado, história subterrânea do teatro, superstição, vulnerabilidade, vocação, ferimento. Teoricamente não há conexão entre eles. Mas na prática as coisas são diferentes. E o termo laboratório, em sua companhia, parece destoar.

Igualmente o termo *superstição* destoa. Barba usa-o de um jeito etimológico e paradoxal: algo que "está acima", equilibrado sobre a prática, para fornecer um nome e um valor a ela. É um valor silencioso que não precisa ser compartilhado, mas que cada um formula em uma saída pessoal dos golpes que ele ou ela recebeu, isto é, a sua própria biografia. Isso é diferente para cada um e marca qualquer coisa que transcenda a dimensão horizontal do trabalho e seus resultados.

Por caminhos tangenciais, *laboratório* e *superstição* mapeiam juntos um pensamento. Pensam eles que o laboratório é uma superstição (ou *a* superstição) do teatro? Será o laboratório então o emblema de uma magnitude potencial do trabalho teatral?

Além de servir para medir terremotos, podemos usar magnitude *para refletir* sobre o teatro.

Essa palavra foi escolhida por Charles Richter nos anos de 1930 para estabelecer uma medida para classificar a potência de terremotos. É portanto apropriado aplicá-la ao teatro, cuja efetividade coincide, no fim, com os tremores que é capaz de produzir no espectador. Richter usou uma palavra latina para dizer que a potência de um terremoto é medida não somente observando a extensão da destruição que causa, mas também avaliando a energia gerada em seu epicentro, sua fonte.

Para os teatros, a energia no epicentro deve ser medida pelo trabalho que acontece nos bastidores e antes do espetáculo: na fornalha do laboratório.

Uma História Natural

Sempre me emociona redescobrir no estreito campo da minha própria investigação, de formas novas e inesperadas, a ascensão da dinâmica análoga às que regulam a estrutura de vastas partes do passado. Esse foi um dos prazeres na pesquisa sobre os enclaves teatrais.

Se observarmos os grandes ecossistemas teatrais com os olhos de um naturalista, algumas tensões vitais recorrentes emergem claramente. Essas são tensões infraculturais, entre as microculturas dos atores e as culturas dominantes dos espectadores, entre a "novidade" que emerge do repertório e o repertório de espetáculos consolidados, entre a descontinuidade das diferentes encenações e a continuidade de técnicas e especializações dos atores (por exemplo, papéis habituais, no sentido de *emplois*, ou treinamento e exercícios), entre criação artística e explicação teórica, entre pessoas do palco e as da palavra escrita, entre formas comerciais e posições políticas e ideais, entre "sucessos" e memória que permanece nas cabeças e nos sentidos de espectadores.

Encontramos o equivalente de todas essas tensões no enclave. Não é sempre fácil reconhecer isso, porque o equivalente é muito diferente de uma imagem no espelho.

O espelhamento, em uma escala menor, das fortes tensões típicas do sistema normal de teatro faz dos enclaves teatros *análogos*. Eles são como as ilhas Galápagos, onde – por causa do isolamento – certos processos evolutivos naturais estão presentes em formas singulares comparadas com as dos continentes.

Em que sentido, por exemplo, se justifica falar de Eugenio Barba como um "diretor"? Uma resposta detalhada a essa questão nos faria ver que "diferença" não é um traço ou uma característica, mas um movimento contínuo entre o dissimilar e o equivalente.

O trabalho de Eugenio Barba como "diretor" é muito diferente do trabalho que caracteriza o diretor tanto no sistema teatral quanto em muitos enclaves e laboratórios teatrais. Claro que não estou falando do que distingue um artista de outro. Falo de uma diferença na natureza do próprio trabalho desenvolvido por Barba. Esse trabalho é, de algum modo, semelhante ao de um autor cuja pena é tridimensional. Na realidade, ele é um *comutador de sentido*. É como se a carga inventiva e devastante de um poeta fosse mergulhada no trabalho dos atores. Esse poeta está enraizado na trupe como Wilhelm Meister, por exemplo. Mas Eugênio Barba não é Wilhelm Meister, pois ele foi o primeiro professor de "seus" atores. Agora, quando estes são autônomos, e alguns deles também sobressaem por si mesmos, ele não somente faz a montagem dos materiais propostos por eles, entrelaçando esses materiais em sequências coerentes, mas também os provoca, empurra-os para outras direções, coloca-os no fogo, projetando-os em contextos e histórias que nem ele nem os atores tinham previsto.

No melhor dos casos, não há mais diretor ou ator. O espectador é imerso num campo de forças onde as pessoas envolvidas são capazes de superar as diferenças de suas especializações, papéis e funções. O espectador sente a dinâmica de um *corpo-mente coletivo* graças a técnicas profundamente incorporadas, competência profissional adquirida ao longo do tempo e, acima de tudo, relações reforçadas pelos altos e baixos de experiências compartilhadas.

Em casos menos afortunados, há uma luta entre indivíduos que podem chocar-se uns com os outros sem serem muito feridos por causa da sua familiaridade.

Nos primeiros anos, quando Barba era também o professor dos "seus" atores e frequentemente o coautor de suas partituras, seu trabalho de "comutador de sentido" ficava oculto por trás da relação densa e múltipla do corpo a corpo diário entre "diretor" e "ator". Hoje, a relação entre Barba e os atores recria, em pequena escala, algo raramente discernível nos mais vastos campos da história do teatro: uma série de tremores que certos escritores impõem ao repertório, forçando os atores a expandir ou abandonar suas habilidades profissionais. Basta pensar em Ibsen e Tchékhov, Strindberg e Brecht, que demoliram de dentro as fundações do teatro que conheciam tão bem. Ou relembrar o que Goldoni tentou fazer, percebendo isso mais em sua escrita do que na prática teatral de seu tempo.

Essa dinâmica de destruição-e-inovação ocorre durante décadas e séculos nas grandes expansões do teatro europeu. Mas se torna singular quando a encontramos de novo – com funções similares, mas características muito diferentes – no espaço e tempo restrito de um enclave teatral como o Odin Teatret, cujo conjunto de artistas é quase sempre o mesmo ao longo dos anos e em um estado de constante "confrontação" com "seu" comutador de sentido. Essa situação única é também um exemplo eloquente do que pode nascer no clima e sob a pressão de um enclave duradouro.

Existe uma plenitude de microssociedades. Por que um enclave teatral nos atrairia ou se tornaria um alívio para nosso descontentamento, se é apenas um pequeno meio artístico capaz de se defender? Ele poderia somente reclamar nosso respeito e admiração, e encontraríamos confirmação das muitas e livres identidades do teatro. Mas seria nossa *identidade como indivíduos* desafiada?

III

Se o que acontece em um enclave teatral atrai e nos move, é porque somos confrontados com fundações firmes, prolongados períodos de formação e arquiteturas complexas de regras e tradições. Mas a função delas é apenas sustentar a precariedade dos picos, os vazios profundos das cavernas interiores, as aberturas repentinas das fendas de geleiras de onde surgem ecos que atores fingem não ouvir e espectadores fingem apreciar como arte. Tudo isso tem a ver não meramente com um conjunto de novas relações e regras artísticas, embora inteligentes, originais e alternativas.

A palavra *enclave* por si só diz pouco. Mas será que a palavra *laboratório* não arrisca dizer demais? Não sugere algo progressivo, esperançoso e confortante?

O enclave Odin frequentemente dissimula sua própria base áspera e estremecida por trás de uma disponibilidade pedagógica atarefada. Ele parece alimentar a esperança de que há ensinamentos úteis para aqueles que, sucessivamente, se põem a caminho de novas transgressões e terremotos – sem os quais o próprio teatro é de pouca utilidade do ponto de vista da qualidade, benefícios e sentido pessoal.

A ilusão de que a força dos princípios artísticos e pedagógicos pode prevalecer sobre a entropia é negada pela qualidade das performances do Odin (qualidade como um sintoma de frêmitos, não como uma perfeição de técnica e formas). São performances enigmáticas. Esses enigmas não têm nada a ver com quebra-cabeças e respostas simples a questões obscuras. Exatamente o oposto: os nós estão claros, enquanto suas consequências são escuras. Esses nós inventam um jeito de amarrar-se cada vez que o espectador os desamarra. Assim, parece que eles – os nós do enigma – afrouxam a parte de nós com a qual não estamos familiarizados. Como um ato compassivo, nascido do rigor, constantemente se renovando.

Esse fenômeno, que é excepcional entre os teatros, é evidente e concreto, mas também difícil de dissecar. Portanto, ninguém lhe dá a devida atenção, como se ele fosse uma anedota e não o ápice da micro-história de um teatro diferente.

No momento mesmo no qual nos vemos em face de uma realidade artística dotada de um poder objetivo, então o paradoxo do indivíduo que escreve a história do teatro vem à cena. Entre os assuntos da história dele ou dela, um espectador precisa estar necessariamente presente, com a geografia das suas paisagens interiores. Aqui não é uma questão de "público" coletivo, mas de um "indivíduo espectador" objetivo. O que escrevo parece ser a expressão de um modo pessoal de sentir e a autobiografia de um espectador apaixonado. Em vez disso, é o contrário: um choque, não buscado nem querido, com as ambiguidades da poesia do palco.

Em casos ainda mais raros (que nós chamamos simplesmente "obras-primas"), os olhos do espectador veem com um olhar esgazeado que não é mais o seu próprio. É um olhar impessoal, liberto da sua prisão: as grades e paradigmas do seu cérebro. A experiência desse olhar foi pensada, imaginada e descrita por poetas e cientistas. Nas páginas finais de *Tristes Trópicos*, Claude Lévi-Strauss viu com esse olhar[94]. Mas uma coisa é falar e mostrar, outra é estar imerso nele, mesmo que somente por um momento, experimentando assim essa experiência impossível. De novo temos um *témenos*, um corte, uma separação que engendra clarividência e medo.

Como o assobio de uma lâmina, esse olhar agudo era algo que esse espectador que escreve essas páginas era capaz de sentir nas últimas cenas de *Talabot* e *Mythos*, duas performances compostas respectivamente em 1988 e 1998 pelo Odin Teatret.

É preciso separação, das bases de uma microtradição, da invenção de uma técnica, das superstições de um laboratório sem complacência e sem finalidade para forjar essa fina lâmina, que é afiada e às vezes ainda mais afiada. E quando ela atinge seu gume perfeito, torna-se um raio, um laser, impelido para as profundezas do teatro, extinguindo-o.

INFORMAÇÕES SOBRE O ODIN TEATRET*
Nando Taviani

A vida do Odin Teatret como enclave teatral (ou laboratório teatral) pode ser descrita esquematicamente por meio da complementa-

---

94 Cf. Claude Lévi-Strauss, *Tristes Tropiques*, traduzido por John e Doreen Weightman, London/New York: Penguin, 1973, p. 414-415. (Ed. bras.: *Tristes Trópicos*, São Paulo: Companhia das Letras, 2004.)

* Traduzido do italiano para o inglês por Judy Barba.

ridade e alternância de atividades introvertidas e extrovertidas. Entre as introvertidas encontramos o trabalho de Barba com os atores, o trabalho dos atores em si mesmos (treinamento, elaboração autônoma de materiais para uma produção, demonstrações de trabalho) e ensaios – que podem durar até dois ou três anos.

As atividades extrovertidas incluem as produções próprias do Odin, apresentadas no local ou em turnês na Dinamarca e no exterior; "trocas" com vários meios em Holstebro e em outros lugares; a organização de encontros de grupos teatrais; hospedagem de outros grupos e conjuntos teatrais; seminários na Dinamarca e nos países onde o Odin leva suas produções; a publicação de revistas e livros; a produção de filmes e vídeos didáticos; sessões da Escola Internacional de Antropologia Teatral (Ista); o Centro de Estudos de Laboratório Teatral (CTLS) em colaboração com a Universidade de Aarhus; a anual Semana Odin; o trienal Festuge (Semana Festiva) em Holstebro; o festival trienal Transit, devotado à mulher no teatro; espetáculos infantis, exibições, concertos, mesas redondas, clubes de filmes e outras iniciativas culturais em Holstebro e adjacências.

Não há separação rígida entre as duas esferas de atividade acima. Elas são planejadas e realizadas pelas mesmas pessoas e frequentemente se superpõem, transferindo energias e estímulos de um campo a outro. A vida do enclave Odin depende do equilíbrio precário entre essas dimensões dinâmicas diferentes.

Na realidade, há três dimensões: a terceira consiste dos muitos livros e ensaios escritos por Eugenio Barba e pelos atores Roberta Carreri, Iben Nagel Rasmussen, Julia Varley e Torgeir Wethal, traduzidos para muitas línguas.

1964-1965: O Odin Teatret foi fundado em 1º de outubro de 1964 em Oslo, Noruega. Três dos seus cinco fundadores – Eugenio Barba e os atores Else Marie Laukvik e Torgeir Wethal – ainda hoje (2009) fazem parte dele. Enquanto dedicado a seu aprendizado profissional como autodidata, o Odin publicou *Teatrets Teori og Teknikk*, uma revista trimestral que até 1974 publicou 23 números monográficos e livros. A primeira produção do Odin Teatret e primeira direção de Eugenio Barba foi *Ornitofilene* (Os Amantes de Pássaros, novembro de 1965), um texto não publicado de Jens Bjørneboe.

1966-1968: Em junho de 1966 o Odin Teatret fundou seu lar permanente em Holstebro, Dinamarca. A iniciativa de suas oficinas inovadoras transformou essa pequena cidade em um centro de encontros por meio da confrontação prática com artistas da nova onda teatral no Ocidente e do teatro e da dança asiáticos. De junho de 1966 a 1977 o Odin apresentou seminários práticos pioneiros duas vezes por ano. Entre os professores estavam Jerzy Grotowski, Ryszard Cieślak, Dario Fo, Étienne Decroux, Jacques Lecoq, os irmãos Colombaioni, Charles Marowitz, Otomar Krejca, Joseph Chaikin, Julian Beck e Judith Malina, Jean-Louis Barrault e Madeleine Renaud, o coreógrafo javanês Sardono, os mestres balineses I Made Pasek Tempo, I Made Djimat e I Made Bandem, os mestres japoneses do nô Hisao e Hideo Kanze, os artistas Butoh Kazuo Ohno e Natsu Nakajima, os mestres de formas clássicas indianas Shanta Rao, Krishna Namboodiri, Uma Sharma, Ragunath Panigrahi e Sanjukta Panigrahi. O último está entre os cofundadores da Ista, em 1979. Eugenio Barba editou *Em Busca de um Teatro Pobre*, de Jerzy Grotowski (*Teatrets Teori og Teknikk*, n. 7, 1968).

1969-1973: A terceira produção de Barba, *Ferai* (1969), com um texto especialmente escrito para o Odin por Peter Seeberg, trouxe ao teatro o reconhecimento internacional. A produção seguinte, *Min Fars Hus* (A Casa de Meu Pai, 1972), que, como *Ferai*, era para somente sessenta espectadores, confirmou seu prestígio e ao mesmo tempo colocou-o em contato com um meio teatral jovem na Europa e no exterior, que era diferente do teatro oficial e da vanguarda elitista.

1974-1975: Após representar *Min Far Hus* 322 vezes em festivais e cidades importantes na Europa, o Odin Teatret mudou-se para Carpignano, uma aldeia no sul da Itália onde trabalhou durante cinco meses entre a primavera e o outono de 1974. No ano seguinte, foi de novo a Carpignano por três meses, e então para Ollolai, uma cidadezinha nas montanhas da Sardenha. O Odin expandiu suas atividades para um novo campo, com performances ao ar livre para muitos espectadores, shows itinerantes e paradas. Esses espetáculos eram montados com material do repertório individual dos atores ou de todo o grupo (exercícios teatralizados do treinamento, *gags* de clown etc.).

A prática da "troca", baseada em reciprocidade ativa, começou em Carpignano em 1974. Em vez de vender seus próprios espetáculos, o enclave Odin trocava-os – *bartered* – por eventos culturais do meio hospedeiro (associações políticas e religiosas, aldeias, vizinhanças, escolas, hospitais psiquiátricos, prisões etc.). A troca oferece não somente uma percepção de outras formas de expressão, mas é igualmente uma interação social que vence os preconceitos, dificuldades linguísticas e diferenças de pensamento, julgamento e comportamento. A prática da troca através do teatro caracteriza a ação social do Odin até hoje.

O enclave Odin nesse momento apresentou-se para fora com uma dupla face: performances para poucos espectadores em ambientes protegidos; e performances lotadas, coloridas e grotescas ao ar livre. As primeiras requeriam longos períodos de preparação, com o diretor e os atores recomeçando a cada vez; as outras derivavam de uma rápida estruturação de material existente.

1976-1980: Durante abril e maio de 1976, o Odin Teatret participou do Festival de Caracas com *Come! And the Day Will be Ours* (Venha! E o Dia Será Nosso). Fora da estrutura do festival, foi atuante em encontros com outros grupos, trocas, paradas e performances ao ar livre. O Odin fez "trocas" com uma tribo Yanomami após uma longa jornada ao seu território na Amazônia. Foi o início de laços duradouros entre o enclave Odin e numerosos enclaves teatrais latino-americanos. Alguns desses foram convidados por Barba a seguir para Belgrado no outono seguinte para o Encontro Internacional de Teatro de Grupo dentro do Bitef Festival/Teatro das Nações. Nessa ocasião, Barba publicou o manifesto sobre o Terceiro Teatro.

Novas atividades independentes emergiram no Odin envolvendo atores individuais ou Barba com somente um dos atores. Isso também se aplicou à Ista em seus primeiros anos.

A Ista não é uma instituição rígida, mas um meio, um entrelaçamento de relações cambiantes. Ela assume uma forma definida somente durante suas sessões públicas. Em seguida transforma-se em uma *aldeia de performers*, onde atores e dançarinos de muitas tradições e gêneros encontram-se com estudiosos para comparar e analisar a fundação técnica de sua presença cênica. O que torna o encontro possível é um jeito discordante de pensar e um desejo comum de questionar o comportamento no palco do ator-dançarino. É dentro desse meio que Barba comparou as experiências do enclave Odin com outros gêneros teatrais e de dança, circunscrevendo um novo campo de estudo: a antropologia teatral, o estudo do comportamento cênico em uma situação organizada de representação.

Uma sessão da Ista concentra-se em um tema ou em uma questão colocada sob investigação (improvisação, efeito orgânico, fundadores de tradições, forma e informação etc.). Ela inclui vários mestres de diferentes tradições e seus conjuntos, 38 participantes e um grupo de cerca de dez estudiosos/pesquisadores. Usualmente dura entre quinze e vinte dias, embora a sessão mais longa, Volterra (1981), tenha durado dois meses. Além das sessões internacionais públicas, sempre acompanhadas de um simpósio de dois dias com demonstrações práticas e performances com os conjuntos dos mestres, a Ista desenvolveu outra atividade recorrente: A Universidade de Teatro Eurasiano.

Sessão após sessão, desde 1990, um conjunto, o Theatrum Mundi, cresceu a partir da colaboração entre os atores do Odin e os mestres da Ista. As produções do Theatrum Mundi são eventos que envolvem entre 45 a 50 *performers* e músicos de tradição diversa, com Eugenio Barba como diretor. As performances encenadas incluem: *Ego Faust* (2000), *Ur-Hamlet* (2006 e 2009), *Dom Ivan no Inferno* (2006) e *Casamento de Medeia* (2008).

1980-1990: Novas produções: *As Cinzas de Brecht* (1980), *O Evangelho Segundo o Oxyrhincus* (1985), *Talabot* (1988). Nesse período, a dinâmica dentro do Odin assumiu duas novas dimensões. Adicionalmente ao trabalho coletivo surgiram linhas individuais de pesquisa.

Simultaneamente com sua presença no Odin Teatret, Iben Nagel Rasmussen fundou o grupo Farfa. Então, em 1989, ela iniciou A Ponte de Ventos, uma assembleia internacional de atores e diretores usualmente ativos em seus próprios países e que periodicamente se juntam a ela durante algumas semanas para concentrar-se em pesquisa pessoal. O ator Toni Cots – o mais próximo colaborador de Barba no planejamento das primeiras sessões da Ista – desenvolveu com Basho uma atividade autodirigida de pedagogia e performances juntamente com suas tarefas dentro do Odin. Julia Varley ajudou a fundar o projeto Magdalena em 1986, uma rede de mulheres no teatro contemporâneo, coeditando sua revista anual, *The Open Page*, e organizando, desde 1992, o festival trienal Transit. Torgeir Wethal filmou e editou filmes sobre treinamento (de Grotowski, de Decroux e do Odin Teatret) bem como performances e "trocas" (*barters*) do Odin. Cada ator do Odin, de modo mais contínuo e formal, desenvolveu campos autônomos de ação.

Às vezes é difícil enfatizar o equilíbrio correto entre atividades extrovertidas e introvertidas, bem como entre atividades envolvendo o grupo todo e aquelas de atores individualmente. A compacidade do Odin, que parece incontestável vista de fora, é sentida internamente como um problema que necessita de constante monitoramento. Uma das consequências dessa dinâmica interna foi o florescimento de "pequenas" performances, frequentemente de intensidade igual à das produções do grupo todo.

É nesse contexto que um novo gênero desenvolveu-se: as mostras de trabalho. Essas são estruturadas como uma performance, com um ou dois atores apresentando e expondo os princípios fundamentais de seu ofício teatral. Embora o propósito original fosse pedagógico, as mostras de trabalho logo se tornaram um meio de interrogar a natureza da técnica do ator e investigar a dialética entre "frio" e "quente". Citando Barba, uma técnica se manifesta como uma "dança de álgebra e chamas", o material bruto de um teatro-na-vida. Vistas como um todo, as mostras de trabalho indicam claramente que o enclave Odin não é caracterizado por uma visão uniforme, mas por um mosaico de métodos e perspectivas individuais que criam uma "pequena tradição" com um rosto múltiplo.

O enclave Odin alterna em uma forma cada vez mais evidente períodos de concentração com períodos de abertura para o exterior.

Desde 1989 o Odin tem organizado a cada três anos em Holstebro um intenso *Festuge* (Semana Festiva), recebendo grupos de teatro e artistas estrangeiros, mas, acima de tudo, colaborando com mais de cem associações e instituições locais. Teatro, música, dança, arte figurativa, conferências e debates são entretecidos com as atividades diárias de escolas, igrejas, barracas militares, da estação de polícia, de lares para velhos, da estação de trem, dos ônibus, das lojas, do hospital, de instituições culturais e espaços abandonados. O Festuge permeia a cidade toda, dia e noite durante uma semana, com uma grotesca e perturbadora espetacularidade de performances culturais impressionantes, para grandes multidões, e *barters* (trocas), a visitas privadas de atores, festas de aniversário e incursões a escritórios administrativos.

Desde os anos de 1980, outra atividade recorrente é a Semana do Odin (Odin Week). Ela oferece oportunidade para cerca de trinta ou cinquenta pessoas de círculos teatrais e acadêmicos de diferentes países serem apresentados à estrutura e vida multifacetada do enclave Odin. Eles treinam com os atores, conhecem seus métodos de trabalho pessoais, o gerenciamento e a organização do teatro, com suas atividades comunitárias e projetos internacionais, assistem a muitos espetáculos e mostras de trabalho e têm um encontro diário teórico/prático com Eugenio Barba.

1990-2009: Novas produções: *Kaosmos* (1992), *Dentro do Esqueleto da Baleia* (1997), *Mythos* (1998), *Ode ao Progresso* (2003), *Cidades sob a Lua* (2003) e *O Sonho de Andersen* (2004). Desde 2008 Barba e seus atores trabalham numa nova produção que tem, até o momento, apenas um título provisório. Barba fala sobre essa produção como um espetáculo que tem um final feliz.

Turnês possuem a tendência de se transformarem em longas residências artísticas, pedagógicas e culturais em países estrangeiros em estreita colaboração com grupos de teatro locais, universidades e associações, principalmente na Europa e na América Latina. As iniciativas e projetos de atores individuais multiplicaram-se, projetando-os na direção de novos contextos e experimentos. A tensão entre forças centrífugas e centrípetas dentro do Odin atinge seu clímax. Os olhos do visitante, entretanto, perceberão essa tensão como um meio efervescente que mistura atores, diretores, dançarinos e estudiosos de diferentes gerações e nacionalidades em um enxame de iniciativas incessantes, às vezes frenéticas.

Ao mesmo tempo, o Odin Teatret persiste em reforçar suas raízes em Holstebro e seu território. Nos primeiros três meses de 2009, foi desenvolvido um denso programa de "Interferências": através de projetos previamente escolhidos, o mundo do teatro penetra na vida diária e nas atividades da comunidade no centro da cidade e nas aldeias vizinhas. Mais um esforço para encontrar novo uso e sentido para a prática teatral na vida civil.

A casa do Odin está crescendo: em 2004, no quadragésimo aniversário de sua fundação, um novo espaço foi inaugurado: CTLS – Center for Theatre Laboratory Studies (Centro de Estudos para Teatros Laboratórios). Ele compreende uma biblioteca, um arquivo de documentos do Odin e de outros laboratórios teatrais, uma área para digitalização e produção de materiais audiovisuais sobre o ofício teatral e para edição e organização de materiais acumulados durante quase cinquenta anos de atividade. O CTLS tem uma relação estável com a Universidade de Aarhus e com o Instituto Grotowski em Wrocław, Polônia.

Em 2008, o Odin Teatret, o Instituto Grotowski e o Theatre Arts Researching the Foundations (Tarf), em Malta, criaram a Icarus Publishing Enterprise, com o propósito de apresentar textos em inglês de artistas e especialistas sobre a prática e visão de teatro como um laboratório.

Será que o pequeno grupo teatral nascido 45 anos antes em Oslo está agora em risco de contrair elefantíase? Bem, o risco é mitigado por um fator essencial: o número de atores permaneceu igual, e muitos deles estão juntos há décadas.

Em 2009, a equipe permanente do Odin Teatret consiste de 22 pessoas, onze das quais atores. Seu movimento financeiro é de cerca de quinze milhões de coroas dinamarquesas (dois milhões de Euros). As receitas das diversas atividades do enclave Odin flutuam entre quarenta e cinquenta por cento das doações recebidas do Ministério da Cultura Dinamarquês e da municipalidade de Holstebro.

Quando hoje perguntam a Eugenio Barba sobre o futuro do seu teatro, sua resposta é descompromissada: "O Odin Teatret existirá enquanto um de seus atores atuais quiser continuar sua atividade. Depois disso deve desaparecer. O Odin *é* os seus atores. Nosso nome não será transferido para uma concha vazia – um edifício ou uma instituição".

IV

A relação entre os estúdios
da primeira metade do século XX e
os laboratórios teatrais da segunda.
A corrida da Rainha Vermelha.

O grupo que denominei "mente coletiva" havia destacado, em muitos anos de trabalho prático e discussão, aspectos dos laboratórios teatrais levantados com frequência. Ficou logo claro, no entanto, que cada laboratório teatral tinha características diferentes, e que os traços comuns a todos (tempo mais longo de ensaios, ritmo de produção diferente comparado com os teatros "normais", interesse em ensinar e a tendência de trabalhar com um núcleo permanente ou ao menos com uma rede estável de atores) eram compartilhados por muitos teatros experimentais.

Além disso, os laboratórios teatrais mais longevos sofreram mudanças tão radicais que é por vezes difícil identificar em sua maturidade as características dos primeiros anos. Teriam eles deixado de ser laboratórios depois dos primeiros sete anos?

A "mente coletiva" começou a olhar para o problema da relação entre os laboratórios teatrais (isto é, pequenos teatros da segunda metade do século xx, dos quais os exemplos mais notórios são o Teatro-Laboratório e o Odin Teatret) e os teatros da Grande Reforma Teatral na virada do século xx. O termo "A Grande Reforma", explicou Osiński, foi provavelmente cunhado pelo importante diretor polonês Leon Schiller, que trabalhou entre as duas guerras mundiais[1]. Schiller era adepto de vir com definições prontas, mas duradouras. Ele também cunhou as expressões Teatro Monumental Polonês e Teatro Imenso, o último inspirado numa definição de Wyspiański.

Enquanto alguns de nós ainda tentávamos reunir um conjunto de características que tornariam possível definir quais teatros podiam ser legitimamente considerados laboratórios, e avaliar a influência dos protagonistas da Grande Reforma na virada do século XX, Raquel Carrió, uma estudiosa do teatro e autora de peças teatrais, deu sua opinião. Em Cuba, ela treinou gerações inteiras de artistas de teatro e intelectuais no Instituto Superior de Artes. Ela nos explicou:

> Seria muito difícil delimitar o que é ou não um laboratório teatral na América Latina. Não somente porque o termo "laboratório" é adotado por outras práticas teatrais, uma vez que não é um conceito originário de grupos ou teatros latino-americanos. Mas também porque, uma vez adotado, ele se estende a uma grande variedade de práticas. Aquelas no México, por exemplo, foram chamadas de laboratórios teatrais *campesino* (campesinos), pois ocorriam em zonas rurais e com camponeses como atores e espectadores. No outro extremo, há as experiências fechadas de pesquisa cênica conduzidas por grupos ligados a universidades ou centros de estudo.
>
> Mas o que exatamente define a natureza de um laboratório na América Latina? É necessariamente um espaço fechado, isolado de todo tipo de contaminação, dedicado inteiramente ao estudo de técnicas do ator e de performance? E pode-se falar de uma metodologia ou de um modelo conjunto de métodos e técnicas caracterizando a pesquisa teatral em nosso continente?
>
> Se tivermos que identificar laboratórios nessa base, a maior parte dos principais teatros na América Latina, os mais controvertidos, inovadores, aquele capazes de ter impacto na vida social de nossos países, não estariam cobertos segundo tal definição. Teatro Galpón no Uruguai, Teatro Experimental de Cali e La Candelaria na Colômbia, Arena, Oficina ou Macunaíma no Brasil, Cuatrotablas e Yuyachkani no Peru, Teatro Estudio, El Escambray e Teatro Buendía em Cuba, Ictus ou El Gran Circo no Chile, e muitos outros,

---

[1] Aqui estou parafraseando a carta pessoal de Osiński a Barba, datada de 22 de dezembro de 2007. Um dos textos mais programáticos de Schiller é o longo ensaio "O Novo Teatro na Polônia: Stanisław Wyspiański", publicado na revista de Edward Gordon Craig *The Mask*, v. II, n. 1-3, 1909, p. 11-27, e n. 4-6, 1909, p. 59-71.

não foram certamente lugares isentos de intensa contaminação, com experiências internas e externas, dentro e fora do teatro. Essas experiências sem dúvida contribuíram muito para a natureza notável de seus espetáculos.

Parece, portanto, que a diversidade (de técnicas, métodos e linguagens) é o traço distintivo do teatro na América Latina. Mas não é o único. Há também o senso de rebelião, de oposição a todos os modelos propostos[2].

Tendo desconsiderado a possibilidade de sugerir um protótipo, Raquel Carrió gastou algum tempo com o difícil relacionamento entre os teatros no fim do século XX e os grandes modelos da virada do século. Ela falou sobre como nos teatros da América Latina o desejo de aproveitar os ensinamentos e a herança dos mestres da Grande Reforma europeia divergia do desejo, mesmo necessidade, de originalidade e independência. E sobre como esse impasse foi superado, mesmo que na forma de reconhecimento e diálogo, e nunca como uma simples aplicação de sistemas e princípios. É um problema que aflora novamente no relacionamento entre os atores latino-americanos e o exemplo de Grotowski.

Uma das ouvintes, Ana Woolf, atriz e diretora argentina, participou da discussão fazendo uma rápida pesquisa entre realizadores teatrais de seu país sobre a influência de Grotowski. Beatriz Seibel, uma proeminente pesquisadora que tinha escrito sobre vários aspectos do teatro argentino, definiu-o como um "mistério". Ela falou sobre seus livros sendo circulados subterraneamente, as múltiplas interpretações sobre treinamento, o significado de exercícios e suas ideias. Descreveu a "entidade Grotowski", consistindo de fotocópias desconcertantes, os últimos desenvolvimentos europeus, documentos firmemente guardados por poucos felizardos. A crítica de teatro Susana Freire mostrou que Grotowski demonstrara que o teatro é, ou pode ser, um espaço para comunicação espiritual. Antonio Célico, o diretor do El Baldio Teatro, falou, ainda em relação a Grotowski, sobre uma "teoria do mal-entendido". Então Bianca Rizzo (que vem de um mundo paralelo, o da dança, sendo coreógrafa e

---

2   A citação é da transcrição do discurso de Raquel Carrió, "Irradiações na América Latina", proferido na conferência Por que um Laboratório Teatral?, Aarhus, 5 de outubro de 2004.

bailarina) falou sobre o que tinha sido deduzido dos escritos de e sobre Grotowski, sobre o que permaneceu ao longo do tempo: a crença na existência de uma inteligência coletiva de um grupo; a importância de um "caminho negativo"; a imagem de um ator nu em uma pose de oferecimento, surgindo como uma fonte de luz. A jovem Gabriela Bianco, criadora do Teatro de Lengua de Señas, na Argentina, lembrou que Grotowski outorgava ao teatro o papel de um espaço para ganhar conhecimento sobre a realidade. A própria Ana Woolf lembrou a força dos alertas, às vezes obscuros, mas cheios de sentido, com os quais algumas elocuções de Grotowski tinham sido repetidas. Citou algumas delas, que tomou da transcrição dos seminários de Grotowski no Odin Teatret no fim dos anos de 1960[3]: "Não represente; busque; não exista para si mesmo; exista para outra pessoa; não há criação sem dor; sempre se paga e caro; pague com seu próprio ser; sem pagar, não há nada; é preciso queimar até o fim"[4]. Ela concluiu com uma memória pessoal:

> Deu na televisão em 1981: preto e branco. "Não há nada nessa noite", disse minha mãe, e foi ler um livro. Eu fiquei para assistir e deitei no sofá para ver um programa de comédia popular, *No Toca Botón*. O programa inteiro era baseado em um comediante, Alberto Olmedo, e seu camarada, outro ator cômico, Javier Portales. Havia *double entendres* (duplos sentidos), *soubrettes** e todo o material usual. Havia muitos esquetes rápidos. Um deles era ambientado na sala de espera de um psicanalista da moda. Portales, vestido muito elegantemente, está sentado numa poltrona esperando. Está lendo um livro grosso. Olmedo entra, ele também muito elegante e também segurando um livro grosso. Ele senta e começa a ler. Após um longo minuto televisivo, olha para o livro que o outro está lendo e lhe pergunta com ar sério:
> "Stanislávski?"

---

3 Como a transcrição original dos registros em áudio dos seminários tornou-se ilegível, Ana Woolf tomou para si a tarefa de copiar a versão datilografada de Ahrne. Ver o capítulo seguinte.

4 *Ne pas jouer; cherchez; ne pas exister pour soi; exister pour qualqu'un d'autre; il n'y a pas de création sans douleur; on paye toujours et beaucoup; payer avec tout notre être; sans payer il n'y a rien; il faut brûler jusqu'à la fin.*

* Serva ou acompanhante da principal personagem feminina da comédia. As servas se atribuem com frequência o direito de "endireitar" seus amos ou de reagir vigorosamente contra seus projetos insensatos. Cf. Patrice Pavis, Soubrette, *Dicionário de Teatro*, São Paulo: Perspectiva, 2011, p. 368 (N. da E.).

"Não. Grotowski", responde Portales gravemente. Então Portales olha para o livro de Olmedo e pergunta:
"Grotowski?"
"Não. Stanislávski".

Uma paródia sobre as classes intelectuais argentinas.

A HISTÓRIA ATÉ AGORA

Pode ser útil nesse momento delinear os pontos mais importantes da discussão até agora, antes de continuar explorando o novo problema que emerge: a possível continuidade ou ligação filial entre os laboratórios teatrais da segunda metade do século XX e os estúdios da primeira metade.

Em primeiro lugar, deve-se lembrar o ponto de vista que favoreceu, no trabalho laboratorial, o *status* do teatro como morada não religiosa. Essa posição tinha enfatizado o valor novo, profundo e espiritual que emergiu particularmente com Grotowski, mas que tinha sido latente até mesmo antes disso. Esse valor totalmente novo e fascinante, que permitiu ao ator trabalhar em si próprio, emergia nos períodos gastos ensaiando e treinando. Por causa de sua própria natureza, ele era desvinculado da necessidade de produzir espetáculos.

Em segundo lugar, há o ponto de vista oposto, de acordo com o qual a performance ganha em profundidade à medida que se afasta do ponto de partida, criando um espaço vazio ou não preenchido, um *detour* (desvio) no processo criativo entre o início do trabalho e o produto final. É um espaço perigoso, que pode causar arbitrariedade e dispersão. Mas é fundamental para permitir linguagem corporal – que em razão de sua natureza peculiar pode somente ser misteriosa ou cansativamente mimética – para começo de conversa.

UMA MUDANÇA *BIT*

Bit é uma palavra russa que indica uma mudança completa de mentalidade, hábitos, padrões teatrais, mesmo na vida cotidiana do teatro. A memória dos grandes diretores do início do século xx permaneceu viva. Seria impossível esquecer a importância e influência de artistas como Meierhold ou Taírov. Mesmo assim, algumas coisas acabaram se perdendo.

Os anos de 1940 – com a Segunda Guerra Mundial, nazismo e stalinismo, mais a morte de alguns dos primeiros protagonistas – foi um divisor de águas. O que foi perdido não foi a memória dos artistas individuais e seus trabalhos isolados, mas mais a mudança *bit*.

A essência da *Wielka Reforma*, a Grande Reforma, foi rapidamente enterrada, por razões históricas óbvias e dramáticas.

O nascimento dos laboratórios teatrais em meados do século, começando com o movimento liderado pela dupla Grotowski-Barba, tratou de recuperar uma parte da memória desse *bit* e reivindicou uma linha de continuidade direta a partir das experiências laboratoriais dos primeiros grandes diretores. Grotowski naturalmente mencionou Stanislávski, também levando em conta a situação política na Polônia, que o levara a estudar teatro na Rússia. Talvez também para proteger seu trabalho por trás dos ombros largos de um mestre do teatro aceito pelas autoridades socialistas. Barba tinha começado no teatro como amador e um ávido leitor. Em substituição ao estudo convencional, ele tinha lido muito, principalmente livros sobre a cultura teatral polonesa, e estava ciente da importância de amadores devotados nos primeiros anos de Meierhold e para toda a atividade de Vakhtângov e seus muitos estúdios.

Agora tinha chegado o tempo de questionar a realidade dessa continuidade: pode ter havido um processo que nunca fora interrompido, somente momentaneamente ocultado; ou pode ter havido continuidade reconhecida apenas *a posteriori*. A diferença era significativa, embora tenha sido difícil avaliar o impacto dessa diferença em relação à obviedade da continuidade. Até onde me dizia respeito, a questão estava começando a parecer ilusória. Discutimos o assunto sobretudo na conferência de Aarhus.

RICHARD SCHECHNER

Na conferência de Aarhus, Richard Schechner, diretor e fundador em 1967 do Performance Group, sediado em Nova York, editor da TDR: *The Drama Review*, lente de universidade e o único homem de teatro, além de Barba, a assistir à conferência, tomou a palavra no segundo dia. O Performance Group inspirava-se em Grotowski, e Schechner tinha sido o responsável por ele até o fim dos anos de 1970[5]. O grupo exerceu grande influência no novo teatro na América. Mas o diretor – com seu rosto redondo, cabelos grisalhos, suspensórios sobressaindo em uma camiseta cor de rosa, mostrando grande superioridade *vis-à-vis* inibições sociais insignificantes, como sentar-se comportadamente numa cadeira – não falou sobre essa experiência de muitos anos antes. Veio como testemunha para falar-nos sobre a América.

Haveria realmente ali um meio-sorriso, enquanto ele falava em reação às acaloradas discussões, e meticulosidade na especificação de datas? Eu assim pensei, então. Agora, relendo seu discurso, não estou tão certa. Ele foi o primeiro encenador a discursar, depois de inúmeros estudiosos. Talvez eu tivesse a consciência pesada. Talvez algo dentro de mim dizia que não é tão errado ter algumas dúvidas sobre essa forte obstinação em relação ao que podem ser detalhes triviais (estúdios e laboratórios teatrais são realmente a mesma coisa? São diferentes? É correto falar de laboratório teatral a partir de 1898 e Stanislávski, ou de 1959 e o Teatro-Laboratório de Grotowski e Flaszen, ou de 1923 e o Laboratório Teatral Americano?).

Tive que admitir que, aos meus olhos, estava evidente uma forma de continuidade parcial. Talvez eu precisasse de alguém para objetar e repetir: claro que é necessário, essa obstinação revela as sombras, a realidade além das declarações de intenção. Em todo caso, o diretor norte-americano incorporou o primeiro ponto de vista em relação ao problema da "continuidade ou descontinuidade" entre a primeira e a segunda metades do século XX: o de total indiferença à questão.

Schechner falou no segundo dia da conferência, 6 de outubro, em um estranho bolsão de silêncio. Ele nos disse que o

---

5   Em 1980, o grupo mudou seu nome para Grupo Wooster.

futuro apareceria com o rosto belo e estrangeiro de um príncipe bárbaro, alguém que veio para destruir. Ele procurou concentrar-se nas conexões entre o passado e o presente, entre o presente e o futuro.

POR QUE UM LABORATÓRIO TEATRAL NUM TERCEIRO MILÊNIO
Richard Schechner

O teatro não é há muito tempo o foco central do debate público. O que os filmes e a televisão iniciaram, a Internet concluiu. O teatro ainda é intensamente importante para os seus devotos – observem esta sala. E se o próprio teatro está desaparecendo, o mesmo não acontece com os laboratórios teatrais. Tudo o que sobrou do teatro não comercial foi uma coleção de laboratórios desde as ilhas flutuantes de Barba aos muitos estúdios teatrais e escolas de Nova York; dos trabalhos longínquos daqueles engajados em teatro social em lugares tensos como Sri Lanka ou Afeganistão àqueles trabalhando nas prisões brasileiras ou dos Estados Unidos. Enquanto Stanislávski fugiu do seu próprio Teatro de Arte de Moscou, buscando um refúgio criativo em seus estúdios, e Grotowski formou seu laboratório ao menos parcialmente para evitar restrições repressoras de um regime totalitário, nós nos encontramos triunfantes em grandes universidades públicas sob auspícios oficiais para ouvir os "mestres", comemos bem e atiçamos as centelhas, possivelmente hassídicas, ou talvez só acadêmicas. Quando exatamente o teatro, como um gênero, "realmente" se transforma em algo que não era na época de 1890 a... pegue uma data – 1927, o primeiro filme falado, 1945, o fim da Segunda Guerra Mundial anunciando a explosão da televisão, 1985, a chegada da Internet etc. [...]

Discutimos sobre o que é um laboratório. Talvez fizéssemos melhor em perguntar o que é o teatro. O gênero expandindo-se loucamente é a "performance", e teatro é somente um subgênero; e o tipo de teatro que estamos discutindo é um fenômeno ainda mais limitado. Penso que nós aqui nesta sala achamos que o teatro é desde o tipo de artistas, grupos, trabalhos e preocupações da Grande Reforma na virada do século XX até o trabalho de Brook,

Mnouchkine, Odin e indivíduos e grupos de mesma opinião na virada do século XXI.

Se houver tempo, eu gostaria de discutir com vocês certas atividades que são "como" o teatro que estivemos discutindo, mas não exatamente iguais a ele: a arte da performance emergindo das intersecções das artes visuais, *happenings* e vários rituais; neorrituais ou rituais inventados; teatros sociais, políticos e terapêuticos que empregam meios teatrais para fins não artísticos; internet e performances virtuais usando tecnologias e códigos sofisticados. Esses tipos de performance sobrepõem-se entre si e, em certo grau, com o trabalho que estivemos considerando; e entretanto cada um é diferente. Nos níveis teórico e também histórico e prático, precisamos identificar similaridades e diferenças entre essas atividades. Cada uma dessas atividades performáticas – eu resisto em chamar todas de "teatros" – tem suas próprias tradições laboratoriais, suas próprias arenas mais ou menos privadas onde seguidores investigam o que estão fazendo, como e por quê.

Mas antes de prosseguir, vou fazer um desvio, porque às vezes o caminho mais longo é o mais curto para casa.

No teatro norte-americano, pelo menos, temos muitos grandes atores que não empregam um corpo "extracotidiano" no sentido que fazem os mestres da mimese corpórea, jingju ou kathakali. Falo, é claro, de atores como Marlon Brando, Meryl Streep, Al Pacino, Dustin Hoffman, e muitos mais voltando para no mínimo os anos de 1930. Nós conhecemos esses artistas principalmente pelos filmes, embora eles tenham frequentemente trabalhado primeiro no palco.

Deixem-me traçar, brevemente, a história dessa espécie de interpretação, mesmo admitindo que me opus frequentemente ao tipo de teatro que a criou e que continua a marcá-la. Essa história está repleta de ironias ainda não totalmente entendidas.

O Laboratório Teatral Americano foi fundado em 1923, seis meses depois da visita do Teatro de Arte de Moscou aos Estados Unidos. Os principais professores de interpretação eram Maria Uspenskaia e Richard Boleslávski, ele um membro polonês do Teatro de Arte de Moscou. *Acting, The First Six Lessons* (A Arte do Ator, as Primeiras Seis Lições) , escrito por Boleslávski, era e continua sendo um livro importante para a transmissão de uma certa fase da técnica de Stanislávski para a América. Após o laboratório ter-se dissolvido, em 1933, Boleslávski foi para Hollywood onde, com Uspenskaia e Michael Tchékhov, teve um grande impacto no cinema.

Stella Adler, Harold Clurman e Lee Strasberg estavam matriculados no laboratório teatral como estudantes. Em 1931, Strasberg, Clurman e Cheryl Crawford fundaram o Group Theatre. Um ano depois da fundação, Elia Kazan juntou-se ao grupo. Não posso detalhar aqui a história do Group Theatre. Basta dizer que o grupo congregou o mais extraordinário agrupamento de indivíduos – atores, escritores, diretores, designers, ideólogos, professores – jamais visto, para trabalhar como um conjunto no teatro norte-americano. O que surgiu do Group Theatre influenciou – e continua a determinar enormemente – o tipo norte-americano de interpretação teatral e o teatro norte-americano que vemos em filmes, em muitos palcos e na televisão.

A ligação entre o Group, que se dissolveu em 1941, e o futuro teatro norte-americano incluiu o Actors Studio, mas não se limitou a ele. O Studio foi fundado em 1947 por Kazan, Crawford e Robert Lewis. Dentro de um ano, Lewis tinha saído, continuando por conta própria a ser um professor muito influente. Em 1949, Strasberg juntou-se ao Studio, tornando-se seu diretor artístico em 1951, tendo mantido esse cargo até a sua morte em 1982. Stella Adler, Lewis, Sandford Meisner e outros – todos alegando uma ligação direta com Stanislávski – deixaram o Actors Studio, mas abriram seus próprios estúdios. De fato, vários desses estúdios ainda são muito ativos em Nova York. Devemos considerá-los e o Actors Studio como escolas de teatro, oficinas ou laboratórios? Minha própria escola de artes, a Tisch, na Universidade de Nova York, possui um departamento de teatro com mais de 1300 alunos. Estes estudam no Instituto Strasberg, no Stella Adler e em outras escolas profissionais em Nova York. Há um estúdio que funciona com recursos próprios, o I Experimental Theatre Wing, que contou com muitos luminares do teatro experimental norte-americano e mesmo mundial entre seus professores e diretores convidados. Durante vários anos, até sua morte, Ryszard Cieślak foi professor do Experimental Theatre Wing. Formados do Tisch-Universidade de Nova York povoam o teatro e os filmes norte-americanos em todas as suas variedades, do circuito *off-off*-Broadway e teatro experimental à televisão e Hollywood. No "andar térreo", ou seja, no nível do pessoal técnico, designers e diretores, as linhas que delimitam esses diferentes tipos de teatro são pouco nítidas.

Não desejo deixar de considerar aqui as escolas de teatro de Nova York e Los Angeles. Muitos dos seus professores trabalham no que chamaríamos aqui de uma situação laboratorial. Eles não só transmitem o que sabem, mas alguns também desenvolvem, por meio de investigação e revisão contínuas, novos métodos, como os *Viewpoints* (Pontos de Vista) de Mary Overlie. Será que faz diferença o fato de alguns professores serem incompetentes ou vários estúdios não só explorarem seus alunos – aceitando qualquer um que possa pagar – mas também se renderem a interesses comerciais? Não foi o Odin formado por atores "rejeitados" por escolas e teatros? Queremos considerar somente "bons" laboratórios? Até que ponto queremos ser acadêmicos e até que ponto defensores?

E onde entram as universidades? Foi somente já bem adentrado o século XX nos Estados Unidos, e ainda mais tarde na Europa, que o teatro – não a literatura dramática – tornou-se aceito como um objeto de estudo. No tempo do Teatro de Arte de Moscou, e nas décadas seguintes, as universidades não eram os atores principais que são hoje. Como todos sabemos, as pesquisas científicas mais sérias em ciências exatas e sociais são realizadas sob os auspícios da universidade (e portanto sob o controle indireto dos Estados que as patrocinam). Hoje em dia, como esta sala evidencia, a maior parte da pesquisa teatral também está ocorrendo em universidades. As classes de teatro, as pesquisas para teses de PhD, as produções, e assim por diante, não formam a maior parte dos laboratórios atuais? As atividades do DasArts de Amsterdã e do Theaterwissenschaft de Giessen não pertencem à tradição do laboratório teatral?

Mas que tipo de trabalho experimental ou de laboratório está sendo feito atualmente nas universidades? As instalações estão lá, o dinheiro, embora não seja ilimitado, está certamente lá, mas principalmente, ao menos nos Estados Unidos, *professors* veem sua função como a de professores de história teatral ou preparadores de pessoas para colocações no teatro atual. Muito pouco está sendo feito para melhorar o tipo de trabalho laboratorial experimental comparável ao das ciências ou ao que foi feito por Stanislávski, Meierhold ou Grotowski. As universidades abrigam ou controlam enormes recursos materiais e humanos. Por que não examinamos criticamente seu trabalho e suas possibilidades ou insucessos como locais de laboratórios teatrais?

Deixem-me retornar a Lee Strasberg e companhia. Deve-se notar que Clurman, Strasberg e Adler "receberam" Stanislávski não somente através de Boleslávski e Uspenskaia, mas, em suma, também do próprio Stanislávski. Enquanto esteve na Europa, em 1934, Adler trabalhou com Stanislávski diariamente durante vários meses. Dois anos depois, Strasberg e Clurman visitaram Stanislávski. Não trabalharam com ele diariamente, mas discutiram interpretação e direção. Cada um desenvolveu sua visão particular do sistema Stanislávski. A reação de Adler contra Strasberg foi particularmente veemente. Como apresentado atualmente no site de sua escola, na internet, Adler fez objeção à inflexível ênfase dele nos exercícios de memória afetiva que tornavam a atuação cada vez mais dolorosa para ela. "A ênfase era doentia. [...] Você não pode estar no palco pensando na sua vida pessoal. É simplesmente esquizofrênico."

A tradição de Adler era não somente o Teatro de Arte de Stanislávski, mas também o teatro ídiche, onde seu pai era protagonista. Entre 1880 e 1940 uma dezena de teatros ídiches estavam em atividade em Nova York, representando um repertório que ia de *Der Yeshiva Bokher* (O Estudante da Ieshivá), uma adaptação de *Hamlet*, a *Hedda Gabler* e novas peças ídiches. Se Grotowski foi mais tarde influenciado pelo hassidismo, o teatro e o filme norte-americano eram, em seu momento mais criativo, fortemente influenciados pela cultura judaica e ídiche, fluindo para o novo mundo da Alemanha e ainda mais da Rússia, Polônia e outros países do Leste Europeu. Essa imigração foi uma torrente muito antes dos nazistas chegarem ao poder.

Strasberg foi um desses judeus europeus, nascido em Budanov, Ucrânia, em 1901 e que chegou a Nova York com seus pais em 1908.

Qualquer que fosse a opinião de Adler, era Strasberg quem ria por último. Tendo encontrado Stanislávski, Strasberg também podia reivindicar que baseara seu método na prática do mestre. E como é frequentemente o caso, os ensinamentos de um mestre permitem interpretações amplamente divergentes. Claro, todos sabemos que a interpretação de Strasberg tornou-se conhecida como O Método. O Método é baseado em sondar a vida pessoal e as experiências do ator em um nível muito profundo. Strasberg também retornou de Moscou com informações sobre Meierhold e a biomecânica. Mas biomecânica nunca figurou proeminentemente no próprio ensinamento de interpretação de Strasberg. Nas palavras de Strasberg, também recolhidas da internet essa manhã: "Representar é a mais pessoal das nossas habilidades. A composição de um ser humano – seus hábitos físicos, mentais e emocionais – influencia sua interpretação mais extensamente do que comumente se reconhece"[6].

Novamente, não há tempo para investigar esse assunto em detalhes aqui. Faço notar apenas que pesquisar o "mais pessoal" pode também, a seu próprio modo, ser considerado um método-chave de Grotowski durante sua fase do teatro pobre. Claro, Grotowski odiava exatamente o que muitos consideravam que era o resultado do Método: sentimentalismo e autoindulgência. Além do mais, Grotowski enfatizava um treinamento corporal e vocal mais rigoroso. Mas, admitindo isso, eu sugiro também que olhemos um pouco mais fundo.

O laboratório de Strasberg, ou Actors Studio, praticou exercícios de memória afetiva. Strasberg ficou famoso por desenvolver um exercício que chamou de "momento privado", em que um ator era solicitado a desnudar aos membros reunidos do estúdio suas experiências mais íntimas. Strasberg nunca pretendeu que essas memórias e associações fossem realizadas diante de um grupo anônimo em um teatro público. Ele queria, de fato, à sua própria maneira, como discutiu Grotowski, que o ator usasse o seu próprio *self* como um "bisturi" para cortar no mais profundo do seu ser. A grande diferença é que Grotowski conectava a pessoalidade ao arquétipo e insistia para que todas as associações pessoais fossem canalizadas através de um treinamento codificado muito estrito para ser integrado mais tarde em uma partitura de performance igualmente estrita, mais próxima da dança do que o teatro comum. Ao menos, essa foi a prática de Grotowski durante a fase do teatro pobre. As coisas mudaram drasticamente durante o parateatro, mas então retornaram a um trabalho altamente disciplinado nas fases do Drama Objetivo e da Arte como Veículo.

---

6 Lee Strasberg. Disponível em: <http://www.leestrasberg.com/about/quotes.html>. Acesso em: 6 out. 2004. (Parágrafo 5 de 9).

Grotowski também explorou as práticas performáticas das culturas asiáticas e afro-caribenhas. Strasberg fixou-se na Euroamérica. E Grotowski, diferentemente de Strasberg, via seus atores através do treinamentos para o desempenho. Strasberg raramente dirigia; quando o fazia, os resultados eram catastróficos.

Mas a importância de Strasberg não está na sua direção ou mesmo no seu ensino. Está no modo como seu método cristalizou e legitimou uma tendência já presente à autoexposição despudorada. Podemos ver isso a partir da poesia do século XIX de Walt Whitman ("Song of Myself" ou "I Sing the Body Electric" através dos slogans pseudopersonalizados da avenida Madison até os vários programas televisivos de entrevistas (*talk-shows*) de hoje. Os atores treinados por Strasberg permitiram aos americanos aproveitar a mostra pública de emoções e memórias privadas, lustrando-as e apresentando-as como o mais alto tipo de arte teatral. Diante de Strasberg, o ator interpretava desenvolvendo meios de mostrar as emoções do personagem, de contar efetivamente a história do personagem. Strasberg argumentava que seu Método daria aos atores uma ferramenta melhor para chegar a esse clássico objetivo.

Vários pesquisadores – eu entre eles – fomos além. Nós desconstruímos a caracterização. Trabalhando com o Performance Group de 1967 a 1980, desenvolvi exercícios que colocaram no palco as experiências reais e os sentimentos dos atores, não mascarados pela caracterização, mas "como eles mesmos". Foi essa a prática que Grotowski rejeitou tão ardorosamente em meu trabalho. Apesar disso, fui em frente. Em *Dyonysus in 69* (1968-1969), os atores às vezes usavam seus nomes verdadeiros e representavam os sentimentos do momento durante a performance. Em *Commune* (1971-1974), fui mais longe em performar diretamente o que é pessoal. A peça começava com cada ator cantando uma "Canção do Primeiro Encontro" na qual ele ou ela contavam ao público como tinham se juntado ao Performance Group. Em *Commune*, os atores eram livres para inventar nomes de personagens para eles mesmos ou usar seu próprio nome. Spalding Gray usou seu próprio nome, "Spalding", como nome do seu personagem. Os atores também ajudavam a selecionar os textos que usamos para construir a montagem de *Commune* – esses textos combinavam palavras conhecidas com os escritos dos atores e os meus próprios. [...]

IV

Quero concluir colocando algumas questões fundamentais. Nós assumimos aqui que um laboratório é uma coisa boa. Ele é, idealmente, um tempo-espaço isolado onde ações podem ser pesquisadas em um esforço para encontrar a verdade, treinar pessoas, fazer contatos duradouros com outros seres humanos, e assim por diante. Mas no mundo maior exterior ao teatro, fora das artes, também há laboratórios. A maior parte destes tem relação com pesquisa militar, médica, de negócios ou farmacêutica. Os resultados oriundos destes laboratórios afetam profundamente nossas vidas.

Frankenstein, de Mary Wollstonecraft Shelley, conta a história de um laboratório enlouquecido. Dr. F. não sabe o que está criando em seu laboratório. E os resultados de sua pesquisa são duplos: o monstro do conto e nosso prazer estético de ler o escrito de Mary Shelley – e ver a miríade de filmes dele derivados, incluindo legiões de monstros que não são Frankenstein, mas são como ele em teoria, variando de Godzilla a Deus sabe lá o que mais. A advertência subjacente a Frankenstein é que nosso alcance coletivo ultrapassou a nossa capacidade de compreensão. Ou seja, colocado em outros termos, nosso conhecimento e poder são muito maiores que a nossa ética. Ou, em termos ainda de um outro conto antigo, nós comemos o fruto do conhecimento sem saber como digeri-lo.

No início da última fase do modernismo, a fase final do iluminismo, isto é, de meados do século XIX até antes da Primeira Guerra Mundial, grandes avanços do conhecimento trouxeram esperanças ilimitadas. De Darwin a Marx até de Einstein a Freud, a base de um grande futuro estava à mão. E no entanto o que esses grandes pensadores imaginaram não ajudou o resto da humanidade a aproveitar nem mesmo uma pequena parcela de utopia. Em vez disso, vemos catástrofe ecológica, engenharia genética, capitais globais investindo furiosamente e armamentos atômicos aerotransportados de incalculável destruição.

O que fazer?

Podemos, devemos, isolar-nos em nossos monastérios teatrais ou ilhas flutuantes, nossos laboratórios? Fazer teatro social é suficiente para minorar o sofrimento? Existe alguma maneira de conseguirmos reverter na penúltima cena a ação da tragédia grega que somos coletivamente como espécie, como grupo de religiões e culturas? Tivemos nossa *peripeteia* – nossos programas nos dizem isso. Mas não vejo nenhuma possibilidade de reversão. Nem posso, sendo filho do iluminismo, crente no progresso se não num *deus ex machina*, clamar por um limite na pesquisa científica e menos ainda na artística. Sou mesmo um alquimista como Fausto, querendo negociar uma extensão de meu contrato com Mefistófeles. Ao mesmo tempo, realmente sinto que meus filhos sofrerão consequências desagradáveis pelas falhas éticas da minha geração. Conheço a maioria dos bons argumentos para continuar a fazer o nosso trabalho do melhor modo possível; para celebrar os artistas gigantes que nos precederam e os gênios ainda hassidicamente entre nós. Mas também temo que nós, os poucos felizardos, estejamos no meio do fogo, assobiando ao crepúsculo, enquanto uma grande escuridão inclina-se sobre nós.

Sinceramente, peço a ajuda de vocês para pensar sobre essas questões.

ESTÚDIOS E LABORATÓRIOS

É interessante notar que o espectro de Frankenstein, evocado por Schechner, frequentemente paira sobre a discussão a respeito dos laboratórios teatrais. Eu imagino que isso vem do medo de ter muita influência, de criar seres humanos diferentes. Todos os laboratórios formam atores que têm não somente aptidões físicas, mas também uma mentalidade "diferente". Uma diferença à qual foi dada uma variedade de nomes novos: ética, espiritualidade, amor pela arte. Mas que é uma consequência necessária de um corpo que é não somente ginástico e bem treinado, mas também acostumado a reagir e a falar em sua própria linguagem irrequieta, sempre cambiante, misteriosa e inesperadamente profunda, que alguns grandes teatros nos mostraram.

Mas essa é a face negra da laboratorialidade, o cheiro particular que a cerca. É evidentemente um odor de blasfêmia, quase de escândalo, que, no entanto, não tem um escândalo por trás.

Chegou finalmente o tempo de enfrentar o problema da relação entre o que se poderia denominar – para facilitar a distinção – de estúdios, das primeiras décadas do século, e o que se poderia denominar de laboratórios teatrais, da segunda metade. Em meados do século houve uma fratura. Por muitas razões – provavelmente mais de natureza histórico-política do que artística – o exemplo vivo do teatro dos grandes mestres havia desaparecido. Tornaram-se ocultas muitas das suas necessidades e questões, e muito do seu *know-how*. Repentinamente, depois de quase trinta anos, seus traços reapareceram em teatros "anômalos", tais como os que fazem parte do "novo teatro" nos anos de 1960.

Meu discurso na conferência de Aarhus concentrou-se em lançar dúvida a respeito da sabedoria de considerar estúdios e laboratórios teatrais como um fenômeno único e homogêneo, apesar das afinidades óbvias que os conectam.

CONTINUIDADE – DESCONTINUIDADE

Laboratório teatral, argumentei, é uma bandeira ou um indicador que foi muito útil para apontar rapidamente teatros "anômalos". Foi como tal considerado, bem corretamente, pelos realizadores teatrais. Mas como um problema histórico, ele implica a existência de vários problemas, fenômenos, soluções e questões às quais precisamos ainda dar um rosto. Isso prova, acima de tudo, a necessidade de começar a esclarecer a diversidade desses problemas e fenômenos. Em resumo, isso não revela simplesmente um *tema*, mas possibilita a resolução de um *problema*, que requer, entre outras coisas, um pouquinho de organização e redescoberta das diferenças.

A conferência tinha sido organizada tendo em mente a continuidade, como pode ser visto pela fala introdutória feita por Janne Risum, professora da Universidade de Aarhus:

Cerca de vinte anos atrás o estudioso italiano de teatro Fabrizio Cruciani propôs a teoria de que a tendência que se espalhou no século XX de abrir escolas, ateliês, laboratórios, centros e quejandos, em vez de simplesmente encenar espetáculos, constitui um êxodo das condições e instituições teatrais, não tanto para criar novos teatros, mas para criar novas culturas teatrais. Essas novas culturas rejeitam as demandas mais uniformes do passado em relação à arte teatral. Elas substituem teologia e teleologia pela dialética da pesquisa e do ensino. Elas começam cultivando um campo de diversidade criativa aqui e agora na esperança de encontrar um caminho para um teatro do futuro mais variegado, dinâmico e humanamente necessário[7]. Inspirado por Cruciani, Barba chamou essa dinâmica cultural "a deriva dos exercícios" em direção a um teatro que opera no "território das potencialidades"[8].

A teoria de Cruciani sustenta uma bela visão. Ela tem antes a qualidade de ser uma racionalização romântica do ponto de vista da revolta dos jovens contra o autoritarismo nos anos de 1960. Essa visão é também o seu limite como uma ferramenta para entender a história. Por exemplo, Stanislávski e Meierhold eram mais autoritários que isso, e também esperavam mais, quando esperavam que o papel social do teatro pudesse ser conciliável com o papel do Estado e interagir com este de maneira positiva. Hoje estamos mais propriamente na outra ponta desse processo.

A noção de teatro de fato mudou. Grotowski tinha suas dúvidas e permaneceu no seu celeiro na Toscana. O Odin Teatret, por exemplo, pode ainda chamar a si mesmo de laboratório teatral, e ter justificativa para isso, mas sempre foi um teatro produtivo, e por hábito, também para o seu público, seu "território de potencialidades" ficou mais próximo do O de madeira de Shakespeare*.

Com este simpósio, o Centre for Theatre Laboratory Studies (Centro de Estudos sobre Laboratório Teatral)[9] convida-os a examinar alguns dos aspectos de todo esse desenvolvimento. É óbvio, entretanto, que ele tem tantos aspectos simultâneos, paradoxais e amplamente ramificados que, mesmo que alguns padrões familiares sejam evidentes, seria ridiculamente reducionista a busca por uma árvore genealógica simples. O perigo inverso é não ser capaz de ver a floresta.

Para dizer isso por meio de um paradoxo, a convenção do teatro moderno é que ele não tem uma convenção em comum. Ou assim é assumido. Aqui estamos frente a um ambiente muito amplo, heterogêneo e disperso de estúdios, ateliês, laboratórios, escolas, centros ou, como alguns preferem chamar a si mesmos, simplesmente teatros. Isso traz à tona algumas questões gerais para ter-se em mente: se eles não têm nada em comum, por que não são chamados simplesmente de teatros? Se têm algo em comum, por que não têm o mesmo nome?

---

7   Cf. Fabrizio Cruciani, *Registi pedagoghi e comunità teatrali nel Novecento* (Diretores Pedagógicos e Comunidades Teatrais no Século XX), Roma: Editori & Associati, 1995.

8   Cf. Eugenio Barba, *The Paper Canoe. A Guide to Theatre Anthropology*, London/ New York: Routledge, 1995, p. 108-113. (Ed. bras.: *A Canoa de Papel: Tratado de Antropologia Teatral*, Brasília:Teatro Caleidoscópio, 2009).

*   Referência ao Teatro Globo, que tinha forma aparentemente circular (N. da T.)

9   O Centro de Estudos sobre Laboratório Teatral (CTLS em inglês) é o ramo do Odin Teatret devotado à pesquisa, estudos bibliográficos e criação e gerenciamento de seus arquivos. O CTLS funciona em conjunto com o Instituto de Dramaturgia da Universidade de Aarhus e foi o organizador da conferência.

Quando esses nomes são usados mais ou menos como sinônimos? E quando significam abordagens diferentes? E será que a escolha recorrente de um nome reflete uma tradição real baseada em uma abordagem especial? Por exemplo, em que grau os teatros que usam uma abordagem laboratorial, ou definem-se como laboratórios, realmente compartilham atividades ou valores? Isto é, qual é o significado técnico-artístico do termo laboratório, e existe uma tradição de laboratório teatral que pode ser definida objetivamente? E assim por diante. Evidentemente esses padrões existentes interagiriam mais ou menos.

Os teatros da Grande Reforma na virada do século e os pequenos laboratórios teatrais na segunda metade são muito diferentes, em termos de tamanho, função, público e *status* para que se possa falar de similaridades. Isso é óbvio. Mas com muitos teatros da Grande Reforma, havia também estúdios, ateliês e escolas: comunidades teatrais pequenas, isoladas, geralmente inclinadas mais ao estudo e à pesquisa do que à atração de público. Em mais de um caso, essas comunidades pareciam mesmo *contradizer* os teatros de cujas sombras emergiram, e pareciam ser mais importantes, mais interessantes para os grandes diretores que as criaram. Esses estúdios, escolas ou laboratórios apareceram frequentemente, *a posteriori*, como os primeiros casos, ou protótipos, do que na segunda metade do século XX viria a ser chamado de laboratório teatral.

Todos esses estúdios e escolas que se desenvolveram *junto* aos teatros de arte procuraram construir as fundações da arte do ator. Fabrizio Cruciani argumentou que a atividade vasta e multifacetada desenvolvida nessas zonas separadas – trabalho pedagógico ou pesquisa pura do movimento e do ritmo, das conexões entre o físico e o mental, tentativas de criar as fundações de uma ciência teatral – devem ser consideradas como um verdadeiro *opus* (obra) teatral, com seu próprio valor autônomo, do mesmo modo que uma performance ou um livro. Essa atividade tinha revelado um aspecto vital para o teatro: a necessidade de "esquemas de tempo alongados" separados dos períodos de ensaio e de apresentação. Era necessário procurar o lugar dos "esquemas de tempo alongados". Nos anos de 1970, Cruciani tinha-os identificado como estando nas zonas separadas das escolas e estúdios. Os estúdios do teatro do século XX extraíam força dessa ideia: que a história do teatro não é apenas uma história de espetáculos.

Entre as constantes que podem ser vistas olhando-se para o teatro do século XX, uma das mais significativas é a vontade e a necessidade de afastar-se do teatro, de sua ideologia, de seu meio e de seus métodos de produção. O teatro existente é percebido como sendo insatisfatório e inadequado. Há uma conversa constante sobre a "morte do teatro", motivando uma busca por novas formas e realidades teatrais. A "perda do centro" faz os realizadores teatrais procurarem confusamente um significado numa sociedade que questiona a "necessidade do teatro". [...]

Por trás dos teatros de arte que se isolam em microgrupos a fim de restaurar uma plenitude de valor no ser humano-ator, e dos grupos radicais que usam o teatro para provocar uma realidade social diferente – por trás dessas duas tentativas, gente de teatro busca um lugar para novos valores e relações. A história dos grandes diretores do século XX (os diretores-pedagogos e os mestres, não dos diretores-intérpretes de um texto) pode ser vista desse modo. As teorias dos grandes diretores podem ser vistas como uma aguda expressão da crise de valores que o teatro do século XX assume como autoconsciência. Essas teorias são utopias que planejam não somente técnicas e caminhos particulares de fazer teatro, mas também a restauração de um sentido para o teatro na sociedade. Elas eram, em resumo, planos para uma sociedade que demanda um teatro ou um projeto de teatro vivido como uma corporificação do futuro e do possível. [...]

A história do teatro do século XX não tem sido certamente só a história dos espetáculos. É só comparar o conteúdo de qualquer livro de história com o que dizem as publicações do período, para ver quão grande é a parte do iceberg teatral que foi submersa pelos historiadores. Appia, Craig, Fuchs, Stanislávski, Reinhardt, Meierhold, Copeau: os artistas que são a história do teatro no século XX estabeleceram práticas e poéticas que não podem ser confinadas a um ou mais espetáculos. As linhas de tensão foram suas utopias, as fundações do teatro do futuro continuamente reestruturadas, os núcleos culturais que foram criados em torno e através do teatro. É o crescimento de uma cultura teatral que tem significado começar e resistir, mas não necessariamente chegar a uma conclusão e perpetuar-se. Essa cultura assenta como um halo duradouro e penetrante em torno do teatro, envolvendo essas entidades frágeis e temporais – os espetáculos – nos quais, não obstante, a paixão e o trabalho dos profissionais de teatro estavam manifestos. Escolas, ateliês, laboratórios, centros: esses são os lugares onde a criatividade teatral era expressa com o mais alto grau de determinação.

As práticas e poéticas dos grandes mestres levaram a um tipo diferente de teatro cujo elemento essencial era a pedagogia: a busca da formação de um novo ser humano em um teatro e uma sociedade diferentes e renovados. Foi uma busca de um caminho de trabalho que pode manter uma qualidade original e cujos valores não são medidos pelo sucesso de espetáculos, mas mais pelas repercussões culturais que o teatro provoca e define. Em tal situação, não era mais possível ensinar teatro; tinha-se que começar a educar, como enfatizou Vakhtângov. [...]

Educar na criatividade, transmitindo experiências, construindo escolas, estabelecendo um processo de ensino: todas essas numerosas iniciativas férteis eram necessariamente ambíguas. Elas tinham a ver tanto com a busca de "regras" que pudessem concretizar uma forma eficiente de treinamento quanto com a experimentação expressiva para dar forma e substância a uma ideia e um projeto cultural. Escolas nascem e continuam a existir não por razões imediatas e pessoais, mas para durar e alcançar metas objetivas. Essas escolas de teatro têm professores e cursos (e, portanto, um projeto, uma ideologia e regras) como era o caso das escolas de Meierhold e a Proletkult, do Vieux Colombier e Les Copiaus de Copeau, do Atelier de Dullin, assim como de muitas outras escolas diferentes que se espalharam na efervescente e herética cultura alemã.

Se por um lado uma escola (como o teatro) é um compromisso com o que já existe, por outro lado é um lugar onde utopias tornam-se realidades, onde as tensões que sustentam o ato teatral tomam forma e são testadas. Numa idade em que o teatro do presente vive como uma previsão do possível teatro do futuro, mudança e mutação foram institucionalizadas nas microssociedades teatrais. Novas espécies de escola são iniciadas com a finalidade de renovar o teatro, lançar as fundações do teatro do futuro e ampliar as perspectivas do futuro do teatro.

"A partir da necessidade de um novo organismo", disse Copeau numa entrevista sobre escolas com Anton Giulio Bragaglia (que apareceu na *Impero*, em 23 de dezembro de 1926), "surge a necessidade de uma escola, algo que não é simplesmente um grupo de estudantes dirigidos por um professor, mas uma comunidade capaz de ser autossuficiente e de preencher suas próprias necessidades". Mas Bragaglia continua para explicar, com evidente e polêmica parcialidade, "não escolas, mas o teatro-escola", concordando com Copeau que "escola e teatro são uma e mesma coisa".

Assim, a questão do que ensinar é substituída pelo mais dinâmico, artístico e arriscado problema de quem ensina e como[10].

---

10 F. Cruciani, *Registi pedagoghi e comunitá teatrali nel Novecento*, p. 55-56. O livro reúne vários escritos, começando de 1973.

CINCO QUESTÕES

Acredito ser útil levantar algumas questões antes que tal visão histórica torne-se muito parcial.
1. Existe realmente qualquer coisa que indique uma *linha de continuidade* ligando em uma cadeia única todos os laboratórios do século XX? Em resumo, qual a justificativa para tratar o fenômeno como historicamente unificado, a não ser o sentimento *a posteriori* de fazer parte dele?
2. Que necessidades, nas primeiras décadas do século XX, levaram à criação de lugares separados para o trabalho de pesquisa? Quais são as características de zonas dedicadas à pesquisa e direção dentro de grandes organizações teatrais associadas à Grande Reforma?
3. É possível definir em termos gerais, válidos tanto para a primeira como para a segunda metade do século XX, o tipo de pesquisa e experimentação sobre o trabalho do ator conduzido nos espaços teatrais que, de uma maneira ou outra, possa ser relacionada à ideia de laboratório teatral?
4. De que maneira e por que razões os laboratórios teatrais do fim do século XX reconheciam o seu próprio passado num contexto que era consideravelmente diferente do seu, o do início do século?
5. Quando pensamos nos estúdios, nas oficinas, nas escolas e nos ateliês do início do século XX, o quanto os problemas que experienciamos diretamente nos laboratórios teatrais no final do século influenciam nossa percepção do passado?

Essas são questões que procuram mostrar as diferenças e a falta de continuidade histórica entre a primeira e a segunda metades do último século, bem informados de que eventos históricos claramente interromperam a pesquisa teatral.

ESTÚDIOS E LABORATÓRIOS TEATRAIS

O que tem sido frequentemente sublinhado, referindo-se aos protagonistas da Grande Reforma, é a divisão interna entre as instituições dos teatros de arte na virada do século e seus estúdios.

Schechner também falou dos estúdios como "refúgios criativos" em relação aos teatros dos principais diretores no início do último século. Stanislávski e Copeau foram emblemáticos nesse sentido. Foi esse isolamento dos estúdios, suas características e sua "dessemelhança" que fizeram com que as pessoas vissem uma continuidade entre eles e os pequenos teatros experimentais da última metade do século, dos quais os teatros de Barba e Grotowski são exemplos perfeitos.

Os teatros de arte, mesmo quando se tornam instituições poderosas, incorporam uma *façade* (feição) indispensável, mas não são mais um objeto de desejo para os protagonistas mais radicais da Grande Reforma. Não sendo mais considerada essencial, em muitos casos a instituição pareceria ficar limitada à produção de espetáculos e manutenção do repertório. Os estúdios, por outro lado, parecem ter-se tornado o lugar da verdadeira pesquisa, liberados das necessidades de produção e da necessidade de atuação no palco. Como já afirmei anteriormente, esse é certamente um ponto de vista justificável, cujas raízes encontram-se nos testemunhos de alguns dos principais diretores do início do século xx.

Esse ponto de vista foi, talvez, excessivamente influenciado pelo exemplo de Grotowski e outros de um período bem diferente. Em outras palavras, vimos as atividades dos pequenos estúdios na virada do século por meio de um filtro que consiste de enclaves muito pequenos da segunda metade do século.

Por essa exata razão, é interessante sublinhar novamente o que seria, de outro modo, um comentário fútil e pedante: o fato de que os estúdios do início do século xx, as escolas e os ateliês foram concebidos e criados de um jeito completamente diferente que os posteriores laboratórios teatrais. Eles foram estabelecidos como *satélites*, corpos separados girando em torno do corpo central e institucional de um grande teatro[11].

11 Cf., por exemplo, o que é mencionado por Fabio Mollica em seu importante epílogo a *Il teatro possibile. Stanislavskij e il Primo Studio del Teatro d' Arte di Mosca* (O Teatro Possível: Stanislávski e o Primeiro Estúdio do Teatro de Arte de Moscou), org. Fabio Mollica, Firenze: Casa Usher, 1989, p. 144-220. Mollica escreve sobre a criação do primeiro estúdio do Teatro de Arte: "A impressão do distanciamento gradual de Stanislávski do Teatro de Arte é falsa se percebida com excessiva rigidez. Ele continua a ver o Teatro de Arte como seu lar, participando de sua organização, escolha de repertório, atribuição de papéis; ele

Esse era certamente o modelo do Teatro de Arte de Moscou. Outros estúdios, o de Meierhold por exemplo, eram basicamente lugares destacados dos seus teatros. Béatrice Picon-Vallin falou sobre isso exaustivamente. Meierhold, entretanto, parecia considerar seus estúdios como lugares para navegar no oceano teatral em busca de práticas e técnicas que então desembocariam na totalidade do trabalho em função dos seus espetáculos e no seu teatro.

Estúdios frequentemente tornaram-se satélites-guias, indo até certo ponto contra sua natureza original ou contra sua razão original de existir. Estúdios, oficinas, projetos especiais, tais como o Les Copiaus na Borgonha, foram construídos (ou imaginados) como lugares periféricos. Essa dimensão destacada, de satélite, fizeram-nos particularmente apropriados para experimentação, pedagogia e formas de treinamento: todas as atividades que se tornaram a área principal de interesse para diretores e que foram impulsionadas pelas necessidades e dimensões dos seus próprios teatros.

Não parece que os estúdios foram construídos ou concebidos como corpos novos que tomariam o lugar das velhas instituições. Houve projetos desenhados para adquirir independência temporária ou, preferivelmente, uma substancial *interdependência*, ou para *transformar-se* de estúdio em teatro.

Diferentemente das escolas de teatro, onde aspirantes a ator treinariam com atores experientes, os estúdios foram concebidos como reservatórios não da arte cênica, mas da essência da arte cênica. Dali diretores seriam capazes de extrair ideias, métodos de trabalho, novas proposições a serem desenvolvidas e aprofundadas visando aos espetáculos. Entretanto, eles eram também lugares para recomeçar o teatro e cultivar entre os jovens uma mentalidade muito diferente da considerada normal para o ator; para derrubar regras estritas de vida; para inflamar e manter acesa a paixão pelo teatro (todas as condições que, para o ator, eram tão necessárias como técnica, agilidade física

> nunca perdeu o prazer de trabalhar criativamente nele.[…] Em 5 de janeiro de 1912, Nemiróvitch-Dântchenko informa aos membros do Teatro de Arte que Stanislávski quer criar um estúdio no qual 'ele possa desenvolver seu sistema e preparar atores e produções inteiras decididas pelo Teatro de Arte, mas sem prazos específicos'".

e conhecimento dos vários "sistemas"). Era uma zona separada da vida normal de todos os dias. Por vezes, talvez, havia algo mais. Mas eles eram sempre lugares *complementares* às grandes instituições, criados não para substituí-las, mas para mantê-las *vivas*[12].

A própria ideia de ser capaz de criar, para seu próprio teatro, um ecossistema tão vasto e complexo que inclui grandes instituições centrais, fervorosos estúdios complementares, escolas e formas de ensino continuado, é um dos mais interessantes e desconcertantes exemplos de um modo grandioso e sem limites de pensamento, típico dos primeiros diretores teatrais. Todavia, ela tornou-se possível pela disponibilidade de consideráveis recursos.

UM EQUILÍBRIO LUXURIANTE

As bem-conhecidas histórias de brigas, desentendimentos, dificuldades e crises frequentemente escondem o fato de que os teatros rebeldes do início do século XX – os de Stanislávski, Meierhold, Copeau e outros – eram teatros *ricos*, se comparados com os teatros independentes e laboratoriais do fim do século XX. Se frequentemente eles passavam por períodos de crise econômica ou se – depois de terem sido planejados – eles não se tornavam realidade, era porque requeriam consideráveis recursos e tinham sido planejados com excesso.

Não era somente saúde econômica. Teatros eram planejados em escala monumental e portanto necessitavam de patrocinadores. Mas eles também tinham recursos imensos. Além

---

[12] Pode ser interessante ao menos dar uma pista sobre as mentalidades envolvidas, recordar o modo pelo qual Craig descreveu uma vez sua futura escola como um lugar para juntar três linhas diferentes, sendo cada uma delas, quando sozinha e indo além dos seus limites, um bumerangue que termina por sufocar a criatividade: estudo do passado (um estudo histórico sério, que, por si mesmo, teria sido puramente árido); pesquisa sobre o presente (prática, que sozinha se desviaria inevitavelmente para aspectos comerciais); e pesquisa sobre o futuro (que poderíamos chamar de "pesquisa pura": que, sozinha, em sua opinião, seria simplesmente uma loucura). Cf. The Fit and the Unfit: A Note on Training, *The Mask*, v. 6, n. 1, janeiro 1914, p. 230-233. Os pontos de vista de Craig são significativos, expressando um modo de raciocinar sobre os experimentos próprios, vistos como sendo fenômenos cruciais, destinados a mudar o modo como as pessoas se ocupam com o fazer teatral, e certamente não como iniciativas secundárias de vanguarda. De fato, raciocínio em larga escala.

de recursos financeiros, eles podiam também juntar um vasto conhecimento teatral, quase inimaginável para os realizadores teatrais de hoje. Esse *know-how* era fácil de atingir: com atores personificando o pináculo da tradição teatral europeia do século precedente, um contato quase diário com a prática teatral e performances de todos os tipos, e com a existência de uma rede intelectual compacta, com estruturas sólidas ainda que informais e conexões contraditórias, mas dinâmicas (encontros secretos, discussões, cumplicidade, solidariedade, contatos e relacionamentos de longo prazo criando uma história comum).

Finalmente, esses teatros eram "ricos" porque eram estruturas complexas, vastos microcosmos, no interior dos quais havia lugar para diferentes espaços e tempos. Eles eram, portanto, capazes de sustentar o ecossistema incrivelmente multifacetado que alguns grandes diretores na virada do século tinham inventado: um equilíbrio luxuriante entre o *know-how* ganho com a maturidade e o extremismo da juventude.

Tão logo esse equilíbrio luxuriante era perturbado, novas instituições-satélites eram criadas para restaurá-los.

ESTÚDIOS COMO CÂMARAS DE COMPENSAÇÃO

Para todos os novos teatros dos primeiros anos do século xx, a zona laboratorial foi inventada como *oposição complementar*, como uma câmara de compensação em relação ao corpo central. Os protagonistas da Grande Reforma parecem ter inventado um sistema organizacional complexo para contrabalançar uma necessidade essencial de ordem (mesmo que uma ordem revolucionária e reinventada) com um imperativo categórico de mudança. O resultado foi a criação de um equilíbrio especial, produto de constantes conflitos, mas efetivo, muito próximo do limite do caos, sem baixar esse limite.

Esse ecossistema, não os estúdios, foi a real invenção rebelde dos primeiros diretores.

Em um dado nível de desenvolvimento, as alianças estratégicas mais importantes e os estímulos mais radicais não vêm de formas de colaboração ou cooperação. Eles vêm de contrastes, quase como se fosse necessário destacar ou inventar "oponentes", contrapartes ou representantes da alternativa. Isso nos leva a um princípio fundamental: todo sucesso contém as sementes da própria derrocada, assim como cada invenção precisa causar a criação de uma contramedida. Os grandes diretores do início do século xx parecem ter percebido isso instintivamente.

Podemos também ver isso em nossa experiência diária: nenhum laboratório teatral pode preservar suas características originais por toda a existência. Caso contrário, eles enfrentariam o risco de tornar-se uma ideologia. Se isso persiste, qualquer comunidade utópica torna-se o seu oposto. Grotowski escolheu fechar seu laboratório teatral. A versão 2009 do Odin Teatret está muitas milhas distante do Odin inicial de 1964. Esse fato pode preocupar-nos ou aborrecer-nos, pode mesmo fazer com que alguns expressem pesar. Mas para entender essa situação – a necessidade de mudança, em qualquer direção – pode ser útil meditar sobre o "equilíbrio luxuriante" causado pela existência dos estúdios.

Qualquer forma teatral genuinamente nova, seja ela uma performance, um método de produção, um modelo de treinamento ou uma atitude global em relação à profissão, causou mais cedo ou mais tarde um sentimento de derrocada. Não tanto o envelhecimento como a rigidez e o medo de ser incapaz de novas mudanças.

É como se pode olhar para a invenção dos estúdios e das escolas, nos primeiros anos do século xx: como a criação de uma medida defensiva, de um adversário interno. Não tanto a criação de um novo teatro construído na forma de um lugar de estudo ou de paixão, mas como um contrapeso, esperta e cuidadosamente desenvolvido para manter intacto o balanço luxuriante que tornou possível manter a vida de um pequeno teatro de arte no interior de uma instituição de grande porte.

Talvez por esse motivo os estúdios parecem ter características mais extremas que as dos grandes teatros, mesmo no tempo do seu nascimento. Não por serem os estúdios a vanguarda e lugares devotados ao estudo, mas em razão do seu papel específico: estimular o corpo central, já habituado às mudanças que provocaram seu nascimento, para fazê-los sentir que alguém os observa de perto. Embora eles pareçam ser independentes, seu objetivo principal é estabelecer um estado de interdependência. Raramente eles tomam o lugar do corpo central, mais raramente ainda eles o fazem com sucesso ou enquanto permanecem fieis aos seus objetivos originais.

Qualquer que seja o "corpo central" que necessite ser estimulado – um conjunto estável de atores, um grupo semipermanente ou mesmo o diretor – cada caso deve ser considerado individualmente.

É útil observar as diferenças dos grandes teatros do passado: o ecossistema que compreende o corpo central e os estúdios, a criação de um equilíbrio luxuriante na vida e não somente na arte. Isso nos ensina algo sobre problemas inevitáveis, tais como envelhecimento, mudança e regressão. Transmite-nos a descoberta feita por diretores magistrais: que cada sucesso contém as sementes do próprio fim, e cada invenção deve consequentemente causar a criação de uma contramedida, que precisa sempre ser extrema, fatigante, desconcertante, mesmo dolorosa. Isso mostra-nos que se deixado aos seus próprios meios, o teatro tende à normalidade. Sem uma invenção realmente extrema, tal como a do equilíbrio luxuriante dos estúdios, após certo número de anos, as únicas possibilidades são "abandonar o navio" ou mover-se em direção à norma.

LABORATORIALIDADE E PESQUISA

Naturalmente acreditamos que eles *têm uma afinidade* com os pequenos laboratórios teatrais do fim do século xx que se consideram como seus herdeiros. Eles não são apenas teatros experimentais. Sua pesquisa cobre uma grande amplitude, tornando possível desenvolver linhas paralelas de valor – ético, existencial e assim por diante. Mas a razão para essa afinidade não deve ser vista como uma tendência de desenvolver uma cultura teatral independente, oposta mesmo ao teatro baseado em espetáculo. A semelhança está no modo como trabalhavam na criação de espetáculos e no modo de influenciar o ator. E no fato de que em ambos os casos o trabalho é baseado numa mistura de arte e vida, num lento mesclar de hábitos e clichês.

Os tempos de preparação foram de fato longos. Mas foi uma necessidade que veio de um longo caminho do passado, quando os mestres do início do século XX o redescobriram. Ele veio das tradições de atuação profissional mais antigas da Europa: uma vida ancorada na separação, uma diferença que intensifica a presença do ator no palco.

Os diretores do início do século XX pensaram métodos e sistemas para facilitar o lento mesclar de arte e vida. Assim, inventaram tempos de ensaio muito longos, comunas, escolas, estúdios. Construíram zonas que eram separadas não da performance, mas da vida diária. Estabelecendo zonas teatrais separadas, criaram o equivalente à marginalidade do ator em tempos passados: vida extracotidiana. Será que sentiram que a cultura do corpo e sua linguagem surgem e se desenvolvem a partir da *difference*?

A CORRIDA DA RAINHA VERMELHA

Os estúdios deveriam servir para criar uma rivalidade (estúdios *versus* corpo central) que buscava não a vitória de uma das duas forças, mas o que nos círculos da biologia é conhecido como o *princípio da Rainha Vermelha*. Este mostra a existência de formas de mudança contínuas, mas não necessariamente progresso ou a vitória de uma solução sobre a outra. Refere-se, por exemplo, a uma competição por mudança entre duas espécies, gêneros ou entidades que são rivais ou de algum modo conectadas. Mas é uma corrida estática e que não abre distância entre os competidores, porque ao mesmo tempo o segundo "polo" está mudando e se movendo: como a corrida da Rainha Vermelha em *Alice Através do Espelho*, de Lewis Carroll, em que os competidores correm enquanto permanecem no mesmo lugar. A corrida da Rainha Vermelha mostra a importância das mudanças evolutivas numa espécie que parece querer vencer, como se guiada pelo objetivo de adquirir superioridade, mas que é constantemente surpreendida por mudanças paralelas da espécie com a qual compete. É uma competição cujo significado oculto parece ser o do equilíbrio.

NO FIM DO CAMINHO

Uma situação laboratorial pode ser definida como implicando não somente caminhos de produção artística, mas também processos existenciais variados: caminhos de conhecimento, transmissão de conhecimento, pesquisa e estudo das estruturas mais profundas do teatro. Para avançar ao longo desses caminhos, esse tipo de teatro preocupa-se não somente com o impacto que uma performance pode causar, mas *também* com a esfera teatral que começa na vida diária do ator e chega até o seu trabalho: aquela zona, em outras palavras, que diz respeito somente àqueles que fazem teatro. É uma zona que sempre existiu, é claro, e sempre teve impacto no modo como o trabalho teatral é realizado. Mas ninguém *se preocupava com ela* até o século xx.

O tempo devotado à preparação de um espetáculo mostrou ser insuficiente para lidar com essa zona e criar caminhos que fossem não somente produtivos, porém também existenciais e dedicados à pesquisa técnica. Um laboratório requer tempos mais longos e ininterruptos. Ainda que a continuidade possa ter muitas faces diferentes.

A ocorrência de uma zona em que há *também* caminhos existenciais, e pesquisa em direção a estruturas mais profundas do que somente a produção, mudou a meio caminho durante o século xx em razão das várias causas concomitantes, não sendo a menos importante o nascimento de duas realidades laboratoriais, o Teatro-Laboratório de Grotowski e Flaszen e o Odin Teatret de Barba. Esses dois teatros, "gêmeos" durante muitos anos, ligados apesar de muito diferentes, foram uma moldura de referência conjunta e bivalente. Eles foram capazes de representar de forma *explícita* alguns caminhos e direções.

Do mesmo modo, pode-se dizer que uma nova forma de laboratorialidade surgiu em meados do século. Suas características são muito diferentes das dos estúdios que os precederam. Em nossa discussão, essa nova forma foi denominada "laboratório teatral", primeiro porque era a fórmula mais comum da segunda metade do século; segundo, para distingui-la das formas laboratoriais nascidas na primeira metade do século que eram parcialmente similares a ela, mas realmente muito diferentes.

Finalmente, processos que lidam com aspectos existenciais e os que têm a ver com pesquisa e criação de novos espetáculos não seguem caminhos paralelos, independentes. Pode ser dito que os primeiros servem para criar um impacto em profundidade na performance, mas não são indispensáveis em termos de qualidade estética. A razão é que a natureza contínua de situações laboratoriais e os longos tempos envolvidos tornam possível aperfeiçoar, com referência à arte do ator, uma *linguagem corporal*, que é a única linguagem autônoma do teatro. É a mais importante e mais complexa das linguagens, a única que ativa, no espectador, tanto a esfera do prazer estético como a da vida interior.

Mais do que um resumo final da discussão, isso é um resumo das ideias que elaborei no decorrer dela.

Uma discussão como esta não pode ter conclusões. Não faria sentido restringir a realidade dos laboratórios teatrais e estúdios e fazê-los ajustarem-se a um modelo único. Nossa discussão não serve para atingir um propósito, um resultado ou para estabelecer uma fórmula. Não houve culminação nem vitória. As coisas aconteceram diferentemente. Ela abriu um espaço mental após outro, levando-nos em direção à descoberta de uma realidade constituída de uma camada dentro de outra. Como uma cebola, essa realidade, com mil camadas para descascar, zomba de nós e finge ser reduzida a nada à medida que nos aproximamos de seu núcleo.

Cinco peças de diferentes mosaicos, com paisagens esmaecidas.

Como vocês podem ver pelo pequeno número de páginas remanescentes, chegamos ao fim da estrada, ou melhor, da discussão. Desculpem-me por não ser capaz de oferecer ao leitor conclusões mais precisas. Nossa discussão termina com uma divergência de vozes, cada qual fundamentando sua discordância em uma base comum mais lógica.

Neste capítulo final daremos uma olhada em alguns achados, ladrilhos coloridos e miscelânea de imagens que são, apesar de tudo, relacionadas, como fragmentos de diferentes mosaicos vindos de vários estratos do mesmo sítio arqueológico. A grande coisa sobre escavações é que os fragmentos encontrados não são memórias cobertas de poeira. São pedaços intactos de histórias, objetos mais brilhantes do que objetos *reais*, e mais *presentes*.

Trabalhando neste livro, cruzei com muitos testemunhos vívidos. Escolhi cinco descrições, tanto diretas como indiretas, do trabalho de um laboratório teatral. Tentei colocar em torno delas algumas peças informativas sobre o contexto original. Aqui estão, em sequência, documentos difíceis de decifrar e de esquecer. Eles não têm propósito definido, são perturbadores e longos. Na preparação do livro foram os primeiros que pensei em descartar. No fim, eles são os últimos a permanecer na mesa.

PRIMEIRO FRAGMENTO:
LAR. UM ESPECTADOR FALA

O primeiro testemunho é também o mais simples. É uma descrição dos laboratórios teatrais conforme parecem a um viajante, a um recém-chegado. O orador é Nicola Savarese, que já encontramos neste livro. O que segue é a transcrição de um conto que ele narrou em Scilla, olhando para o mar, durante uma das sessões da Universidade de Teatro Eurasiano. Savarese explicava que um laboratório é primeiro e principalmente um "lar".

Eu estava bastante feliz por visitar os dois laboratórios teatrais que criaram essa categoria na história do teatro: o Teatro-Laboratório de Jerzy Grotowski, em Wrocław, e o Odin Teatret de Eugenio Barba, em Holstebro.

Visitei ambos nos anos de 1970, em diferentes períodos. Na época, eu não era pesquisador de campo, embora fosse ao teatro para assistir a performances. Eu tinha assistido a ensaios, e tinha uma ideia mais do que abstrata do que seria um teatro com seus habitantes. Mas quando visitei esses dois laboratórios teatrais, minha ideia de teatro desviou-se das minhas impressões iniciais. Algumas imagens, como instantâneos, permaneceram comigo e, com o tempo, se enraizaram. O que na época eu pensava serem esquisitices, anomalias do teatro, tornaram-se as características fundamentais com as quais agora sou capaz de distinguir um laboratório teatral.

O primeiro ponto: laboratórios teatrais são lugares não usuais e excêntricos, localizados em cidades (que eu atingi depois de uma longa jornada) indicadas nos guias como não sendo capitais, nem políticas nem culturais. Wrocław na Polônia e Holstebro na Dinamarca são duas dessas cidades. Não são aldeias. Wrocław de fato é quase uma cidade grande e, comparada com Holstebro, pode mesmo ser chamada de metrópole. Mas não são capitais, e estou sem dúvida bem fora da rota dos *grand tours* culturais. Duas cidades que são muito grandes para serem anônimas, mas muito pequenas para serem capazes de sustentar supérfluos. Em outras palavras, nunca concordariam em financiar uma atividade sem propósito, como às vezes acontece em cidades grandes.

Entrando em seus edifícios, não grandes, um pouco isolados ou fora de caminho – em Wrocław, o teatro estava situado em uma rua lateral do centro da cidade; em Holstebro era uma velha casa de fazenda nos arrabaldes – fui recepcionado com uma xícara de chá em uma pequena sala de espera. Eles me fizeram sentar e conheci algumas pessoas, enquanto outras continuavam a passar, com coisas a fazer. Tive a impressão de entrar não em um teatro, mas num lar. Essa impressão foi confirmada pelo fato de que quartos vizinhos, mostrados antes dos quartos de trabalho, eram uma biblioteca, uma cozinha, quartos de atores mais parecidos aos de uma casa do que a camarins de um teatro. Em relação ao teatro, não havia o palco tradicional. Os quartos de trabalho estavam na ocasião ocupados. Eu os veria mais tarde à noite ou um ou dois dias depois por ocasião de uma performance, um ensaio ou uma sessão de treinamento.

Parecia-me ser o "lar" dos atores, seu domicílio fixo. Não havia muito tempo para viver fora do teatro, e quando eles finalmente iam para casa, era para dormir. Era quase como se não tivessem outro lar onde pudessem passar tantas horas como no teatro. Poder-se-ia dizer que tinham casas de férias. Por outro lado, seu lar era o teatro. Essa foi a primeira reflexão real: um teatro como um lar.

Segundo ponto: nessa casa eles realizavam atividades que permaneceram secretas durante muito tempo. Lembro-me de ter pedido para assistir às suas reuniões e de terem recusado. Nos recintos de trabalho eles faziam algo que era chamado de *treinamento*, uma atividade física, como eu descobriria mais tarde.

Terceiro ponto: essa casa era habitada não por "atores", mas por um grupo de indivíduos que tinham suas próprias histórias, identidades e personalidades, e que estavam trabalhando em um grupo. Prefiro o termo "grupo", porque nesse tempo o Odin era um pequeno grupo, não uma grande companhia.

Assim como essas atividades de grupo no recinto de trabalho, havia outras, decididas por uma pessoa – um líder. No Odin lembro-me de ter ficado perplexo com o fato de que essa pessoa dava instruções sobre as matérias mais básicas. Havia um quadro, com instruções relativas a várias tarefas e os nomes dos responsáveis, que mudava diariamente. Essas tarefas eram limpar os banheiros, cozinhas, corredores e recintos de trabalho. Tarefas bastante estranhas, parecia, para atores. Mas eu via essas pessoas, que conhecia há anos, fazerem todas essas coisas: limpar os banheiros e corredores, lavar o chão dos quartos de trabalho. Para mim, não pareciam atividades teatrais.

Anos mais tarde, durante os dois meses da longa sessão da Ista em Volterra, em 1981, cedo pela manhã, quando os participantes haviam saído para uma caminhada, fiquei surpreso ao ouvir Barba dirigir-se a mim: "Nicola, vamos limpar os cinzeiros". E assim fizemos. Portanto, o diretor do teatro faria o que seus atores faziam: limpar. Não estava abaixo do líder realizar tais tarefas. Isso me surpreendeu muito, porque na época, na Itália, a ideia de um coletivo estava ligada a outro tipo de associações, principalmente de natureza política.

Outra coisa que acredito estar relacionada com o que disse acima é que essas pessoas tinham algo que nunca era mencionado, mas que podia ser claramente percebido: tinham um grande respeito pelos colegas. Cheguei a conhecer melhor o Odin, mas lembro-me de ter conhecido Cieślak, tive que levá-lo para editar o filme *O Príncipe Constante* com outros atores do Teatro-Laboratório, em Roma. Todos eles mostravam grande respeito mútuo, esperando que seus companheiros terminassem de falar antes de emitirem suas opiniões. Isso para mim pessoalmente era algo inatingível: nós, estudiosos, após anos passados trabalhando juntos, somos ainda incapazes de observar essa elementar forma de respeito.

Esse respeito não era apenas formal, ele ia mais fundo, era algo que eu raramente via. Eu chamaria isso de respeito pelo trabalho. Nunca havia outra instrução além da que eu tinha sempre ouvido repetir: não banalize o trabalho. São princípios que sustentam os laboratórios teatrais que visitei.

Tendo tido tempo para pensar, eu acrescentaria outra característica principal, pois acredito que o que distingue um laboratório teatral de todos os outros teatros é o treinamento. E o que é treinamento? Uma atividade não dirigida à preparação para a performance. Pode parecer estranho para vocês, mas nos teatros asiáticos, por exemplo, não há treinamento no sentido de uma forma de educação abstrata do corpo e da voz. Treinamento, nos laboratórios teatrais de Wrocław e Holstebro, era chamado de ilha de liberdade para o ator.

O local, o lar do ator, o grupo, treinamento, respeito pelo trabalho e pelos colegas-atores. Isso foi o que achei em meus encontros com os laboratórios teatrais[1].

A voz de Savarese trai aquela nostalgia particular sentida por alguns diante da imagem de um lar fora do comum.

Mas talvez o sonho de um lar fora do comum, tão importante para o teatro, possa ser apreciado mais completamente se, por um momento, tirarmos nosso olhar do teatro e olharmos para um contexto que permita o estranhamento. Como nas palavras de Henry Thoreau:

1 Scilla, Universidade de Teatro Eurasiano, 2003. O discurso de Savarese foi transcrito pelo Teatro Proskenion.

Às vezes sonho com uma casa maior e mais populosa, edificada em uma idade de ouro, de materiais duradouros, e sem vulgaridade, que ainda consistirá de somente um quarto, um vestíbulo vasto, rude, substancial, primitivo, sem forro ou reboco, com vigas e terças nuas sustentando um tipo de céu baixo sobre nossas cabeças – útil para manter fora a neve e a chuva… uma casa cavernosa, onde você precisa levantar uma tocha numa vara para enxergar o teto… uma casa em que você entrou quando abriu a porta dianteira e a cerimônia está terminada; onde o viajante fatigado pode lavar-se, comer, conversar e dormir, sem mais procurar; um abrigo ao qual você ficaria feliz de chegar numa noite tempestuosa, com todo o essencial de uma casa, e nada para sua manutenção; onde você pode ver todos os tesouros de uma só vez, e tudo que um homem precisaria usar está pendurado em sua cavilha. […] Uma casa cujo interior está aberto e manifesto como um ninho de pássaros, e na qual você não pode entrar pela porta da frente e sair pela porta de trás sem ver algum dos seus habitantes; onde ser um convidado é ser presenteado com a liberdade da casa[2].

SEGUNDO FRAGMENTO: UM ATOR FALA SOBRE IMPROVISAÇÃO

Esta é a voz de Torgeir Wethal, ator do Odin Teatret desde sua fundação em 1964. Ele falou sobre seu primeiro encontro com Barba e seus primeiros passos no Odin Teatret em um livro do qual somente um dos capítulos foi publicado até agora[3]. Aqui ele mostra o encontro de duas células a partir das quais o laboratório teatral cresceria – um ator e um diretor, ambos igualmente inexperientes.

As mãos de Barba tremiam enquanto acendia um cigarro. Estávamos sentados em torno de uma grande mesa, quatorze ou quinze jovens, rapazes e moças. Eu era o mais novo, com dezessete anos. Os participantes tinham sido escolhidos de uma maneira bastante aleatória. Barba já conhecia alguns deles, com outros tinha mera-

---

2 Henry D. Thoreau, *Walden, or Life in the Woods*, org. Walter Harding, New York: Houghton Mifflin Company Books, 1995, p. 237-238.
3 Torgeir Wethal, Frammenti del mondo di un attore (Fragmentos do Mundo de um Ator), *Teatro e Storia*, n. 6, 1989, p. 107-144. O encontro aconteceu em setembro de 1964, Barba não tinha ainda 28 anos.

mente conversado. Muitos ele encontrava pela primeira vez. A única coisa que eles tinham em comum era um tipo de familiaridade com o teatro. Nesse dia, ele nos deixou espiar pelo buraco da fechadura um tipo de trabalho que nos era estranho. Quem queria entrar com ele no recinto? O que havia atrás daquela porta?

Seriam essas as questões? Era isso que ele tentava explicar para nós? Não me lembro. De fato não me recordo de nada que foi dito naquele dia, só que o famoso escritor Jens Bjørneboe tinha concordado em escrever o roteiro para a primeira performance do grupo, e Barba queria encontrar um espaço onde pudesse trabalhar. Não tínhamos a mínima ideia do que nos esperava após o encontro. Mas ele tinha conseguido despertar alguma curiosidade na maioria de nós. Curiosidade e desejo de aventura. [...]

Tinha-se passado quase um mês e não tínhamos tido nenhuma notícia. Finalmente um dia ele encontrou um lugar e nos disse. Podíamos começar a trabalhar na escola Halling. A classe era pequena, menos de cinquenta metros quadrados, no sótão do velho edifício. As escadas eram muito longas. Durante os poucos meses seguintes chegamos a odiá-las e xingá-las. Era o grande obstáculo que tínhamos que superar antes de sermos capazes de começar nosso trabalho à noite. Nossos corpos doíam, cheios de pontadas, e não podíamos mover-nos após tal atividade física. O caminho para o sótão era longo e íngreme. [...]

Passei muito da minha infância e toda a minha juventude no teatro. Com dez anos já estava atuando nos palcos de Oslo e, como amador, em escolas de teatro. Quando comecei a trabalhar com Eugênio Barba e com o que viria a ser o Odin Teatret, eu tinha dezessete anos.

No decorrer dos anos, muitas pessoas me perguntavam se eu havia perdido algo, se havia perdido o que muitas pessoas experimentam durante sua infância e juventude.

Não, não perdi nada; em todo caso, nada em que meus inquiridores estavam pensando. De fato, sou tão confiante que acredito que vivi mais intensamente no teatro do que seria possível viver fora dele.

Quando criança eu era capaz de prolongar minha estada no mundo da fantasia. Isso é usualmente interrompido no início do período escolar. E mais tarde tive um ambiente preciso – o teatro – através do qual eu podia me relacionar com o mundo. Um ambiente inerentemente mutável. Nessa estrutura cambiante houve situações em que experimentei e aprendi mais sobre mim mesmo e sobre o mundo em torno do que eu seria capaz de fazer "fora" do teatro.

Tudo que se sente e as experiências que se tem quando se está em busca de uma base e uma expressão para uma performance influi em você como pessoa. Do mesmo modo que todas as experiências profundas.

No sentido tradicional do termo, eu nunca *representei* um papel em um espetáculo do Odin Teatret. A maioria de nossos espetáculos *não* surgiu da interpretação de textos escritos, mas foi o resultado de processos de trabalho particulares e demorados. Os pontos de partida desses processos eram temas concretos e minuciosos. Temas que tinham paralelos emocionais e históricos conosco e com o nosso tempo.

Tanto os "personagens" como a história do espetáculo desenvolvem-se lentamente no decorrer do nosso encontro/ diálogo sobre o tema. Um mundo é lentamente construído. Eu vivo nesse mundo. Tudo o que faço como ator certamente tem conexão com o tema escolhido, mas ao mesmo tempo tem um ponto de partida dentro de mim.

O resultado final, o espetáculo, é uma imagem de nossas opiniões. Um completo conjunto de imagens com diferentes significados, mantido junto, em respeito ao que o tema demanda e que se torna a história.

No encontro com cada nova apresentação, sempre precisei tentar descobrir lados de mim mesmo e modelos de comportamento que eram mais ocultos do que aqueles usualmente mostrados na vida diária. É necessário descobri-los e, com o diretor, dar-lhes uma forma que tenha sentido na história da performance.

A improvisação foi *um* dos caminhos em direção a esse conhecimento e à maestria desses lados desconhecidos de mim mesmo. Quando falo sobre improvisação, penso em técnicas concretas de trabalho.

O termo *improvisação* – atuação imprevista – levou a incontáveis interpretações e modos de implementá-las. Creio que no Odin Teatret há tantas maneiras de lidar com a improvisação quanto há atores. A importância da improvisação como parte do processo de trabalho também varia. E no Odin Teatret alguns atores têm tido experiências mais numerosas e mais profundas que outros nesse campo.

Pessoalmente, é raro eu usar a técnica que estou a ponto de descrever, mas ela é, em todo caso, um dos fundamentos do que faço hoje. É uma experiência profissional que é uma base importante para mim como ator.

Meu início pessoal na improvisação começou no sótão da escola Halling em Oslo, o primeiro recinto de trabalho do Odin Teatret. Desde o princípio, nós trabalhamos em *études*. Um *étude* era uma forma de improvisação explanatória: ir através de uma floresta – abrir caminho por galhos, um arranha seu rosto – você atinge um rio, pula de pedra em pedra, no meio do caminho você tropeça – você chega ao outro lado e anda por um pântano – etc.

Após improvisar, a ordem das ações era fixada, e cada ação era polida e refinada. Isso requeria uma visualização interna concreta. O cenário e todos os detalhes tinham que ser vistos com os olhos interiores. No meu primeiro diário de trabalho, no outono de 1964, escrevi:

"Em relação aos *études*:
1 Sinta antes de expressar algo.
2 Observe e veja em detalhe antes de descrever o que viu.
3 Ouça antes de responder.
4 Visão – audição – paladar – olfato – tato: esses sentidos devem ser levados em consideração e estar constantemente "ativos".

Mais tarde removi a palavra "sentir" da minha terminologia de trabalho. *Sentimento* é o resultado do encontro entre você e o mundo ao redor. Se você começa querendo *sentir* algo, você só pode obter uma expressão forçada. Você não pode obrigar-se a sentir algo, sendo isso o resultado final de muitos fatores; você e...? Mas, fora isso, as palavras de 1964 ainda são válidas. E elas têm estado durante anos no núcleo do meu modo de improvisar, mesmo que seu conteúdo gradualmente venha de mundos maiores e mais complexos do que no começo. Fui assim frequentemente confrontado com o desconhecido e o inconsciente. Minha reação a esses encontros fez--me realizar ações de uma forma que eu previamente não teria sido capaz de identificar como sendo minha.

Se bem me lembro, um de nós ficou sozinho com Eugenio depois que o trabalho diário normal terminou. Uma seriedade calma e doce envolveu o primeiro encontro com aquilo que eu inicialmente considerei a parte mais importante do trabalho para o qual Eugenio queria levar-nos: *a psicotécnica*, a improvisação.

Alguns anos mais tarde, quando as pessoas começaram a familiarizar-se com o nosso método de trabalho, mudamos a terminologia. "Psicotécnica" criava uma falsa sensação de misticismo. Trabalhando com novas pessoas, a palavra frequentemente gerava reações similares aos mecanismos de um psicodrama. Essa não era certamente a nossa intenção.

Eugenio tentou explicar-me o que eu tinha que fazer:

"Há pessoas que para você são mais importantes do que outras.

Há situações que você vivencia, sonha e deseja que são mais importantes do que outras para você. Há lugares onde você realmente esteve, ou visitou em sua imaginação, que são mais importantes do que outros para você. Comece com a situação que é uma combinação de um rosto conhecido e uma ação precisa em um lugar preciso. Deixe esse mundo nascer. Siga-o. Viva-o. Não há regras. Tudo pode mudar ao longo do caminho. Talvez tudo pareça com um sonhar acordado, ou um sonho profundo. Talvez seja algo que você recorde. Use todo o tempo que precisar. Coloque-se em uma posição confortável."

É provável que a explicação de Eugenio não fosse exatamente essa. Porém essa é a essência do que me recordo daqueles anos. Mas eu claramente relembro essa situação particular.

Deitei no chão e fechei os olhos. Tudo estava borrado.

Eu era relativamente inexperiente em muitos campos da vida. Apesar disso, ou talvez por isso mesmo, tinha uma imaginação tórrida e uma grande capacidade de sonhar. Eu frequentemente vivia com intensidade sem fazer nada. (Isso pode ser assim ainda hoje. E é uma das minhas *deficiências* profissionalmente falando. Pode ser difícil para mim encontrar algo mais atraente do que meu mundo de sonho.)

Para começar, eu estava na escuridão: densa e agradável. Lentamente, permiti que espaço, pessoas e ações surgissem dentro de mim. Eu via amigos, parentes, pessoas e rostos que passavam por mim ou tomavam parte no que estava acontecendo. Situações antigas interrompidas eram vividas na totalidade. Situações retidas realmente ocorriam. De tempos em tempos havia caos. Diferentes ações e rostos adejavam para lá e para cá e mesclavam-se confusamente. Isso acontecia principalmente quando o pensamento de que algo tinha que acontecer logo permeava outra percepção, a que eu estava experimentando. Não podia ser por acaso que eu devia simplesmente permanecer lá, no chão de olhos fechados. Não me recordo de quanto tempo durou. Minha noção de tempo desapareceu – como ainda acontece agora durante as minhas improvisações.

No fim eu abri os olhos e levantei do chão, onde tinha estado deitado quieto durante todo o tempo.

Se se pensa sobre isso agora, pode parecer absurdo. A maioria dos diretores teria interrompido o ator depois de algum tempo e dito que provavelmente não tinham se explicado muito bem.

Durante essa hora ou hora e meia que penso ter durado minha improvisação, quando ainda estava deitado quieto no chão, Eugenio ficou sentado lá olhando; ele não me interrompeu e depois não comentou sobre o que eu havia feito. Somente alguns dias mais tarde, quando retomamos o trabalho, deu algumas explicações. Agora, anos depois, creio que a hora que ele passou me olhando foi o momento em que ele se tornou meu segundo *mestre*. A hora em que não aconteceu nenhuma ação física conteve um imenso tesouro sem dono que levei anos para expressar em um espaço teatral.

Devo dizer que foi a primeira vez. Ninguém tinha me dado um exemplo do que poderia ser uma improvisação, e Eugenio nunca tentara expressar previamente, no decorrer de nosso trabalho prático, as palavras que poderiam ter ajudado o ator. Ajudá-lo não só a começar na sua jornada secreta, mas também a mostrá-la e a compartilhá-la primeiro com o diretor e então com o espectador.

Minha primeira improvisação foi como um filme projetado por um projetor sem bulbo. Todas as imagens estão lá e passam diante da lente, mas a sala permanece no escuro. Para alguns atores é correto dizer que a improvisação tem que ser projetada no espaço. Para outros, tendo atingido outro estágio, é mais simples: o corpo vive e desempenha sua parte no que está acontecendo. Tudo e todos em torno dele, que fazem algo com ele ou com os quais ele faz algo, são de fato invisíveis para o espectador. Simplesmente, o ator tem que reagir na totalidade ao que está acontecendo, por meio de suas ações. Sua improvisação *existe* no espaço. O ator que usa "a tela", por outro lado, verá usualmente suas imagens primeiro na cabeça, então as mostrará para o mundo exterior. Em ambos os casos, a improvisação não deve ser recontada ao espectador como uma narrativa[4].

TERCEIRO FRAGMENTO: CARTAS ENTRE DIRETORES

Em 1998 Eugenio Barba falou sobre seu aprendizado polonês. Ele o descreveu em um livro corajoso, admirável, que mescla autobiografia com uma análise das mudanças históricas trazidas pelo Teatro-Laboratório; nesse livro, a face do teatro é a da aventura, e o sentimento que prevalece na memória é de gratidão. *Terra de Cinzas e Diamantes* narra a chegada de Barba, em janeiro de 1961, ao (então) desconhecido Teatro das 13 Filas, de Jerzy Grotowski e Ludwik Flaszen, onde ele permaneceria durante quase três anos. Um ano depois o nome mudou para Teatro-Laboratório das 13 Filas. No fim do livro, há 26 cartas de Grotowski a Barba do período de 1963 a 1969.

Quase dez anos depois, em 2007, Kazimierz, irmão de Grotowski, o físico mencionado anteriormente, encontrou algumas caixas de papelão que o diretor tinha armazenado antes de deixar a Polônia no início dos anos de 1980 após o golpe de Estado de

---

4 Wethal, manuscrito não publicado.

Jaruzelski. Numa dessas caixas estavam as respostas de Barba às cartas de Grotowski. Essas cartas foram consignadas a Zbigniew Osiński, que as copiou e enviou para Barba. A primeira das cartas de Barba, em ordem cronológica, era de 1963, e pode quase ter tido um valor simbólico, pois foi enviada da Índia. Imediatamente depois de ter sido exposta à luz do sol, ela praticamente se desintegrou, por causa da umidade e da ação do tempo. Pode ter sido um símbolo do seu relacionamento, escreveu Osiński, porque a Índia foi um lugar físico, mental e profissional que Barba e Grotowski tinham em comum, desde o princípio.

Cartas subsequentes de Barba foram escritas principalmente depois de 1964. Não há muitas, mas elas são longas e detalhadas: um jovem diretor, certamente autoconfiante e certamente sozinho e inexperiente, escreve para um colega aventureiro que era meio irmão, meio mestre, somente alguns anos mais velho que ele próprio. Ele informa a Grotowski que tinha fundado seu próprio teatro na Noruega. O mestre polonês é sua única estrutura de referência, embora uma referência distante. Barba escreve em francês, chamando Grotowski de "Monsieur le Directeur", enquanto Grotowski, respondendo em polonês, dirige-se respeitosamente a ele como "Drogi Panie Eugeniuszu" (Caro Sr. Eugenio)[5].

Tendo retornado a Oslo depois de sua estada de quatro anos na Polônia, Barba foi a alguns teatros noruegueses pedir, com uma mistura de arrogância e ingenuidade, para ser contratado como diretor. Reuniu então um grupo de aspirantes a ator, que tinham sido rejeitados pela escola nacional de teatro, e fundou o Odin Teatret. Como trabalhava com eles em tempo integral, sem salário (como os atores), mas, ao contrário destes, sem ajuda ou apoio familiar na Noruega, as "dificuldades econômicas" pessoais que relatava a Grotowski eram consideráveis.

Oslo, 20 de novembro de 1965
Caro Sr. Diretor,
Não respondi à sua última carta por uma série de razões. Primeiro, por falta de tempo. Vou descrever abaixo para o senhor meu horário de trabalho, e o senhor poderá ver quão pouco tempo tenho

---

5   Os originais são mantidos nos Arquivos do Instituto Grotowski em Wrocław. As fotocópias deles, mais a carta de Osiński que as acompanha, são mantidas nos Arquivos do Odin Teatret, Fundo Barba, Série Grotowski, Conjunto 5.

para me corresponder. Em segundo, não tenho mais máquina de escrever (vendi a minha por causa das dificuldades econômicas), portanto tenho que usar a máquina de escrever do Instituto de Indologia da universidade, aonde vou todos os sábados. Finalmente, sua penúltima carta aborreceu-me um pouco. Se o senhor se recorda, o senhor escreveu que o livro não estava pronto em virtude da minha negligência[6]. De acordo com Bozzolato, não enviei as fotos e ilustrações. Não tenho ideia de como Bozzolato acompanha o trabalho do editor. Em todo caso, tudo estava pronto bem antes do Natal, eu tinha enviado as fotos, ilustrações e mesmo os clichês que tinha comprado de *Vindrosen* (a revista dinamarquesa). Assim, tudo estava pronto, e o livro sairá até o final da semana[7].

Não é fácil responder às perguntas que o senhor fez a si mesmo e a mim em sua última carta. Tudo que posso fazer é descrever como estou tentando resolver os problemas com meu grupo.

Contatei as pessoas em outubro, baseado em uma lista de jovens rejeitados pela escola de teatro. Trabalhamos das seis da tarde até às dez da noite. Desde o início coloquei os alunos sob pressão em relação ao horário de trabalho: queria selecioná-los com base na paciência e resistência para o trabalho. Seis deles saíram logo depois de alguns dias. Permaneceram três garotas e dois rapazes. Sua idade varia de 18 a 21 anos. Imediatamente usei o treinamento para formá-los ética e não apenas tecnicamente, para dar forma a esses jovens em termos de moralidade pessoal, da qual a moralidade profissional faz parte. Para formar jovens que possam encontrar no trabalho um objetivo e obter um resultado: *karma yoga*. Para mim também o teatro tornou-se um *darshana*, um ponto de vista a partir do qual eu possa explicar a mim mesmo e explicar os fenômenos que me circundam. Tentei desenvolver em meus atores um sentido de identidade entre sua personalidade privada e o teatro (nosso grupo como um todo). Após alguns meses de trabalho, devo dizer que consegui fundir essas cinco pessoas em um coletivo muito desprendido. Primeiro o grupo, depois nossa pessoa privada: essa é a senha. É um resultado bastante extraordinário, pois essas cinco pessoas não se conheciam antes de eu contatá-las, e porque elas têm características e traços psíquicos muito diferentes.

---

[6] Barba refere-se a seu primeiro livro, *Alla Ricerca del teatro perduto*, que seria publicado por Marsilio (na coleção Biblioteca Sarmatica, dirigida por Giampiero Bozzolato) em dezembro de 1965. O livro foi devotado ao trabalho de Jerzy Grotowski e seu Teatro-Laboratório das 13 Filas.

[7] A carta mencionada por Barba foi obviamente perdida, pois não está entre as publicadas ou mantidas nos Arquivos do Odin Teatret.

Desde o começo fiz cada um dos alunos atuar como o instrutor. Agora todos eles lideram um ou mais conjuntos de exercícios. Evitei usar o jargão de Opole e procurei criar um novo vocabulário derivado das circunstâncias do trabalho com meus alunos. Agora temos um espaço que alugamos no início de janeiro. O aluguel é coberto por uma soma que cada um de nós paga semanalmente ao teatro.

Nosso dia de trabalho começa às nove da manhã. Trabalhamos sem parar durante três horas. Ao meio-dia fazemos uma parada de meia hora, comemos e tomamos café. Aproveito a parada para falar sobre problemas relacionados ao trabalho. Então recomeçamos, trabalhando ininterruptamente de 12h30 às 16h. Esse é o nosso dia normal de trabalho. Depois, das 17h às 20h, há sempre um ou dois atores que continuam a trabalhar, comigo ou com um instrutor. Na realidade, trabalhamos das nove da manhã às oito da noite, com uma pausa de uma hora e meia.

Agora vamos passar aos exercícios. Tenho que resolver muitos problemas, porque esses cinco jovens não vêm de uma escola de teatro, são apenas pessoas que querem ser atores. Meu trabalho é principalmente formá-los, assim a minha tarefa é pedagógica. E eu superei uma série de dificuldades que não tinha previsto. Esses jovens não tinham corpos preparados, não possuíam plasticidade, seu aparelho vocal tinha muitos problemas orgânicos. Mas durante minha estada na Índia aprendi uma verdade fundamental: qualquer um pode tornar-se um ator[8]. A única condição é que se trabalhe obstinadamente durante dez horas por dia. De modo que tive que criar um conjunto de novos exercícios para resolver o problema da preparação corporal.

Eis a lista de assuntos ensinados:
esporte (tênis, natação, esgrima)
ginástica
acrobacia
plastics (plasticidade)
balé
salto (vou explicar isso mais tarde)
pantomima
exercícios faciais

---

8 Barba viajou de julho a dezembro de 1963 pela Índia onde conheceu o kathakali em Kerala. Ele foi o primeiro a escrever uma descrição sobre a técnica que foi publicada na França, Itália, Dinamarca e nos EUA por Richard Schechner: Eugenio Barba, The Kathakali Theatre, org. e trad. Simonne Sanzenbach, *Tulane Drama Review*, 11.4, 1967, p. 37-50. Quando voltou à Polônia, alguns dos exercícios kathakali foram adaptados e praticados por um curto período no treinamento dos atores de Grotowski.

exercícios com as pernas
exercícios com as mãos
treinamento vocal
improvisação lúdica (improvisação como uma criança brincando)
estudos naturalistas (Stanislávski)
psicotécnica

Acrobacia: desenvolvemos um conjunto de exercícios acrobáticos bastante perigosos realizados no chão nu, isto é, sem colchonetes de borracha. Agora meus atores podem cair no chão como se fossem feitos de borracha, superaram o medo e o instinto de preservação. Também adquiriram um bom controle corporal.

Salto. Tendo que resolver o problema da educação corporal para esses alunos, perguntei a mim mesmo: será possível encontrar uma unidade dinâmica de medida que está na base de cada movimento? Decidi que a unidade básica de movimento era o salto. Agora temos cinquenta maneiras de saltar que são de fato marchas artificiais[9]. Cada uma é realizada com um ritmo diferente e diferentes sequências.

Cada exercício é realizado de acordo com uma sinopse (*scenario*)[10] criada pelo próprio ator. Os exercícios não são repetidos mecanicamente, mas são realizados como um *étude*, com uma nova motivação a cada dia. Todos os exercícios são realizados com "máscaras" faciais obtidas por meio de contrações musculares, que variam dia a dia e para cada conjunto de exercícios.

Estou agora estudando um novo capítulo inteiro de exercícios, que chamo de "memória muscular do ator". Isso significa que o ator deve estar ciente de cada músculo do seu corpo e ser capaz de controlar relaxamento e contração. Estou lendo livros sobre vegetoterapia e sobre treinamento autógeno e, em algumas semanas, vou experimentar esses procedimentos. Para começar, é necessário fazer exercícios de relaxamento por meio da autossugestão, para facilitar o relaxamento dos músculos. Faço meia hora de relaxamento antes de uma apresentação e antes do início de nosso dia de trabalho.

Durante o trabalho há uma disciplina absoluta. Posso deixar livremente o quarto sem medo dos atores se aproveitarem e não

---

9 Artificialidade (*sztuczność* em polonês) era um termo muito importante naquele tempo na terminologia de Grotowski. Ela corresponde a um movimento não natural e composto e tinha uma relação dialética com *żywiołowość* (núcleo vital, essência orgânica) nas ações do ator.

10 Um *scenario* poderia ser qualquer coisa desde uma trama em *Anna Karenina* ou *Hamlet* à história da descoberta de um tesouro. Era usada pelos atores para dar um significado e lógica diferentes aos exercícios de treinamento de cada dia.

fazerem nada. As relações pessoais com os atores são cordiais, exceto quando penso que houve um lapso em sua moralidade profissional. Nesses casos, um conjunto de medidas disciplinares é colocado; por exemplo, não falo com eles durante alguns dias. Mas o senhor está bem ciente dessas coisas, tendo lido *O Príncipe*, de Maquiavel.

Todos os problemas que afloram no decorrer do dia de trabalho são discutidos pelo grupo como um todo. Assim como problemas pessoais relacionados ao trabalho (falta de dinheiro, maus humores, aborrecimentos com colegas). Procuro tratar todos os problemas abertamente para evitar ressentimentos e a formação de panelinhas. Precisamos de unidade absoluta se queremos ter êxito.

Também coloquei alguns "padrões morais". Ninguém, por exemplo, pode aceitar um trabalho na televisão, em um filme ou em outro teatro sem o consentimento do grupo. Isso porque trabalhar em outra área artística afeta não só o ator que está fazendo isso, mas também o grupo todo, com um de seus membros gastando suas energias em um trabalho que não é para o nosso teatro e que não produz benefícios técnicos para melhorar o ator. Um ator pode trabalhar na televisão só se o grupo todo permitir. Mas precisa dar a metade do dinheiro recebido ao fundo geral do grupo e concordar em trabalhar após o expediente com os instrutores para repor as horas de treinamento que perdeu. É um problema que surgiu e foi resolvido dessa maneira quando um dos meus atores obteve um papel num filme. Eu não quis influenciar o ator, que me pediu para decidir o que fazer. Voltei-me para o grupo para discutir o problema. No princípio, não dei a permissão – baseado no fato de que ele não aprenderia nada e assim não poderia dar ou ensinar nada ao grupo. Mas o grupo deu sua aprovação sob as condições que mencionei acima.

Creio que levaria no mínimo três noites de conversa para explicar-lhe tudo. Esperemos que minha situação financeira melhore, pois estou cheio de dívidas. Não tenho fotos de nosso treinamento, todo o nosso dinheiro vai para o aluguel (cem dólares por mês). É muito caro, especialmente para nós que somos desempregados. É tudo por agora. Estou cansado, como sempre, agora que o dia de trabalho no teatro terminou. Vou escrever-lhe muito breve. Não respondi às suas questões, mas isso é realmente difícil numa carta. *Não tenho* condições de colocar tudo no papel, não tenho paciência. Escrever me esgota. Bem, tudo de bom no seu trabalho, que o Deus dos profetas o proteja...

Eugenio Barba

QUARTO FRAGMENTO:
UM SEMINÁRIO. UM PARTICIPANTE FALA

Quando o Odin Teatret mudou-se para Holstebro, imediatamente nasceu uma tradição: todo ano Grotowski iria lá para tomar parte em uma oficina de treinamento de duas semanas. Durante quatro anos, de 1966 a 1969, as oficinas de Grotowski eram um encontro marcado. Embora fossem limitadas a trinta participantes e tivessem prosseguido por apenas quatro anos, foram cruciais para a criação de um novo caminho de conceber o teatro, bem como para cimentar a ligação Odin Teatret -Teatro-Laboratório, tão importante para determinar o sucesso dos laboratórios teatrais.

O Odin havia se mudado da Noruega, seu país natal, para a Dinamarca (onde está sediado até hoje) em junho de 1966. Pela primeira vez ele tinha sua própria casa. E em julho, apenas um mês depois, foi organizada a primeira oficina com Grotowski. Nos anos subsequentes, o Odin Teatret adquiriu o hábito de organizar dois seminários por ano, um de uma semana de duração, sobre um tema específico, que podia ser a *Commedia dell'Arte* ou o teatro político, com a hospedagem de diferentes grupos de atores e diretores. A outra oficina anual, durante duas semanas, era sobre treinamento do ator, assistida por Grotowski e oferecida por ele e outros artistas.

É provavelmente difícil apreciar o efeito inovador que essas oficinas tinham, pois, hoje em dia, elas tornaram-se um fenômeno relativamente familiar e disseminado. Mas antigamente essa prática ainda não existia. Foi uma invenção ou reinvenção do Odin. Dentro de um círculo relativamente pequeno essas oficinas tinham um efeito explosivo.

A primeira pessoa a notá-las foi o crítico dinamarquês Stig Krabbe Barfoed, que tinha passado pelo Odin Teatret quando ele era ainda um teatro de "vanguarda" norueguês:

> Antes dos anos de 1960 adquirirem sua identidade durante maio de 1968, tivemos na Dinamarca um intenso debate sobre cultura. Em 1961 assuntos culturais foram transferidos do Ministério da Educação para o recém-estabelecido Ministério da Cultura. O suporte do Estado para a cultura e para os artistas tornou-se mais transparente, resultando em dúvidas e discussões. Os guardiães e

propagadores culturais ocuparam-se explicando a si mesmos. Nos desentendimentos que se seguiram, um amplo espectro de diferenças políticas, sociais e geográficas foi revelado.

Em 1961, vim diretamente da Universidade de Copenhagen para um jornal diário numa província do noroeste como crítico e editor de assuntos culturais. Para mostrar algumas das expressões artísticas de vanguarda não impressas que circulavam nessa época, alguns amigos e eu montamos uma modesta organização que tomava conta de grupos teatrais experimentais itinerantes. Grupos que, de outro modo, não visitariam a nossa cidade: por exemplo, grupos africanos, La Mama de Nova York – e um dia, em 1965, um pequeno grupo norueguês, o Odin Teatret, fundado e dirigido por um italiano, Eugenio Barba. Eles apresentaram *Ornitofilene*, de Jens Bjørneboe.

No ano seguinte, esse grupo de teatro estabeleceu-se perto de nós – em Holstebro, uma municipalidade com cerca de dezoito mil habitantes, uma pequena cidade cercada de campos de batatas e plantações de abeto. O conselho municipal e alguns funcionários públicos acharam que a resposta para a solução dos problemas do desemprego estava em atrair investidores do resto do país, oferecendo não somente locais baratos, mas também um alto nível de educação e vida cultural. Com esse propósito, o conselho municipal investiu num colégio, num conservatório musical; o Museu de Artes local foi desenvolvido e uma verdadeira fortuna foi gasta na compra de uma escultura de bronze de Giacometti. Eles então "compraram" o quase desconhecido Odin Teatret, oferecendo uma fazenda vazia nos arrabaldes e uma modesta contribuição. Em retribuição, Barba e o Odin Teatret não prometeram nada, não especificaram número de espetáculos, apenas prometeram começar a trabalhar no local em 1º de junho de 1966. Ao mesmo tempo acrescentaram: "Teatro-Laboratório Nórdico" ao seu nome, parcialmente para ter acesso mais evidente aos fundos do Conselho Nórdico, cooperação cultural de apoio entre os países escandinavos.

Desde os primeiros momentos pôde-se ter uma noção dos talentos estratégicos de Eugenio Barba, de 29 anos. Ele conseguiu definir a empresa de uma maneira adequada e usa as experiências artísticas e táticas adquiridas como estudante na Polônia comunista e de contatos pessoais na França, Itália e Hungria. Estabeleceu contatos para promover o teatro do diretor polonês Jerzy Grotowski para um público do mundo inteiro.

Em Holstebro, Barba imediatamente mostrou seu talento na escolha das pessoas certas para os diferentes trabalhos na sua organização, no palco, na administração e no conselho do teatro. Ofereceu salários iguais para todos os empregados, inclusive para si próprio, e sem limitação de horas de trabalho ou tarefas; por outro lado, todos os empregados participariam do processo decisório.

Além do trabalho nos espetáculos – projetados para sessenta a cem espectadores, um novo a cada dois anos –, o Odin Teatret começou a oferecer seminários de treinamento de atores e seminários abertos a diretores, atores, acadêmicos e jornalistas de todo o mundo, duas vezes por ano. Eram seminários intensivos, nos quais passávamos uma ou duas semanas em Holstebro como hóspedes do teatro e éramos convidados a permanecer em casas de moradores da cidade. Desde manhã cedo até tarde da noite ficávamos completamente lotados de impressões e experiências. Encontrávamos alguns dos mais importantes atores e diretores – entre eles Grotowski, é claro – dançarinos da Índia e de Bali, atores do nô e do kabuki do Japão – havia de tudo![11]

Isso foi em 1966. Participantes dos seminários do Odin não tinham familiaridade com o tipo de trabalho prático, mas, acima de tudo, nem com a mentalidade, o rigor e a paixão com que esses seminários aconteciam. Eram semanas de esforços físicos e mentais muito duros. Eles constituíam uma interrupção não só da atividade diária, mas também de qualquer outra forma de paixão teatral.

O melhor testemunho vem de uma novela sueca: *Katarina Horowitz drömmar*[12]. A autora, Marianne Ahrne, é hoje diretora de filmes e escritora. Em sua novela, ela descreveu seu encontro com Grotowski – o início de uma duradoura amizade –, substituindo seu próprio nome por "Katarina", e falou sobre as oficinas de Grotowski no Odin.

Mais tarde, lendo as transcrições das falas de Grotowski, ou conferências, em Holstebro, vemos que a descrição de Ahrne de suas oficinas, apesar de ser colocada em uma obra de ficção

---

11 Stig Krabbe Barfoed relembra os anos iniciais do Odin Teatret em uma resenha do livro de Elsa Kvamme, *Kjaere Jens, Kjaere Eugenio: Om Jens Bjørneboe, Eugenio Barba og opproernes teater* (Caro Jens, Caro Eugenio. Sobre Jens Bjørneboe, Eugenio Barba e o Teatro dos Rebeldes), Oslo: Pax Forlag A/S, 2004. Cf. S. K. Barfoed, Dear Jens, Dear Eugenio. On Jens Bjørneboe, Eugenio Barba and the Theatre of the Rebels by Elsa Kvamme, *Nordic Theatre Studies*, vol. 17, 2005, p. 97-99 (p. 97).

12 Marianne Ahrne, *Katarina Horowitz drömmar* (Os Sonhos de Katarina Horowitz), Estocolmo: Norstedts, 1990.

cuidadosamente elaborada, não é de nenhum modo uma narrativa romanceada, mas uma verdadeira *reportagem*:

> O homem do seu sonho era um polonês chamado Jerzy Grotowski. Ela o viu pela primeira vez no verão de 1967 durante uma oficina no Odin Teatret na Dinamarca e, desde então, pelo mundo todo. Eles tinham um pacto. Ele assobiava, ela vinha. Certa vez ela recebeu um telegrama indicando somente um local, Belgrado, e uma data, 23 de setembro. Ela foi e encontrou-o tão facilmente como se todos os detalhes tivessem sido escritos. Ele brincou que ela era uma feiticeira, mas ela sabia que ele de fato era o grande mágico. Ele iluminava a própria vida. E ela achava que se, com noventa anos, fosse ser conhecida como nada mais do que a velha senhora que tinha encontrado Grotowski, isso seria muito bom.
>
> A primeira oficina foi um tipo de volta ao lar. Quando Katarina Horowitz trabalhou com Grotowski e mais tarde ouviu-o falar, ela soube que isso era o que tinha almejado desde o dia do seu nascimento.
>
> Ele sentou-se atrás de uma mesa bamba no ginásio, vestido com um casaco preto e gravata e de óculos escuros no rosto em forma de melão. Corria o rumor de que ele quase não enxergava, mas se isso fosse verdade, ele devia ter um terceiro olho, pois não havia nada na sala que lhe escapasse. Ele observava os atores trabalharem em exercícios físicos violentos e enxergava fundo em suas almas. Ninguém trapaceava. [...] Queria que todos extrapolassem seus limites, como ele sempre fazia. Vê-lo trabalhar com o ator era como ser colhido numa torrente quente, em algo que, por entre as contradições, as misérias e as dores da ruptura, sempre resultava no desprendimento de centelhas divinas, liberadas no ator, em Grotowski e em quem estivesse assistindo. Katarina Horowitz julgava que ele era capaz de amar, mesmo com um chicote nas mãos. Ele açoitava as máscaras das pessoas e suas falsas justificativas, sua indolência e estupidez e covardia, mas nunca seus corações nus.
>
> "O ser humano", disse ele uma vez, "é uma criatura sofredora que não merece ser desprezada". [...]
>
> No verão seguinte ela retornou para assistir ainda outra oficina [...] Nesse ano, Grotowski não iria aparecer até o término. Até então, todos tinham trabalhado com exercícios e uma pequena cena. Também tinham estudado acrobacia com clowns italianos – os irmãos Colombaioni –, mímica com Stanislaw Brzozowski da Polônia e técnicas de canção e fala com Jolanda Rodio, cantora de ópera suíça.
>
> Quando Grotowski chegou, eles apresentaram suas peças, cada uma delas um desastre.

"Parece-me que nos encontramos com uma mistura de prazer e desconforto", disse Grotowski. "Vocês sempre encontrarão pessoas que têm fé em um método. Isso leva aos maiores fracassos. Uma árvore precisa crescer para viver. Tem que se afastar das suas raízes. O método é a raiz, mas a criação é a copa".

Ele disse que não estava interessado em uma escola com alunos bons ou maus, mas em pessoas capazes de se tornarem livres e serem verdadeiras em suas próprias vidas.

Katarina Horowitz relembrou do ano anterior, quando ele lhes pedira para não esperarem dele receitas prontas. Ninguém se tornaria um bom ator por ser capaz de fazer parada de mão ou de aprender certos exercícios. Nesse caso, eles teriam todos caído na armadilha.

A passagem das cenas e exercícios tomou o dia inteiro e a maior parte da noite. Sua crítica era extremamente aguçada. Alguns dos participantes foram embora.

"Isso é bom", disse Grotowski. "Desse modo saberemos quem quer trabalhar e quem quer somente divertir-se".

Às três da manhã ele convidou os ainda presentes para treinarem junto com Ryszard Cieślak, o ator de sua companhia que representara o papel de *O Príncipe Constante*. O que se seguiu foram os exercícios físicos mais intensos que Katarina havia jamais experimentado.

O trabalho durou horas e depois todos sentiram uma espécie de paz interior, vitalidade e alegria. O sol tinha surgido. Grotowski continuava a falar.

"Por que", ponderou ele, "depois desse trabalho o ambiente aqui dentro está melhor? Porque, no fim, ninguém aguenta viver uma mentira. O que vocês fizeram antes era maçante, porque ninguém foi além dos seus limites. É por isso que todos sentiram-se irritados".

Ele então analisou o trabalho deles em detalhe. Katarina ouviu e soube que tinha encontrado alguém que realmente queria usar os poderes dela na totalidade, aquele que gritava MAIS e não MENOS, mas cuja capacidade era tão superior à sua própria que ela precisaria de toda a vida para atingir o objetivo. Não de se tornar Grotowski. Não era esse o ponto. Mas de tornar-se Katarina do mesmo jeito que Grotowski era Grotowski. Exatamente como na história de rabi Zussya, que disse:

"Quando eu estiver diante do Eterno, ele não perguntará: Por que você não foi Abraão, Isaac ou Jacó? Ele perguntará: Por que você não foi Zussya?"

Depois de algumas horas de sono, o treinamento físico continuou. Se alguém quisesse descansar ou sair, podia fazê-lo, mas depois não poderia retornar ao trabalho. À medida que as horas passavam, as filas de corpos brilhantes de suor diminuíam drasticamente.

"Eu preferiria morrer a desistir!", pensou Katarina.

Dias e noites fundiram-se até que um dia, pela manhã, Ryszard escolheu alguns participantes, entre eles Katarina, para continuarem e tentarem trabalhar com ele os impulsos vivos.

"Eu quero que vocês me surpreendam", disse ele com um sorriso que poderia levantar os mortos.

"Mantenham os detalhes mesmo que doa. A dor não é nada. Os limites do possível não são nada. Ultrapassem os limites do possível".

Ele mesmo os ultrapassava constantemente, e sem uma palavra revelou o segredo do grande ator: quando você esquece de si e dá tudo ao seu parceiro, esse é o ponto em que um milagre pode acontecer.

Mais tarde, Grotowski disse que os escolhidos para esse treinamento não foram os que tinham trabalhado bem, pois ninguém tinha, mas os menos desanimados.

"Aquele que não quer pagar com sua entrega total nunca atingirá a criação, somente o infantilismo. Para mobilizar suas capacidades você tem que vencer a fadiga. Os poços profundos vão começar a fluir quando vocês superarem toda a resistência. Cruzar as fronteiras com todo o seu ser, com honestidade, disciplina e precisão – eis o método, nada além. Para doar-se como no amor. Se você evitar o desafio, você não pode criar nem viver".

Na noite seguinte, Grotowski pediu aos que quisessem trabalhar que ficassem. Ficaram somente doze dos cinquenta, e quatro destes eram do Odin Teatret. [...] Antes do início da sessão seguinte de trabalho, alguém veio buscar Katarina. Grotowski queria conversar com ela em particular. Ela foi até ele, o coração palpitando.

Ele estava sentado atrás de sua mesa habitual no ginásio vazio. Ela parou à pequena distância dele. Ele apontou para uma cadeira próxima da sua. [...] "É como se nada do que você faça seja suficiente. Desse jeito você acaba trabalhando somente para ser aceito pela pessoa que vê como seu juiz – não trabalhando para perceber o desconhecido dentro de você. Pode ser uma característica judaica. Mas também é específica de você. [...] Quando eu a vi trabalhar ontem, entendi porque você quer escrever".

Katarina prendeu a respiração. Era incrível que ele pudesse ter lembrado disso.

"Por quê?" perguntou ela, temendo a resposta.

"Para aqueles que não têm defesa, escrever é um modo de se explicarem para o mundo".

Ela tremeu, e seus olhos encheram-se de lágrimas. Estava claro que ele conhecia todos os seus segredos[13].

---

13 O capítulo sobre as oficinas de Grotowski na novela de Marianne Ahrne foi publicado como *I sogni di Katarina Horowitz* (Os Sonhos de Katarina Horowitz) em *Teatro e Storia*, n. 20-21,1998-1999, p. 447-453). Esse texto seria publicado em

QUINTO FRAGMENTO:
GROTOWSKI NA TRANSCRIÇÃO
DE MARIANNE AHRNE

Será que faz algum sentido estudar só o tempo da juventude?

A dureza, as regras, as punições, a moralidade, a força física, a capacidade de trabalhar vinte horas por dia? As oficinas de cinquenta participantes, dos quais somente oito chegam até o final? É provavelmente impossível reconhecer qualquer coisa que pareça com o Odin Teatret hoje, não só nas palavras de Marianne Ahrne, mas também nas de Barba, quando escrevia para Grotowski em 1965, e mesmo no retrato pintado por Savarese ou no relato de Torgeir Wethal.

E no entanto... o tempo da juventude é o tempo em que a fadiga é possível. Não sei o que aconteceria se permanecêssemos os mesmos para sempre. Mas o que importa é a impressão.

O testemunho final também se refere às oficinas dadas por Grotowski no Odin Teatret de 1966 a 1969.

Uma oficina não é um laboratório teatral; de certo modo, é o completo oposto. Para começar, não dura muito. Então, em seu propósito, em seu horizonte mental, não há performance no seu término. Entretanto, uma oficina pode ser (e as oficinas de Grotowski certamente eram) uma *simulação* de um laboratório teatral: um teatro reconstruído no laboratório, por assim dizer. Mas inevitavelmente isso significa que muitas das características essenciais de um laboratório teatral (uma forma de silêncio, por exemplo, ou não julgar o trabalho dos colegas) são piores, nesse caso, do que a falta delas: elas estão de cabeça para baixo. Nessas oficinas, Grotowski, depois de ter visto um *étude*, às vezes pedia comentários dos participantes sobre o que tinham visto. As respostas eram sinceras e ríspidas, e os alunos eram massacrados. O contrário das regras do laboratório teatral. Assim, as regras tinham sido *subvertidas*; talvez para que, dado o tempo limitado da oficina, os participantes pudessem atingir a experiência concreta da *fratura*. Quem sabe.

Para muitos participantes, encontrar Grotowski podia ainda ter significado encontrar um diretor relativamente desconhecido ou talvez uma celebridade independente. Geralmente

versão revisada em *Grotowki's Empty Room: A Challenge to the Theatre* (O Quarto Vazio de Grotowski: Um Desafio para o Teatro), org. Paul Allain, Seagull, 2009.

ele estava acompanhado de seu ator Ryszard Cieślak. Em 1965, quando Barba estava escrevendo de Oslo, eles eram um diretor desconhecido e um ator de um grupo ignorado que viviam em uma pequena cidade polonesa. Agora, depois do triunfo do seu Teatro-Laboratório no Teatro das Nações em Paris, em junho de 1966, eles eram um elemento-chave para as pessoas do teatro experimental no mundo todo. Cieślak acompanhou Grotowski a Holstebro, em 1966, 1967 e 1968. Na última oficina de treinamento, em 1969, Grotowski foi sozinho.

No primeiro seminário em 1966, Grotowski era um diretor avantajado, de rosto redondo, usando óculos escuros e um casaco escuro sobre uma camisa preta e gravata, que podia dizer coisas terríveis em um francês traindo forte sotaque polonês. Nos anos seguintes, as fotografias de Roald Pay mostraram-no muito mais magro, de camisa aberta, longos cabelos, um jeito determinado, uma barba rala. Sempre assustador. Ele nunca permitia a tomada de notas.

Desde o primeiro ano, entretanto, Barba colocou secretamente um microfone para registrar a oficina completa, em concordância com seus atores e desconhecimento de Grotowski. Então, escondido dos seus atores, ele contou para Grotowski. Os dois diretores concordaram de registrar tudo "secretamente", sem ninguém saber. Oficialmente, nem mesmo Grotowski. Então foi dada a Marianne Ahrne, quando chegou, a tarefa de transcrever, em absoluto segredo, esses registros "inexistentes".

Assim, hoje temos disponíveis as palavras de Grotowski durante as três oficinas em 1967, 1968 e 1969. São transcrições de gravações. Não há referência a ações, e não há descrição de tudo o que aconteceu. Não há indícios do *modo* pelo qual Grotowski e os outros falavam, o calor de alguns tons, a frieza de outros. Elas foram mantidas em uma caixa de papelão no escritório de Barba, entre outros materiais relativos a Grotowski: folhas datilografadas, em francês, que haviam esmaecido e se tornado quase invisíveis com o tempo. E agora elas estão sobre a minha mesa.

Os participantes treinam, guiados por Ryszard Cieślak. Grotowski os interrompe e comenta:

Quero analisar um problema, o problema da consciência do que se está fazendo. Vocês estão agora fazendo com tudo de si o que antes fizeram pela metade. É necessário fazer o que fazem com determinação, sem reservas. Vimos narcisismo, exibicionismo, impropriedade. Quando a concentração se torna um fim em si mesmo, sempre aparece um pouco de narcisismo. Quando a respiração é usada para encontrar um sentimento, o resultado é sempre falsidade. Nunca é necessário buscar emoções particulares: tristeza, medo etc. Nunca se deve usar a respiração. Nunca se deve ter a concentração como um fim.

Agora recomecem, com um pouco de senso comum, e encontrem certa força, talvez um pouco de leveza. Vocês precisam saber o que estão procurando. Como quando querem trabalhar por ou contra alguém. *Por* alguém encantado com todas as possibilidades que vocês possuem. Não trabalhem em relação a si mesmos. Trabalhem com um ritmo que os acorde, façam algo concreto, decisivo. Evitem movimentos no chão.

Os participantes continuaram com os exercícios, ainda guiados por Ryszard Cieślak. Após um instante, Grotowski interveio novamente:

Agora a situação é mais concreta. Mas vocês ainda não têm detalhes concretos. O sentido dos exercícios é desistir de si próprio e agir em relação a outro alguém. Deixem o medo, e encontrarão coragem. Desistam da tentação da fadiga. Não finjam ser um parceiro. Mas realmente façam isso por alguém[14].

Os participantes continuaram até a interrupção seguinte de Grotowski. Ele explica que eles nunca devem forçar emoções por meio da respiração, mas somente da voz e do corpo. Levanta-se e senta-se no chão para conduzir um exercício. Eles começam com respiração silenciosa. Todos seguem o seu ritmo, que varia. No início, os outros imitam, daí eles respondem.

Marianne Ahrne diz que Grotowski nunca tratava os participantes pelo prenome. Eugenio Barba, os atores do Odin Teatret e os atores do Teatro-Laboratório inclusive. A *légèreté* – leveza – que Grotowski pedia aos participantes para

---

14 As transcrições datilografadas de Marianne Ahrne são mantidas nos Arquivos do Odin Teatret, Fundo Barba, Série Grotowski, Conjunto 12. Conforme mencionado, elas são relativas a três anos de oficinas: 1967, 1968, 1969. Meus agradecimentos para Ana Woolf pela sua paciente transcrição das agora quase invisíveis páginas datilografadas por Marianne Ahrne.

redescobrir, juntamente com uma "certa força", é uma palavra que sobressai, não somente nessa oficina, mas também no período bem inicial do Odin, quando o contexto de trabalho parece acontecer somente numa atmosfera pesada e dura. Onde está a leveza?

Eu ouvia perguntar com frequência: Existe algum *prazer* no teatro de Barba ou de Grotowski? Porque pelo que eles dizem, nunca parece haver nenhum prazer, nenhuma satisfação em fazer teatro. Sempre me pareceu, e fica também evidente pela novela de Marianne Ahrne, que há uma resposta a isso: é mais uma alegria não usual, uma leveza estranha. Mas indubitavelmente ela está lá.

Então, inspecionando os papéis do Odin, encontrei outro documento colorido, dessa vez uma carta escrita por Marc Fumaroli, atualmente membro da Academia Francesa, a Eugenio Barba, nos idos de 1968.

Caro amigo, na Suécia não encontrei traço de Milady, nem de nenhum luxo, mas somente tranquilidade e voluptuosidade. No aeroporto topei com Dario Fo e sua família. Ele me pediu para passar a você seus cumprimentos, o que estou fazendo agora[15].

Sua oficina foi realmente interessante, Holstebro é um dos últimos lugares onde você pode realmente se curtir e eu, sendo um esnobe como você sabe, estou feliz de ser um dos poucos felizardos com acesso a essa roda hiperelitista. Quando penso na pobre Jacqueline Kennedy, que nada sabe de Holstebro e suas delícias, lamento muito por ela, e ao mesmo tempo sinto-me cheio da mais egoísta satisfação... Não perderia a oficina do próximo ano por nada no mundo. Desde que o famoso mágico professor Godowski esteja entre vocês. Em alguns anos, espero encontrar no seu sítio não somente Jackie, sempre antiquada (ela converteu-se aos velhos garotos dez anos depois de Sagan ter aconselhado as jovens damas da alta sociedade a fazerem isso), mas também Callas, Pasolini, Peggy Guggenheim, e por aí afora... Então minha paciência será recompensada, e poderei passar o inverno em Beverly Hills.

De fato, por que não convidar Pasolini, no próximo ano, e organizar uma projeção de seus filmes, incluindo o mais recente, *Medea*, com Callas? Você poderia também convidar Carmelo Bene,

---

15 Dario Fo visitou o Odin Teatret várias vezes e participou de duas sessões da Ista. A primeira foi com a performance *La signora è da buttare* em março de 1968. "Milady" pode referir-se à crítica francesa Madame Temkine.

autor de um filme interessante, *Nostra Dama dei turchi* [sic], que é sobre fazer alguma outra coisa, cujo nome me escapa, mas aparentemente será algo ainda mais bizarro. Você poderia chamar a oficina Cinema e Teatro ou algo assim. Penso que seu papel seria trazer virulentos micróbios mediterrâneos para a Escandinávia: Dario Fo é excelente, mas precisamos ir além. Reescrevi a entrevista com o sr. Godowski, e a enviei a quem de direito. Ficou uma maravilha de clareza e ironia. Assegurei-me de que a tradução não suavizasse os golpes infligidos à estupidez norte-americana...[16].

Fumaroli relatou a outra face das oficinas de Holstebro: o prazer. Embora descritas em termos aparentemente frívolos, referindo-se ao *jet set*.

As condições sob as quais Fumaroli (e os outros) vivenciou esse trabalho prazeroso foram duras: trabalho ininterrupto liderado por Grotowski por horas, e sempre à noite. Acomodações limpas, mas não muito confortáveis (Fumaroli dormia em um pequeno quarto, compartilhado com outros, na escola de agricultura de Holstebro).

GROTOWSKI: Encontramo-nos de novo, creio, com um misto de prazer e desconforto. Há sempre riscos sérios de mal-entendidos. Ser muito fiel a um método leva inevitavelmente ao fracasso. Para viver, uma árvore tem que crescer. Precisa afastar-se de suas raízes. O método é a raiz. A copa da árvore é a criação. As grandes vitórias são as que se afastam das raízes. Alguns querem cortá-las. E perdem tudo...

Somos em pequeno número. Isso é bom. Agora temos que ver quem quer trabalhar e quem procura diversão. Para divertir-se se deve convidar um mágico. Frequentemente princípios de trabalho são descobertos durante um tempo longo e cansativo. Mas para saber a causa é preciso escutar. É preciso descobrir o que está bloqueando o caminho[17].

Esse modo intenso de trabalhar, especialmente de um ponto de vista físico, era não só uma novidade, era uma provocação

16 Correspondência pessoal de Marc Fumaroli com Eugenio Barba, 9 de setembro de 1969. Meus agradecimentos a Eugenio Barba por permitir-me a leitura da carta. A correspondência de Barba é mantida nos Arquivos do Odin Teatret. É possível consultar as cartas anteriores a 1978 com o consentimento de Barba. As cartas de Fumaroli e algumas cópias das respostas de Barba são mantidas no Fundo Barba, Série Cartas (Barba – Lett), Conjunto 4

17 Arquivos do Odin Teatret, Fundo Barba, Série Grotowski, Conjunto 12 (1968).

naqueles anos – 1967, 1968 e 1969 –, os anos de lutas políticas e da revolta dos estudantes. A história parecia indicar prioridades contrastantes. A transcrição de Marianne Ahrne mostra dois tipos de reação por parte dos participantes: a dos que em vez de protestar ficavam um pouco em segundo plano, dormindo durante as longas horas do trabalho noturno, perguntando por que tinham que trabalhar à noite, ou fazendo tímidas perguntas sobre o ator *engagé* ou o clown. Então havia a dos que exclamavam, com inesperados semblantes radiantes, que nunca tinham trabalhado *dessa maneira* antes. De que maneira exatamente?

Além dos participantes reais, havia um núcleo de pessoas profundamente interessadas que assistiam a mais de uma oficina. Primeiro as do Odin, isto é, não somente Eugenio Barba, mas também (entre os atores ainda hoje no Odin Teatret) Else Marie Laukvik e Torgeir Wethal, que eram membros fundadores, e Iben Nagel Rasmussen, que tinha se juntado ao grupo em 1966. Eles se tornariam inesperada e repentinamente famosos em um futuro bem próximo, em 1969, com a apresentação de *Ferai*. Em 1968, o Odin era um pequeno teatro desconhecido, embora tivesse certa notoriedade como teatro de vanguarda na Escandinávia e era um farol para um punhado de intelectuais e especialistas em teatro na Europa.

Então, como já vimos, havia Marc Fumaroli, um francês estudioso do período barroco e da retórica jesuítica com uma carreira promissora à frente. Ele se tornaria professor do Collège de France e membro da Academia Francesa, na cadeira de Ionesco, em 1995. Nessa época ele tinha relações próximas com a Dinamarca, colaborando como correspondente teatral de Paris para o jornal *Jyllands Posten*, graças a Jens Kruuse, crítico literário e teatral do mesmo jornal, ele também um participante regular das oficinas de Grotowski, junto com Stig Krabbe Barfoed, que citamos acima.

Entre os atores escandinavos, diretores e líderes de escolas nacionais de teatro, um participante que sempre retornava era o influente poeta dinamarquês Ole Sarvig, que tinha escrito o texto de *Kaspariana* em 1966, a primeira performance do Odin na Dinamarca, e o radical poeta e cineasta experimental Jorgen Leth. E claro, Christian Ludvigsen, que, desde a fase bem inicial, foi conselheiro literário de Barba e desempenhou um papel fundamental ajudando a estabelecer e guiar o Odin Teatret no meio teatral dinamarquês e nas relações com o Ministério da Cultura. Ludvigsen desfrutava de grande prestígio e era relacionado com o meio artístico mais ativo e experimental. Era conferencista na Universidade de Aarhus, tradutor para o dinamarquês de Ionesco e Beckett e um dos fundadores do importante teatro de vanguarda, o Fiolteatret, em Copenhagen.

Entre os "estrangeiros" havia os primeiros norte-americanos: Harry Carlson, um especialista em Strindberg e professor no Queens College da Universidade da Cidade de Nova York, que distribuiu nos Estados Unidos as primeiras cópias de *Em Busca de um Teatro Pobre*, e Margaret Croyden, que contribuiu para a "lenda Grotowski" escrevendo no *The Drama Review* e mais tarde com seu livro *Lunatics, Lovers and Poets: The contemporary experimental theatre* (Lunáticos, Amantes e Poetas: O Teatro Experimental Contemporâneo)[18]. Mas os mais fiéis eram os Temkines, principalmente Raymonde Temkine, crítica teatral francesa, e seu marido Valentin, velhos amigos de Grotowski desde 1963, que haviam visitado seu Teatro-Laboratório em Opole e Wrocław e cuja casa era o refúgio de Grotowski em Paris. Mais ocasionalmente, como convidada de honra, vinha Renée Saurel, crítica teatral do *Les Temps modernes*, com quem Barba tinha estado em contato anos antes, quando viajava pela Europa distribuindo informações e buscando novos contatos para o teatro de Grotowski. Saurel chegou a escrever um longo artigo sobre essas oficinas na prestigiosa revista de Jean-Paul Sartre[19].

Assim, a imagem dessas oficinas, da atividade transgressora do Odin e do Teatro-Laboratório, começou a filtrar-se através

---

18 Cf. Margaret Croyden, Notes from the Temple: A Grotowski Seminar, entrevista de Erika Munk e Bill Coco, *The Drama Review*, 14. 1, 1969, p. 178-183; e Croyden, *Lunatics, Lovers and Poets: The Contemporary Experimental Theatre*, New York: McGraw-Hill, 1974.

19 Renée Saurel, Séminaire nordique à Holstebro, *Les Temps Modernes*, n. 256, setembro de 1967. Renée Saurel apoiou desde o início o teatro de Grotowski e mais tarde o de Barba. Já em 1965, na mesma revista, Renée Saurel publicou uma resenha de dez páginas de *Alla ricerca del teatro perduto*, que foi recentemente publicado na Itália; cf. R. Saurel, À la recherche du thèâtre perdu, *Les Temps modernes*, n. 233, outubro 1965, p. 754-763. Ela tinha lido o texto datilografado em francês que Barba tinha lhe dado. Ela publicou pela primeira vez o artigo de Grotowski sobre Artaud, Il n'était pas entièrement lui-même (Ele Não Era Completamente Ele Mesmo), *Les Temps modernes*, n. 251, abril de 1967.

de um público um pouco maior, embora seleto. Os dois laboratórios pareciam estar em um planeta completamente diferente do do teatro convencional, uma incubadora não usual de espetáculos, tais como *Akropolis* e *Kaspariana*. Um planeta que tinha algo em comum somente com os grandes "professores de atores" do passado, Stanislávski em particular.

Também era possível encontrar personalidades da esfera da pesquisa internacional, tais como Charles Marowitz e Joseph Chaikin, ou artistas de diferentes campos do saber teatral, tais como os irmãos Colombaioni, clowns italianos bem conhecidos que tinham trabalhado com Dario Fo e Fellini, Stanislaw Brzozowski, o ator principal do teatro de pantomima de Henryk Tomaszewski de Wrocław e Jolanda Rodio, uma cantora de ópera experimental da Suíça. Os participantes trabalhariam com eles de manhã e à tarde. Por volta das quatro da tarde, o trabalho recomeçaria com Grotowski e poderia continuar até tarde da noite. Em algumas ocasiões memoráveis, a noite toda.

Não era apenas uma questão de praticar ou respeitar um método de trabalho duro e efetivo. Esse era um processo de construção de uma ciência teatral: o estudo de princípios, pesquisa nos territórios profundos por trás do espetáculo, territórios que os laboratórios teatrais procuram explorar no seu trabalho, dando as costas para a criação direta de um novo espetáculo.

O que acontecia nas oficinas de Holstebro servia não apenas para eliminar os maus hábitos de um punhado de atores vindos do teatro tradicional, tanto os experientes como os iniciantes, para apagar seu narcisismo, sobre o qual Grotowski frequentemente falava, ou mesmo para ajudar os jovens atores do Odin a se manterem sem defesas diante dos espectadores. O que era feito não era simplesmente o trabalho da vida interior do ator ou do seu corpo. Era um estudo para penetrar as esferas ocultas, subjacentes da arte teatral. Eram oficinas de treinamento, mas não do "método Grotowski".

"Não me tomem por uma receita", repetiria Grotowski regularmente.

GROTOWSKI: Eu os observava enquanto trabalhavam com os irmãos Colombaioni. Foi extremamente tedioso. Assim que ficavam cansados, vocês paravam de trabalhar. Sem esforços, sem risco. Vocês querem poupar-se para depois. Vocês concordaram em fazer um pequeno esforço, e isso foi suficiente para que se sentissem totalmente satisfeitos. Colombaioni observou: "Se eu tivesse trabalhado desse modo, meu pai teria me batido". Vocês não devem parar no meio do caminho.

Esses eram momentos fundamentais. Mas também momentos de prazer: rigor e seriedade combinados (às vezes) com brincadeiras. Uma vez, no meio da noite, Barba e Grotowski foram à escola onde Fumaroli dormia, talvez espremido com outros em uma sala de aula transformada temporariamente em dormitório, e cochichou em seu ouvido "Polícia!" Ele acordou, obviamente aterrorizado. Talvez tenha ficado ainda mais aborrecido quando descobriu que esse era o jeito de Grotowski de fazer gozação[20].

As fotos também mostram pessoas satisfeitas, brincando, querendo voltar no ano seguinte, convencidas de estar no centro da mais profunda ciência teatral e com a sua mais refinada aristocracia. A piada de Fumaroli sobre Jacqueline Kennedy, a viúva do presidente norte-americano assassinado, parte do *jet set*, e nova mulher do velho milionário Onassis, demonstra isso mais do que qualquer testemunho, assim como também as sugestões de Fumaroli a Barba para futuras oficinas: Pasolini, Callas, Carmelo Bene. Esses nomes, os mais perturbadores, refinados, afamados, mas não simplesmente famosos ou novos, que a cultura "mediterrânea" produziu, eram sugestões de um plausível "prato de acompanhamento" para Grotowski.

GROTOWSKI: Conseguir uma atmosfera de trabalho nessa oficina foi uma luta; somente nos últimos dois dias obtivemos algum sucesso.

Cieślak foi bem-sucedido no segundo dia de trabalho, mas não recebeu nenhuma resposta.

É muito significativo o fato de vocês acreditarem que o programa de ontem foi diferente do dos primeiros dias. Não foi assim. O que aconteceu foi que a atitude dos que trabalharam durante os dois últimos dias foi uma atitude honesta. Uma experiência é proposta: é preciso responder. Vocês têm dentro de si um interruptor: sucesso ou derrota, fraude ou diálogo.

---

20 Eugenio Barba relata o episódio em *Land of Ashes and Diamonds* (Terra de Cinzas e Diamantes), p. 93 (p. 95 da ed. brasileira).

Eu peço a vocês – no sentido religioso do termo, algo porejando do coração –, peço que não tenham ilusões. As ilusões que se têm a respeito de si próprios são as mais perigosas.

E se vocês não podem desistir das ilusões no seu trabalho, rogo que não façam esse trabalho em meu nome.

Roald Pay, fotógrafo do Odin nos primeiros anos na Dinamarca, deixou surpreendente evidência fotográfica da presença de Grotowski no Odin, especialmente de momentos de descanso e de encontros semioficiais. Em 1971, Grotowski e seu Teatro-Laboratório vieram ao Odin não para uma oficina, mas para doze apresentações de *Apocalypsis cum figuris*. O Odin Teatret organizou voos fretados de Copenhagen para espectadores que podiam passar a noite em Holstebro e encontrar Grotowski no dia seguinte. Nos instantâneos de Roald Pay, podemos ver Grotowski ou Cieślak bebendo, rindo, falando com pessoas em volta deles, espirrando cerveja um no outro. Há fotos de Barba e Grotowski sentados juntos a uma mesa confabulando como cúmplices ou conspiradores, estrategistas em serviço, e também como mestre e aluno. E há fotos, tomadas furtivamente, de algum ponto de dentro, desfocadas, mostrando Grotowski tomando banho de sol em traje de banho.

Uma série de fotos mostra Grotowski – o Grotowski de 1971, magro, camisa escura desabotoada, cabelos longos – falando do lado de fora: está ensolarado, e participantes com almofadas e mantas estão sentados no gramado ouvindo-o falar. Sentado entre eles, Barba o escuta com atenção total, tendo ao seu lado sua mulher Judy, que traduzira para o inglês *Em Busca de um Teatro Pobre*.

Havia um clima de euforia palpável, de consciência. Eram tempos de conquistas, de descobertas. A importância do momento para os que estavam na foto está clara. Uma consciência sentida ainda mais porque eles perceberam que a importância desse momento era real, mas entendida por poucas pessoas. Os *poucos felizardos*, como tinha dito Fumaroli.

A carta de Fumaroli é um indicador, mas sem essas fotos seria mais difícil decifrar essa atmosfera. Talvez porque também, nesse caso, a linguagem com a qual a importância do momento é registrada é a linguagem paradoxal da alta sociedade. Cinco fotógrafos estavam fotografando ao mesmo tempo, capturando Barba e Grotowski enquanto estes conversavam como se fossem o presidente Kennedy e o premiê Khrushchev. Talvez fosse a única linguagem conhecida então para atestar a importância de um evento, de um encontro ou uma situação. Talvez fosse só autoironia. Talvez fosse uma conhecida subversão de valores.

UM PARTICIPANTE: Creio que é simplesmente irresponsável começar uma sessão de treinamento tão pesada a essa hora da noite.
GROTOWSKI: Por quê?

O participante, obviamente frustrado, tenta replicar: porque é como se arruína um corpo.

Durante a oficina, apesar das condições de trabalho aparentemente ditatoriais, os participantes tinham a possibilidade de perguntar o que quisessem a Grotowski. E assim faziam, colocando o mais amplo leque de questões. Grotowski dava respostas sobre clowns, trajes, o problema de opor alguém ou algo, a possibilidade de trabalhar sozinho, a relação entre treinamento e performance, sua propensão para encenar os clássicos, o grotesco, humor, teatro comercial, o texto, teatro político, o impacto da televisão e o ator "comprometido" (isso foi em 1967)[21]. Perguntavam-lhe se havia espaço para um clown em seu teatro. E o que ele pensava sobre uma atitude cética dentro do trabalho criativo.

Nas notas transcritas de Marianne Ahrne podemos encontrar as respostas de Grotowski a todas essas questões. Quando respondeu à questão sobre o ceticismo, ele falou sobre o problema da democracia na arte. "Não existe democracia na arte", disse ele, acrescentando que os maiores criadores discordam sempre daqueles que vieram antes. Podia ser imoral, observou ele, mas era assim mesmo. "Porque os teatros realmente importantes foram sempre dirigidos por déspotas esclarecidos: Stanislávski, Dullin, Brecht, Copeau, Meierhold, Piscator". Ele explicou que grandes teatros só podem existir se há um núcleo de traços humanos particulares. Talvez seja injusto, acrescentou ele, mas é como as coisas são. Ele aconselhou seus ouvintes a trabalharem com especialistas, e que era essencial

---

21 Arquivos do Odin Teatret, Fundo Barba, Série Grotowski, Conjunto 12, 1967.

serem capazes de ter confiança, pois o ator só pode ser livre se puder confiar em um diretor competente que conheça seu ofício. Um diretor que saiba que só pode renovar-se através de outros, dando-lhes liberdade, estimulando-os com propostas que abram caminhos pessoais à frente. "O verdadeiro diretor", disse ele, "é quem se perde no ator, é quem existe só como uma ferramenta para libertar o ator", anulando-se em uma espécie de não existência. "Alguém que não conhece seu trabalho", concluiu ele, "fala como um intelectual, porque não pode libertar o ator. Ele se esconderá atrás de palavras, falará de novas possibilidades. Mas não haverá arte nova"[22].

Foi-lhe pedido para comentar o problema dos espaços teatrais. Ele respondeu que grandes salões sempre lhe pareceram apropriados para espetáculos musicais. Sua opinião era que o teatro, comparado com mídias tais como televisão ou cinema, apresenta uma possibilidade a mais: oferecer ao espectador um contato "íntimo" com um ator desarmado.

Um ator sem defesa, desarmado.

Durante as oficinas, as palavras de Grotowski eram sempre severas e às vezes ásperas. Em sua novela, Marianne Ahrne diz que elas eram como chicotadas, mas que tinham o poder de atingir apenas a máscara, nunca o ser humano por trás dela.

Para entender essa severidade e permitir-nos superar esse traço, deveríamos no mínimo acrescentar aos sentidos literais dessas palavras, quase insolentes, as longas horas de trabalho intenso e persistente. E também a fadiga, que pesava nos ombros do diretor, sempre alerta, nunca deixando nenhuma imperfeição passar, tanto quanto nos dos participantes.

Grotowski parece estar dizendo que desarmar o ator não é tarefa fácil. Quando a linguagem do teatro é *expressamente* a do corpo, se o ator não tenta atingir seus limites, o corpo do espectador reage não somente com tédio, mas com irritação e mesmo insolência.

Essa é a única indicação clara que pode ser obtida lendo esse valioso, "confidencial" e rico documento.

Dos fragmentos acima – o relato de Savarese, o testemunho de Torgeir Wethal, a carta de Barba, as memórias de Stig

---

22 Idem.

Krabbe Barfoed, a novela de Marianne Ahrne e as transcrições dos comentários de Grotowski – somos incapazes de extrair um quadro claro, formular os métodos e receitas do laboratório teatral ou encontrar respostas claras para nossas questões.

PRIMEIRA CONCLUSÃO

Desse modo, a discussão não chegou a uma conclusão.

"Mas um livro deve ter uma conclusão", me sugere delicadamente uma das minhas alunas da universidade. Acho que ela está de gozação.

O que é uma conclusão? Se meus alunos me perguntassem o que tínhamos obtido desse longo tormento, o que eu responderia? Que as várias fases de nossa discussão permitiram-nos explorar problemas e territórios imprevisíveis. Mas também creio que a discussão fez surgir, com ou sem conclusões explícitas, cinco questões fundamentais.

1. A relação entre a produção de espetáculos e a "vida teatral". Deve agora ficar claro o significado de "vida teatral": a parte da vida de um ator condicionada pelo teatro, mas relativa ou aparentemente independente da produção. Essa área pode incluir atividades preparatórias individuais tais como treinamentos e oficinas, embora não relacionadas ao espetáculo. Mas pode incluir também iniciativas teatrais fora da lógica mais convencional – uma visita à prisão, por exemplo, ou a um hospital psiquiátrico. Ou experimentação madura de novos gêneros teatrais. Tempos anormalmente longos de ensaios são parte dessa área, assim como a organização de oficinas e festivais, a administração diária do teatro e atividades editoriais. De fato, pode incluir qualquer coisa, mas certamente inclui as regras específicas que governam cada teatro individualmente, principalmente quando essas regras são novas: os horários de trabalho, a maneira de receber os espectadores, as várias maneiras de aceitar ou recusar o aplauso. É uma área que sem dúvida diz respeito à vida do indivíduo, mas somente quando afetada por decisões e ritmos de relevância coletiva.

Quando essa área é particularmente rica, imprevisível e, acima de tudo, quando é muito invasiva, adquire tal importância na vida das pessoas envolvidas que se infiltra no seu cotidiano, condicionando-o talvez mais do que o trabalho real de criação. Se, além disso, essa área é forte e interessante, ela assume, ou parece assumir, um papel e uma função autônoma.

A novidade destacada durante nossa discussão foi a relação singular entre laboratórios teatrais e a "zona da performance". A saber, a existência, em uma organização simples e pequena, de uma zona de produção de espetáculos e uma área de pesquisa bem desenvolvida (como o próprio nome indica: laboratório teatral). A diferença *vis-à-vis* um teatro experimental é que a zona de pesquisa teatral, no caso dos laboratórios, inclui atividades de mesma relevância que as envolvidas no processo de criação de espetáculos. Mas a verdadeira peculiaridade dos laboratórios teatrais não é essa, e sim a existência de uma conexão e tensão permanentes entre as duas áreas: pesquisa teatral e performance, teatro e laboratório. Entre as duas metades de um oximoro.

Os anos de nossa discussão, entretanto, levaram a uma descoberta: o teatro serve a uma necessidade e tem um valor para o indivíduo que o faz. Mas essa necessidade e esse valor não coincidem necessariamente com o trabalho feito tendo um espetáculo em mente. Esse valor é enfatizado e desenvolvido na atividade de um laboratório teatral. Podemos assim estabelecer que é possível estudar o teatro de um ponto de vista não puramente artístico, isto é, referindo-se não somente a espetáculos, mas também à cultura teatral.

Mas também acredito que outra importante descoberta foi feita: a própria zona de pesquisa teatral, tão forte e independente, mostrou ter um papel evidente e vital, embora não totalmente claro, na criação de espetáculos. O que é certo é que essa zona não pode ser considerada sem levar na devida conta seus laços estreitos com a produção no palco e com os impactos nessa produção. Essa área de pesquisa é como uma segunda camada de trabalho, influindo na profundidade do resultado final mais do que na qualidade artística, determinando assim a densidade do espetáculo.

Strasberg diz que os aspectos físicos, mentais e emocionais do ator influenciam seu modo de atuar muito mais do que se reconhece comumente. Eu acredito que há um núcleo de verdade que é preciso se ter em mente. Mas não creio que se possa falar de costumes ou experiências privadas. Creio que *não é* a vida cotidiana, individual, que desempenha um papel na construção de espetáculos, e sim a vida "artificial": mudando a mentalidade do ator através da "zona de pesquisa teatral" e suas necessidades devastadoras.

De qualquer forma, a discussão sobre laboratórios teatrais trouxe à tona a importância da área de pesquisa teatral, um espaço vazio entre a realidade cotidiana e o trabalho devotado a performances, movendo-se sinuosamente em ambas as áreas. É o lugar em que um valor intrínseco do teatro pode ser desenvolvido para a pessoa que nele atua, fazendo *diferença*, não só física, para ele ou ela. É a zona que, pelo alongamento do tempo de ensaio, proporciona espetáculos que vão além do planejado e esperado, com sombras e sentidos enraizados na autobiografia do grupo. Ela propicia uma profundidade particular aos espetáculos, tornando-os um ato de descompostura e selvageria tanto para quem assiste quanto para quem atua.

De certa forma, ela é a zona mais antiga do teatro e é redescoberta durante cada revolução teatral. É aí que se pode procurar a essência do teatro quando este tem densidade: ou seja, tem vida, mas uma vida incomum. Uma vida de cabeça para baixo, por assim dizer, ofertada ao espectador.

2. A segunda questão é a importância da "dimensão laboratorial", o novo horizonte mental estabelecido pelos laboratórios. Embora seja frequentemente incorporada pelos teatros pequenos e desconhecidos, a dimensão laboratorial é a razão pela qual o teatro ainda está presente no século XXI, quando poderia de outro modo ser considerado como um gênero em luta contra o tempo. Essa "dimensão laboratorial" deu ao teatro um novo uso e propósito, permitindo que seja visto como um lugar de crescimento interior ou político, um local de transcendência ou simplesmente uma expressão de dignidade étnica ou de gênero e um valor para o indivíduo que nele atua.

Isso também significa que a tensão entre as duas partes – espetáculo e atividade não diretamente relacionada a ele – assume uma tendência dramática nos laboratórios teatrais: como se o fazer teatro fosse constituído de dois componentes inseparáveis que (aparentemente) se movem em sentidos diferentes. Isso nunca havia acontecido antes. Em suma, há performances e há transcendência. No melhor cenário existem duas tendências entrelaçadas, no pior elas se separam uma da outra.

Essa situação, uma mistura de valores, divergências e contradições, um pouco pomposa, um pouco impudente, deveria ser chamada de um ato de blasfêmia. Ela certamente tem esse gosto e esse desejo.

Essa questão não é uma nuance. Ela é crucial.

O sabor de blasfêmia e a união fértil e contraditória, do tipo oximoro, de laboratório com teatro são talvez a característica que mais distingue os laboratórios teatrais.

3. Terceira questão: os laboratórios teatrais, locais de pesquisa da arte do ator, são historicamente os lugares de estudo dos princípios da arte de fazer o corpo do ator falar, despertando uma resposta pela empatia no corpo do espectador. Isso eu chamei de "linguagem do corpo". Não quero argumentar que só os laboratórios teatrais são capazes de usar essa linguagem. Mas em laboratórios teatrais essa linguagem conseguiu falar ainda mais livremente, sem ocultação ou disfarce. Ela foi capaz de levantar questões – abstratas ou arquetípicas – de sacudir espectadores, transformando o teatro em um valor também para eles.

4. O quarto produto do debate, e isso também me parece significativo, foi a percepção de que não era possível definir um modelo que nos permitisse decidir o que é ou não "laboratório teatral". Essa falha feliz deriva principalmente do fato de que na segunda metade do século XXI a "dimensão laboratorial" tinha um modelo de duas cabeças ou, no mínimo, um alicerce consistindo de dois teatros aparentados mas divergentes: o Teatro-Laboratório e o Odin Teatret. Com todas as consequências interessantes advindas dessa combinação.

5. Finalmente, há a relação com o passado, com o início do século XX. Primeiro os espetáculos de Grotowski, depois os de Barba, espetáculos importantes que foram, em certo sentido, criados do outro lado da Cortina de Ferro permitiram que a Europa Ocidental redescobrisse o conteúdo básico de espetáculos dos mestres do início do século XX, depositados principalmente na Europa Oriental. A experiência adquirida pela familiaridade com esses dois teatros, e com uma realidade laboratorial mais disseminada, também tornou possível estudar

o grande teatro da virada do século de uma forma diferente e enxergar além da criação de espetáculos, para levar em conta a importância de outras atividades e projetos, tais como o trabalho pedagógico, a experimentação e a pesquisa da arte do ator, muito além de sua aparente função. Todavia, a familiaridade com a atividade laboratorial do fim do século xx também criou um filtro. Às vezes as atividades do passado foram observadas através desse filtro, e muitas diferenças foram negligenciadas.

A visão histórica que une num único movimento os estúdios da virada do século e os laboratórios teatrais da segunda metade do mesmo século mostrou ser um ponto de vista frágil. Embora haja uma similaridade evidente entre as atividades dos estúdios e parte da atividade dos laboratórios teatrais, enfocar essa afinidade restringe a aptidão de explorar a profunda utilidade dos estúdios, limitando-os ao *status* de laboratórios pré-teatrais. Desde que vistos com olhos mais desapaixonados, é possível observar muitos aspectos específicos desses estúdios – tal como o conflito entre juventude e velhice, entre originalidade e decadência. Pode-se também analisar soluções interessantes: por exemplo, o que chamamos aqui de corrida da Rainha Vermelha.

SEGUNDA CONCLUSÃO

O funcionamento de um teatro é uma questão complicada. O número de facetas a ter-se em mente é completamente desproporcional a suas dimensões. São colocados em movimento mecanismos complexos, tais como o estudo sobre si mesmo e sociologia, que requerem estratégias de longo prazo, enquanto também têm o ritmo, a natureza contraditória e a violência das estratégias artísticas. Talvez por não ser uma arte individual, talvez por ser principalmente (mas não somente) arte física, talvez por ser uma arte efêmera. Mas certamente o funcionamento do teatro levanta grandes problemas, incomensuráveis palavras e estratégias elaboradas. E tudo isso para produzir algo tão pequeno como um espetáculo.

Talvez esse aparente desequilíbrio entre o modo pelo qual o teatro funciona e o seu produto é o que torna seu estudo tão interessante. Por essa razão também, inevitavelmente, estudiosos condicionados por um ambiente específico transferiram-se para problemas maiores do que esse.

Performance teatral e vida: os dois pés com os quais o teatro caminha. Mas eles são também os dois pés nos quais, mais estranhamente, a história do teatro caminha e tropeça. Eles são diferentes e requerem ferramentas de análise completamente diferentes. O primeiro requer a intervenção de especialistas em arte e biologia, esta última as ferramentas do antropólogo, historiador e sociólogo.

O que nossa discussão nos proporcionou foi a evidência de que, para o historiador, todos os tipos de ferramentas provaram ser não utilizáveis, porque ele é incapaz de encontrar, no teatro, margem suficiente de manobra. As ferramentas são muito difíceis de manejar, muito monolíticas, ineficazes, e logo provarão ser mesmo danosas, pois cortam o teatro em pedaços, dando uma visão dos espetáculos enquanto negligenciam a zona por trás deles. E vice-versa.

O principal não é aprender a usar instrumentos mais metodológicos ou usar diferentes ferramentas juntas, ou aprender a mudar rapidamente de uma disciplina a outra, mas de preferência aceitar o teatro pelo que ele é: um lugar cheio de contradições. Como vimos no texto de Zbigniew Osiński, essa crença vem também de Grotowski. É importante aceitar o teatro como um lugar de contradições. Isso também no que concerne às metodologias.

TERCEIRA CONCLUSÃO

"Você se lembra de Art et Action?", perguntou-me Nicola Savarese[23].

---

23 Art et Action foi fundada em 1912 por Louise Lara (que foi uma importante atriz, membro da Comédie Française) e seu marido, o arquiteto Édouard Autant (seu filho foi o diretor de cinema Autant-Lara), primeiro sob o nome Théâtre et Liberté, depois Art et Action. O laboratório foi dividido em cinco seções, cada uma das quais trabalhava em experimentação de uma nova forma cênica. Ele produziu um total de 112 performances e organizou exibições e conferências. O laboratório também publicou um folheto regularmente (organizado pela sobrinha de Louise Lara, Akakia Viala, pseudônimo de Antoinette Allévy). Viala,

Eu poderia ter respondido que não, com o perigo de cometer um sério erro, pois embora o laboratório Art et Action não fosse tão bem conhecido como outros, era, ainda assim, importante e uma experiência duradoura. Felizmente, eu tinha lido recentemente um livro que descobri por ser a encarregada dos novos Arquivos do Odin Teatret[24]. Esse livro tinha sido dado a Barba pela editora, Akakia Viala, com uma linda dedicatória: prova da existência de uma pequena rede laboratorial já no início dos anos de 1960.

Art et Action, um laboratório teatral, funcionou em Paris de 1912 a 1952, bem antes da fundação do Teatro-Laboratório e do Odin Teatret. Era um pequeno teatro parisiense: refinado e com ramificações culturais de alto nível. Eles publicaram relatórios sobre suas atividades durante sua vida, e quando o experimento terminou, com a morte de Louise Lara, que fundara o teatro com seu marido Édouard Autant, uma de suas sobrinhas, Akakia Viala, editou o *Catálogo*.

"Você se lembra de Art et Action?", perguntou Nicola, tendo acabado de retornar da Biblioteque de l'Arsenal. "Anexado à capa do catálogo está um segundo livrinho, de algumas páginas. Ele contém uma descrição do laboratório como se fosse um lar. Do mesmo modo que eu tinha falado sobre Teatro-Laboratório e Odin Teatret em Scilla".

Eis o que estava escrito:

> Uma pequena casa, no fim da rua Lepic... Uma escadaria estreita leva ao vestíbulo – mais um celeiro ou uma oficina do que um teatro, no qual o público não interessado na elite do *Tout-Paris* é amontoado. Você entra. Aqui, as vestimentas obrigatórias – gravata branca, forro azul, faixa honorífica vermelha – são desconhecidas. Aqui há simplicidade. Afabilidade e uma quente acolhida. E o ainda jovem sorriso sob os cabelos grisalhos de uma grande atriz que tivera uma carreira gloriosa na cena oficial, na Comédie (ela provavelmente não se lembra de nada disso; igualmente com

---

que também editou o catálogo do teatro, foi ainda uma verdadeira dramaturga de pleno direito e ajudava na direção teatral. Em 1950 dirigiu, com Nicolas Bataille, *Os Possessos*, de Dostoiévski, no Théâtre de l'Oeuvre, uma importante performance de vanguarda, com Ionesco como um dos seus atores (Bataille encenara antes *A Cantora Careca*).

24 Edouard Autant; Louise Lara, *Art et Action, Laboratoire du théâtre: Cinq conceptions de structures dramatiques modernes*, org. Akakia Viala, Paris: Corti, 1952.

certeza ela não se arrepende de nada, tendo sempre dedicado uma preferência pelos não privilegiados acima de todos os outros). Ela logo estará no palco, com os alunos e colegas atores. Ao mesmo tempo, ela é uma "trabalhadora comum", como seu marido, que é um lanterninha, bem como contrarregras, ponto, figurinista, eletricista, cenógrafo. E autor. E fundador. E, acima de tudo, *inventor*, no sentido mais amplo do termo [...]

Art et Action é um trabalho coletivo que não procura congratulações nem agradecimentos. É uma *comuna*, e o prêmio está na alegria do dia a dia nesse trabalho. Pode-se dizer que Louise Lara e Édouard Autant são os organizadores de um grupo no qual, cercados de orgulho e admiração, os mais experientes ajudam os membros mais jovens a se descobrirem, sem que a disciplina se torne algo diferente da busca por harmonia. Um embrião de uma sociedade melhor na qual, como certo manifesto do Partido Comunista proclamou: *o livre desenvolvimento de cada um é a condição do livre desenvolvimento de todos*[25].

"Art et Action", respondi, "era um laboratório que fazia experiências principalmente em quatro gêneros, particularmente as performances. Eles encenaram mais do que cem produções durante sua existência".

"Sua vida abrangeu quarenta anos", replicou Savarese. "Claro que fizeram cem espetáculos, cem exibições. Apesar disso, essa descrição aqui – o laboratório como um lar, onde os atores *recebem* os espectadores – é esclarecedora. Com sua citação do *Manifesto* de Karl Marx: o livre desenvolvimento de cada um é a condição para o livre desenvolvimento de todos".

Então Nicola começou a fornecer detalhes do grandioso embuste de Rimbaud perpetrado por Akakia e Bataille, *La Chasse spirituelle* (A Caçada Espiritual). Então me vi pensando sobre essa caçada.

---

25 Francis Jourdain, pintor renomado, marceneiro e *marchand*, relembrou a atmosfera do Art et Action em quatro pequenas páginas apresentadas com um Prefácio e intercaladas entre a capa frontal e a primeira página da publicação *Art & Action, Laboratoire de Théâtre*, presenteada à Bibliothèque de l'Arsenal pelo sr. e sra. Autant-Lara e Akakia Viala. Essas poucas páginas intercaladas parecem ter sido escritas e impressas mais cedo, quando Art et Action ainda funcionava, como um livreto de apresentação, talvez publicado para ser distribuído para a audiência do laboratório. Elas podem ter sido recuperadas no momento da publicação do catálogo e juntadas às várias cópias, mesmo tendo um formato diferente.

Frequentemente ouvi dizer que a estudiosa é o clérigo fechado na biblioteca, debruçada sobre livros, ofuscada por uma lei superior a ela. Eu, por outro lado, sempre pensei nela como uma caçadora: incapaz de deixar a presa prosseguir, grande ou pequena, quando está no seu rasto. Incapaz, por sua própria natureza, de *deixar passar*. Incapaz de suspender a perseguição até que tenha agarrado a presa com as mãos e o cérebro, e de ter sugado o *sentido* até o tutano, até que tenha podido pregar os ossos nus nas paredes do estudo.

Art et Action faz-me pensar sobre o lixo do qual falava Clive Barker – disse eu a meu amigo e colega Nicola. Lixo é simplesmente o que fica quando, depois de desenvolver as atividades na plenitude de suas possibilidades sem relacioná-las diretamente à produção, o processo não termina em uma apresentação, e às vezes nem mesmo tenta. Então, a teia que conecta as duas partes fica rompida. Como resultado, as apresentações normais caem de um lado e o lixo cai do outro.

Nicola Savarese meneou a cabeça, acrescentando: "É tudo grão para o seu moinho".

Índice de Nomes e Lugares

Aarhus (Dinamarca) 4, 7, 15, 22-24, 45, 48, 52-53, 55, 79, 85, 93, 127, 167, 173, 179, 182, 183, 193-194, 238
Adler, Gerhard 142
Adler, Stella 186-188
Afeganistão 184
Ahrne, Marianne 38, 133, 180, 228, 231, 232-237, 242-244
Albright, H. D. 53
Alemanha 8, 188
Allain, Paul 24, 129, 232
Allen, Woody 41
Alonge, Roberto 57
Alpers, Boris 125
Amazônia 169
América do Sul 80, 145
América Latina 7-8, 9, 37, 85, 147, 169, 173, 178-179
Amsterdã (Holanda) 187
Antarova, Konkordia 101
Appia, Adolphe 10, 13, 53, 69, 71, 110, 196
Argentina 20, 180-181
Ariza, Patricia 11
Artaud, Antonin 19, 47, 48, 52, 60, 72, 88, 90, 138, 238
Ásia IX, 8-10, 80, 85
Austrália 25, 145
Autant, Édouard 249-251

Bacci, Roberto 146
Bali (Indonésia) 228
Bandem, I Made 168
Banu, Georges 7, 85
Barba, Eugenio IX, 4, 8-10, 13-17, 19, 23, 26, 38, 47, 48, 50-52, 59, 63-65, 67-70, 72-81, 83, 88, 127, 128-129, 135, 136, 143, 144, 151, 152-158, 161-164, 166-173, 178, 182, 183, 184, 194, 199, 206, 212, 213, 215, 216, 220-222, 223, 225-228, 232-238, 240-243, 247, 250
Barba, Judy 68, 156, 166, 232, 241
Barfoed, Stig Krabbe 226, 228, 237, 244
Barker, Clive 3-6, 9, 252
Barrault, Jean-Louis 160, 168
Bataille, Nicolas 250, 251
Beck, Julian 152, 168
Becker, Marc 155
Beckett, Samuel 238
Békhterev, Vladímir 121
Belgrado (Sérvia) 75, 169, 229
Bene, Carmelo 235, 240
Benedetti, Jean 91, 98, 99, 102
Bérgamo (Itália) 75
Berlim (Alemanha) 159
Bernstein, Joseph M. 94
Beverly Hills (EUA) 235
Bianco, Gabriela 180

Biemann, Asher D. 31
Bjørneboe, Jens 156, 158, 167, 216, 227-228
Blok, Aleksandr 120
Bohr, Niels 26-27, 51, 130-131
Boleslávski, Richard 185, 186, 188
Bolonha (Itália) 4-5, 16
Bonino, Guido Davico 57
Bonn (Alemanha) 8, 75
Borgonha (França) VIII, 96, 200
Borie, Monique 48, 140
Bozzolato (Itália) 222
Bragaglia, Anton Giulio 211
Brando, Marlon 185
Brasil IX, 76, 178, 184
Brecht, Bertolt 16, 52, 61, 152, 154, 164, 170, 242
Brecon (Gales) 9
Bredholt, Kai 154
Brill, E. J. 36
Brook, Peter IX, 7, 14, 20, 21, 46-47, 52, 69, 70, 73, 77, 80, 85, 96, 134, 136, 152, 159, 184
Brunton, Paul 27
Brzozowski, Stanislaw 229, 239
Buber, Martin 29, 31
Budanov (Ucrânia) 188
Buenaventura, Enrique IX
Bugaj, Roman 36
Burzyński, Tadeusz 25

Cajamarquilla (Peru) 76
Calderón de la Barca, Pedro 24
Cali (Colômbia) 178
Califórnia (EUA) 25, 28
Callas, Maria 107, 235, 253
Callot, Jacques 115
Cappa, Felice 146
Caracas (Venezuela) 169
Carlson, Harry 238
Carpignano (Itália) 154, 168
Carreri, Roberta 3, 154, 167
Carrió, Raquel 7, 85, 178-179
Carroll, Lewis 93, 205
Caulônia (Itália) 15
Ceballos, Edgar 87
Célico, Antonio 179
Chaikin, Joseph 168, 239
Chaliapin, Fyodor 123
Chile 76, 178

Chinoy, Helen Krich 103
Christoffersen, Erik Exe 7
Cieślak, Ryszard 24, 34, 106-107, 139, 143, 168, 186, 214, 230, 233-234, 240, 241
Clurman, Harold 186, 188
Coco, Bill 238
Coeuroy, André 124
Cole, Toby 94
Colombaioni 168, 229, 239, 240
Colômbia IX, 37, 178
Colombo, Cristóvão 119
Copeau, Jacques VIII, 7, 14, 19, 54, 61, 71, 73, 80-81, 94, 95, 96, 138, 152, 196-199, 201, 242
Copenhagen (Dinamarca) 26, 130, 227, 238, 241
Cots, Toni 170
Cracóvia (Polônia) 27
Craig, Edward Gordon VIII, 52, 54, 61, 69, 72-74, 80, 114, 118, 121, 138, 178, 196, 201
Crawford, Cheryl 186
Croyden, Margaret 238
Cruciani, Fabrizio 58-59, 88, 92, 97, 193, 194, 195, 197
Cuba 178

Damasco (Síria) 141
Darwin, Charles 191
Daston, Lorraine 35
De Girolamo, Claudio 76
De Marinis, Marco 7, 52-57, 85
Decroux, Étienne VIII, 7, 9, 14, 39, 52-57, 61, 80, 85, 138, 168, 170
Degler, Janusz 132, 138
Delgado, Mario 76
Deren, Maya 31
Diderot, Denis 60, 62
Dinamarca 14, 18, 38, 75, 130, 167, 212, 223, 226, 229, 237, 241
Djimat, I Made 168
Dostoiévski, Fiódor 250
Dreyer, Theodor 155
Dullin, Charles 54, 81, 197, 242
Duncan, Isadora 113
Duse, Eleonora 122
Dziewulska, Małgorzata 139, 141

Eckhart, Mestre 32

ÍNDICE DE NOMES E LUGARES

Einstein, Albert 191
Eisenstein, Sergei 126
El Greco (Dominikos Theotokopulos) 34
Elsass, Peter 51
Escandinávia 147, 153, 236, 237
EUA 9, 25, 127, 134, 145, 185, 187, 223
Europa VII-IX, 7, 69, 70, 73, 74-77, 80, 89, 118, 135, 140, 145, 147, 150, 152-154, 168, 172, 179, 187-188, 201, 205, 237-238, 247

Falletti, Clelia 106
Fara Sabina (Itália) 16
Fellini, Federico 239
Ferslev, Jan 154
Fevralski, Aleksandr 123
Filadélfia (EUA) 25
Filho, Antunes IX
Flaszen, Ludwik 7, 14, 17, 21, 24, 37, 75, 76, 83, 127, 129, 136, 140, 144, 183, 206, 220
Florença (Itália) 118
Fo, Dario 9, 168, 235, 236, 239
Fowler, Richard 51
França 25, 54, 73, 147, 223, 227, 237
Francisco, São 32, 43
Fredemann, Vries Hans 35
Freire, Susanna 179
Fret, Jarosław 27
Freud, Sigmund 191
Friedman, Maurice 29
Fuchs, Georg 124, 196
Fuller, Loïe 113
Fumaroli, Marc 73, 235-237, 240, 241

Gales 9
Garcia, Santiago IX
Gardzienice (Polônia) 23, 139-141
Garin, Erast 120
Gdańsk (Polônia) 30-32
Gelli, Piero 146
Giacometti, Alberto 227
Gladkov, Aleksandr 108, 126
Gnessin, Mikhail 111
Godowski, Leopold 235-236
Goldoni, Carlo 164
Gough, Richard 51
Gourfinkel, Nina 73
Gozzi, Carlo 16, 115

Gregory, André 41, 42, 45
Gripitch, Aleksei 117
Grotowska, Emília 27
Grotowski, Jerzy IX, X, XIII, 3, 4, 7, 9, 13-14, 17, 20, 21-38, 42-52, 57-70, 73-81, 88, 92, 96, 104-107, 127-146, 149, 152, 156, 168, 170, 173, 179-184, 187-190, 194, 199, 203, 206, 212, 220-223, 224, 226-235, 236-244, 247, 249
Grotowski, Kazimierz 27, 220
Guevara, Ernesto Che 155
Guggenheim, Peggy 235
Gurawski, Jerzy 129
Gurdjieff, George Ivanovich 32-33, 35, 56

Hanako 124
Hellerau (Alemanha) 56
Hiatt, Richard 94
Himalaias 27
Hoffman, Dustin 200
Hoffman, Ernst T. A. 115
Holstebro (Dinamarca) 3-4, 75, 76, 153-155, 157-158, 167, 171-173, 212-213-, 214, 226-228, 233, 235-236, 239, 241
Huampani (Peru) 87
Hull, Richard F. C. 142
Hungria 75, 227

Ibsen, Henrik 151, 164
Ilhas Galápagos (Equador) 146, 163
Ionesco, Eugene 237-238, 250
Índia 27, 145, 152, 221, 223, 228
Inglaterra 52, 69
Inkijinov, Valeri 120
Irvine (EUA) 25, 28
Israel 152

Jaffé, Aniela 28, 142
James, William 120
Janikowski, Grzegorz 27
Japão IX, 145, 228
Jaques-Dalcroze, Émile 56, 80, 113
Jarocki, Jerzy 143
Jaruzelski, Wojciech 221
Jeans, James 39
Johnstone, Keith 9
Jospe, Eva 31
Jourdain, Francis 251
Jung, Carl Gustav 28, 32-33, 35, 142

Jutlândia (Dinamarca) 170

Kantor, Tadeusz 70, 135, 137-142, 168
Kanze, Hideo 168
Kanze, Hisao 168
Katchalov, Vasíli 122
Kazan, Elia 186
Kennedy, Jacqueline 235, 240
Kennedy, John F. 242
Kerala (India) 223
Khrushchev, Nikita 242
Khunrath, Heinrich Conrad l 35
Kiev (Ucrânia) 108
Kitt, Donald 154
Kolankiewicz, Leszek XI, 7, 22-24, 29, 37, 45, 52, 58, 76, 127, 129, 131, 135
Korenev, Mikhail 121
Krejca, Otomar 168
Kruuse, Jens 237
Kurbas, Les 108
Kusumo, Sardono 168
Kvamme, Elsa 228

Laborit, Henri 51
Lambdin, Thomas O. 36
Lampedusa (Itália) 60
Lara, Louise 249-251
Larsen, Tage 154
Laukvik, Else Marie 153, 167, 237
Lausanne (Suíça) 115, 121
Law, Alma 108
Leiden (Holanda) 36
Leth, Jorgen 237
Lévi-Strauss, Claude 166
Lewis, Robert 186
Limanowski, Mieczysław 136, 138, 141, 144
Lincoln (EUA) 155
Littlewood, Joan IX, 3-6, 16, 152
Londres (Inglaterra) 5-6, 24, 28, 31, 34, 47, 51, 91, 96, 97, 98-99, 102, 108, 142, 166, 194
Ludvigsen, Christian 237-238
Lupa, Krystian 141

Maquiavel, Nicolau 225
Malévitch, Kazímir 138
Malina, Judith 152, 168
Malinóvskaia, Elena 100
Malle, Louis 52

Maloyan, Federico 146
Malta 173
Mântua (Itália) 57
Marek, Magdalena 140
Marlowe, Christopher 24
Marx, Karl 191, 251
Marowitz, Charles 73, 168, 239
Martinson, Sergei 125
Masgrau, Lluís 156
Mei Lanfang 124
Meierhold, Vsévolod VIII, X, 7, 9, 13-14, 19, 51, 52, 55, 59, 61, 65, 69, 72-74, 80-81, 87-89, 108-126, 136, 138, 152, 182, 187-189, 194, 196-197, 200, 201, 242
Meisner, Sandford 186
Meister, Wilhelm 163
Métraux, Alfred 31
México 145, 178
Miami (EUA) 53
Milão (Itália) 154
Mirecka, Rena 24
Mnouchkine, Ariane IX, 14, 80, 85, 152, 185
Molière (Jean Baptiste Poquelin) 100
Molik, Zygmunt 24
Mollica, Fabio 93, 199
Moscou (Rússia) 16, 111, 121, 124, 144, 159, 184-185, 187, 189, 200
Munch, Edvard 151
Munk, Erika 238
Munk, Kai 155

Nag Hammadi (Egito) 30, 36
Nakajima, Natsu 168
Namboodiri, Krishna 168
Nekrošius, Eimuntas 70
Nemiróvitch-Dântchenko, Vladimir 100, 200
Noruega 4, 70, 72, 75, 144, 150-153, 167, 221, 226
Nova York (EUA) XI, 25, 28, 41, 42, 183-184, 186-188, 227, 238

Ohno, Kazuo 168
Ollolai (Sardenha) 185
Olmedo, Alberto 180-181
Omolú, Augusto 154
Onassis, Aristóteles 240
Opole (Polônia) 24, 129, 134, 136, 144-145, 167, 223, 238

Osiński, Zbigniew 7, 22, 26, 37, 59, 127-129, 132, 133, 137, 138, 141, 177, 178, 221, 249
Oslo (Noruega) 70, 152, 155, 156, 167, 173, 216-217, 221, 233
Osório, Raul 76
Osterwa, Juliusz 69, 136, 138, 141, 143, 152
Overlie, Mary 187

Pacino, Al 185
Panigrahi, Ragunath 168
Panigrahi, Sanjukta 168
Pardeihlan, Alice 3
Paris (França) 26, 51, 53, 56, 112, 159, 233, 237-238, 250
Park, Katharine 35
Parnach, Valentin 125
Pasolini, Pier Paolo 235, 240
Paul, Norman H. 96
Pavis, Patrice 7, 180
Pavlov, Ivan 121
Pay, Roald 233, 241
Peru 76, 178
Pesaro, Guglielmo Ebreo de 113
Petrov-Vodkin, Kuzma 118
Picon-Vallin, Béatrice 7, 85, 87, 89, 108, 115, 121, 124, 200
Piscator, Erwin 14, 69, 152, 242
Polônia ix, 8, 25-26, 28-30, 36, 42-43, 51, 68, 69-70, 129, 132, 136, 141, 147, 152, 173, 178, 182, 188, 212, 220-221, 223, 227, 229, 233
Pontedera (Itália) 25, 30, 38, 76, 133, 135, 144, 146
Portales, Javier 180
Poznan (Polônia) 130
Pradier, Jean-Marie 51
Pronaszko, Andrzej 138

Rao, Shanta 168
Rasmussen, IbenNagel I 3-4, 153, 167, 170, 237
Ravena (Itália) 16
Reinhardt, Max 152, 196
Reino Unido 17
Renaud, Madeleine 168
Reynolds, Elizabeth 97
Richards, Thomas 30-31, 34, 35, 57, 92, 104-106

Richter, Charles 162
Ripellino, Angelo Maria 73
Risum, Janne 7, 193
Rizzo, Bianca 179
Robinson, James M 36
Rodio, Jolanda 229, 239
Roma (Itália) 214
Roose-Evans, James 96
Rosiek, Stanislaw 30
Rudlin, John 96
Ruffini, Franco 7, 18, 19, 48, 49, 58, 75, 87-90
Rumyantsev, Pável Ivanóvitch 97, 102
Rússia 13, 28, 110-111, 182, 188
Rzeszów (Polônia) 144

Salata, Kris 22, 129
Sanzenbach, Simonne 223
São Petersburgo (Rússia) 111, 112-113, 116
Sardenha 168
Sartre, Jean-Paul 238
Sarvig, Ole 237
Saurel, Renée 73, 238
Savarese, Nicola 3-5, 7, 51, 85, 88, 212, 214, 232, 243, 249, 251-252
Savonarola, Girolamo 119
Schaeffner, André 124
Schechner, Richard 7, 17, 24-25, 28, 80, 85, 183-184, 192, 199, 223
Schiller, Leon 69, 138, 177-178
Schino, Mirella 7, 57, 60, 93
Scilla (Itália) 15, 19, 67, 212, 214, 250
Scriabin, Aleksandr 111
Sędziwój, Michał (Sendivogius Polonus) 36
Seeberg, Peter 168
Seibel, Beatriz 179
Sepp, E. 121
Shakespeare, William 24, 116, 194
Sharma, Uma 168
Shawn, Wallace 41-42, 45
Shelley, Mary (nascida Wollstonecraft Godwin) 191
Shklovski, Viktor 119
Sienkiewicz, Marian 137, 138
Słowacki, Juliusz 24
Smith, Ronald Gregor 31
Sófocles 111

Soloviov, Vladimir 112-113
Soum, Corinne 57
Sparti, Barbara 113
Sri Lanka 184
Sri Ramana Maharishi 27
Stálin, Joseph 37, 70, 108
Staniewski, Włodzimierz 137, 139-141
Stanislávski, Constantin VIII, X-XI, 7, 11, 13-14, 17, 19-20, 26, 35, 47, 48, 49, 50-51, 52, 56, 60, 61, 65, 69-73, 80-81, 87-111, 122, 133-136, 138, 152, 180-181, 182-188, 194, 196, 199-200, 201, 224, 239, 242
Steiner, Rudolf 56
Strasberg, Lee 186-190, 245
Streep, Meryl 185
Strehler, Giorgio 160
Strindberg, Johan August 164, 238
Suécia 75, 235
Suíça 239
Sulerzhitski, Leopold 93-94, 95, 101, 138, 152
Suzuki, Tadashi IX
Swinarski, Barbara 141
Swinarski, Konrad 141, 143

Taírov, Alexandr 69, 138, 182
Tarabukin, Nicolai 124
Tatlin, Vladimir 138
Taviani, Ferdinando 7, 46, 48, 57-58, 88, 128, 146, 166
Tchékhov, Michael 108, 164, 200
Temkine, Raymonde 235, 238
Temkine, Valentin 238
Tempo, I Made Pasek 168
Thoreau, Henry 214-215
Tomaszewski, Henryk 239
Toporkov, Vasili Osipovich 99-101, 133
Toronto (Canadá) 28, 29, 30
Turim (Itália) 140
Turquia 166

Ucrânia 188
Uruguai 178

Uspenskaia, Maria 185-186, 188
Uspenski, Pyotr D. 44

Vakhtângov, Evguêni VIII, 16, 19, 69, 80, 108-109, 124, 136, 182, 197
Valenti, Pietro 76
Varley, Julia 154, 167, 170
Varsóvia (Polônia) 23, 25, 28, 36, 69-70, 127, 129, 141
Vasiliev, Anatoli 70
Veiga, Ribes 57
Veneza (Itália) 145
Viala, Akakia (nascida Mary-Antoinette Allévy) 249-251
Vilar, Jean 152
Vivien, Leonid 119
Volli, Ugo 128, 144
Volterra (Itália) 75, 128, 170, 213

Wagner, Richard 110
Walaszek, Joanna 141
Warwick (Inglaterra) 4
Weightman, Doreen 166
Weightman, John 166
Wethal, Torgeir 167, 170, 215, 220, 232, 237, 243
Winston, Clara 28
Winston, Richard 28
Winther, Frans 154
Witkacy (Stanisław Ignacy Witkiewicz) 152
Wolford, Lisa 24, 57
Woolf, Ana 179-180, 234
Wrocław (Polônia) 8, 21, 24-25, 127, 129, 132, 134, 139-140, 141, 142-143, 145, 173, 212-214, 221, 238-239
Wyspiański, Stanisław 24, 138, 178

Yacco, Sada 124

Zabłocka, Teresa Grażyna 141
Żeromski, Stefan 141, 143
Ziołkowski, Grzegorz 24, 27, 129, 143
Zussya, rabi 230

Este livro foi impresso em São Paulo,
nas oficinas da Paym Gráfica e Editora, em julho de 2012,
para a Editora Perspectiva